はじめに

ファイナンシャル・プランナー（FP）は、お客様のライフプランをベースに、貯蓄や投資、保険、年金、不動産、税金、相続などを、総合的にプランニングし、アドバイスをする専門家です。そして、FPになるために最初にめざす資格が、FP技能士３級です。

経済環境が複雑化する中、各専門分野の資格をもって活躍している人にも、その専門分野だけでなく、総合的な面からアドバイスをすることが顧客から求められています。そうした背景の中、金融業界や会計業界、不動産業界などの個人の家庭をお客様とする業種のアドバイザーにとって、お金にまつわる知識を多面的に理解するFP技能士は必須の資格といえます。

また、「自己責任時代」といわれる現在、さまざまな分野でのお金について学べるファイナンシャル・プランニングの知識は、家計を運営するすべての人が身につけておくと良い知識です。

本書を執筆いたしましたマネースマートは、FP、社会保険労務士、税理士、弁護士などのメンバーが集まり、相談業務、講師業務、執筆業務を行っている会社です。普段の業務の中で使用している知識を盛り込み、初めてFP技能士検定の学習をされる方が、効率よくポイントを学べるように工夫を凝らしています。

皆さんが、本書を最大限に活用し、ファイナンシャル・プランニング技能士３級の試験に合格し、ビジネスやご自身の生活設計にお役立て頂けることを期待しています。

2024年５月　株式会社 マネースマート

本書の構成と特長

FP3 級のテキスト、どれにしようかな？
FP の勉強って初めてだから、迷うわね…
最速合格ブック？？
FP3 級合格を目指すなら、この『FP 技能士 3 級 最速合格ブック』がおススメですよ。
そうです。このテキストは FP を初めて勉強する方でも、「最速で合格」できるようにつくられているんです。
僕たちのような初学者でも大丈夫ですか？

大丈夫ですよ。
今回、初めてFPの勉強に挑戦するそうですけど、不安に思っていることって何ですか？
試験の出題範囲をみたら、ライフプランニングと資金計画、リスク管理、タックスプランニングや金融資産運用とかあって、あまりなじみがなくて…。
ほかにも、不動産や相続・事業継承なんて、内容が幅広いですよね。途中で挫折しちゃうんじゃないかって心配です。
ずっと勉強していると集中力が切れますよね。でも、このテキストは、1テーマがすべて6ページ以内でまとめてあるから、集中力を保てます。
FP3 技能士
1テーマが6ページ以内ならちょっとした隙間時間で、勉強できそう。

＊ 年金額等、毎年度の基準額の変更や、特例等で年度のみが延長される変更については、改正のアイコンはつけていません。

各章の終わりには、一問一答問題があります。知識が定着しているかどうか、ここで確認できますね。
理解しているつもりでも、答えられないってこともありますから、問題形式で再確認できていいですね。
この下の「プラスα」って何ですか？
本文と関連した内容で、知っておきたい豆知識です。FPとして活躍している人にも、便利な内容なんですよ。
「赤シート」もついているんですね。
黄色のマーカー部分は重要箇所です。しっかり読んでくださいね。

巻末には学科試験の
模擬試験問題があります。
間違ったときは、
解説をしっかり読んで、
復習して
おきましょうね。
ファイナンシャル・プランニング技能検定
3級学科　模擬試験
はいっ！！
別冊で、実技試験の
模擬問題もついているん
ですね。このテキスト１冊で、
学科試験も実技試験も万全。
お得だわ～！
1 公的年金
技能士
最初は、あまりなじみ
のない言葉もあって、
たいへんかも
しれないけど、
本書でしっかり
勉強すれば、
合格がぐっ～と
近づいてきますよ。
合格
がんばってくださいね～！
先生も応援してま～す！
心配だったけど、今は、
勉強が楽しみに
なってきた！
やる気がわいて
きたわ～！
一緒に
がんばろうね～
ファイナンシャル・プランニングの基礎知識
ファイナンシャル・プランニングとは

目次

3日目 金融資産運用

4日目 タックスプランニング

＊本書は、原則として、2024年4月1日時点で施行されている法令等や令和6年度税制改正大綱に基づいて原稿執筆・編集を行っています。

5日目 不動産

6日目 相続・事業承継

＊本書に記載の税額（税率）には、原則として復興特別所得税が含まれております。

改正ポイントはココ！

本書の'23→'24年版から'24→'25年版で変更のあった、主な改正ポイントは以下のとおりです。

内　容	改正前	改正後	参照ページ
高年齢雇用継続給付の支給額	60歳以降に支払われた賃金が、60歳時の賃金と比べて61％未満の場合、60歳以後の賃金×15％、61％以上75％未満の場合、60歳以後の賃金×0％超～15％	令和7年4月から、60歳以降に支払われた賃金が、60歳時の賃金と比べて61％未満の場合、60歳以後の賃金×10％、61％以上75％未満の場合、60歳以後の賃金×0％超～10％	▶p.48
国民年金第1号被保険者の保険料	月額16,520円	月額**16,980**円	▶p.51
老齢基礎年金の基礎満額	795,000円	**816,000**円 （既裁定者は**813,700**円）	▶p.55
老齢厚生年金の定額単価	1,657円	**1,701**円	▶P.59
加給年金額	配偶者 397,500円 子(2人目まで)228,700円/人 子(3人目以降)　76,200円/人	配偶者**408,100**円 子(2人目まで)**234,800**円/人 子(3人目以降)　**78,300**円/人	▶p.60
在職老齢年金の調整方法	基本月額＋総報酬月額相当額が48万円超の場合、超えた額×2分の1の額を停止	基本月額＋総報酬月額相当額が**50**万円超の場合、超えた額×2分の1の額を停止	▶p.62
障害基礎年金額	795,000円	**816,000**円	▶p.67
障害基礎年金の子の加算額	子(2人目まで)228,700円/人 子(3人目以降)　76,200円/人	子(2人目まで)**234,800**円/人 子(3人目以降)　**78,300**円/人	▶p.67
障害厚生年金の最低保証額	3級　596,300円	3級　**612,000**円	▶p.67
障害厚生年金の配偶者加給年金額	228,700円	**234,800**円	▶p.67
遺族基礎年金額	795,000円	**816,000**円	▶p.69
遺族基礎年金の子の加算額	子(2人目まで)228,700円/人 子(3人目以降)　76,200円/人	子(2人目まで)**234,800**円/人 子(3人目以降)　**78,300**円/人	▶p.69
中高齢寡婦加算額	596,300円	**612,000**円	▶p.70

内　容	改正前	改正後	参照ページ
企業型確定拠出年金加入者の個人型加入の拠出限度額	企業型DC加入者は月2万円（企業型DCと確定給付型企業年金加入者は月1.2万円）かつ企業型DCと合計して5.5万円（2.75万円）	令和6年12月から、企業型DC加入者は月額2万円かつ企業型DCおよび**確定給付型企業年金等の掛金相当額を合計して5.5万円以内**	p.75、76
企業型確定拠出年金加入者の企業型加入の拠出限	企業型DC加入者で確定給付型企業年金がある場合2.75万円	令和6年12月から、**月額5.5万円から確定給付型企業年金等の掛金相当額を控除した額**	p.76
住宅借入金等特別控除の借入限度額	居住年が2024年の場合、認定住宅4,500万円、ZEH水準省エネ住宅3,500万円、省エネ基準適合住宅3,000万円	居住年が2024年の場合で、**子育て特例対象の個人**は、認定住宅**5,000**万円、ZEH水準省エネ住宅**4,500**万円、省エネ基準適合住宅**4,000**万円	p.219
住宅改修の特別控除対象工事の拡充	一定のバリアフリー改修工事や省エネ改修工事、三世代同居対応の改修工事を行った場合や耐震改修工事を行った場合に、税額控除が受けられる	**子育て特例対象の個人が、子育て対応改修工事を行い、2024年4月1日～2024年12月31日までの間に居住の用に供した場合も税額控除が受けられる**	p.220
青色申告における少額減価償却資産の特例適用の要件	2024年3月31日までの間に取得	**2026年**3月31日までの間に取得	p.224
森林環境税の創設	—	**2024年度から個人住民税均等割とあわせて一人年額1,000円が森林環境税及び森林環境譲与税として課税される**	p.225
居住用財産（空き家）に係る譲渡所得の特別控除の適用要件	一定の空き家を譲渡した場合、譲渡所得金額から3,000万円を控除	・相続人が**3人以上**の場合は、1人当たり**2,000万円** ・譲渡の年の翌年の**2月15日**までに、**家屋を解体**するか**耐震基準に適合する**ように改修工事を行う	p.262
相続時精算課税制度の利用要件	2023年12月31日までの贈与について、住宅取得等資金の贈与に限り、贈与者の年齢要件が撤廃される	**2026年**12月31日までの贈与について、住宅取得等資金の贈与に限り、贈与者の年齢要件が撤廃される	p.280

ファイナンシャル・プランナーについて

1 ファイナンシャル・プランナー（FP）とは？

ファイナンシャル・プランナー（以下FP）とは、個人のライフスタイルや価値観などを踏まえ、貯蓄、投資、保険など各種の**資金計画を包括的にプランニング**し、**実行援助**していく専門家です。

2 ファイナンシャル・プランニング技能検定とは？

ファイナンシャル・プランニング技能検定（FP技能検定）とは、**職業能力開発促進法に基づく国家検定制度の１つ**です。FP技能検定3級は、生活設計や資産設計を考えるための基本知識を習得するのに、最適な入門資格です。

3級でさまざまな知識を一とおり習得したら、より実践的な2級へチャレンジしてみると良いでしょう。

3 FP資格を取得すると？

FP資格を取得した方は、幅広い場面で活躍しています。

①FPとして独立開業できる

多くの方がFPとして**独立開業**し、顧客の生活設計・資産設計のアドバイスを行っています。個人顧客以外には、企業との顧問契約で従業員の生活設計の相談を担当することもあります。

その他、セミナー・講演活動、執筆活動で活躍するFPも多くいます。

②企業内でFP資格を活かす

銀行・証券会社・保険会社などの**金融機関**、**不動産業界**などでは、顧客の資産設計に関して包括的にアドバイスをすることが求められます。そのような仕事をする人に、FP資格の取得を義務づける企業もあります。

③自分自身の生活設計に役立つ

FPの知識は**普段の生活の中で活かせる知識**ばかりです。

「家を買いたいけど住宅資金はどうする？」「子どもの教育資金は？」「賢い資金の貯め方は？」「定年後の生活設計は？」など、FP資格取得に向けて学習することで、このような悩みも解決できるようになります。

FP技能検定３級　試験概要

1　試験実施機関

FP技能検定3級の試験実施機関は、**一般社団法人金融財政事情研究会**(以下金財)と、**NPO法人日本ファイナンシャル・プランナーズ協会**(以下FP協会)の2団体があります。

2　受検形式

FP技能検定3級の試験は、CBT(Computer Based Testing)試験で行われます。全国の約 330 のテストセンターの中から、受検者が希望するテストセンターで受検できます。テストセンター会場はHP等で確認できます。

3　出題形式

FP技能検定3級の試験は、**学科試験**と**実技試験**で行われます。学科試験は金財、FP協会共通です。実技試験は、金財は選択科目方式となっており、どちらの科目を受検してもかまいません。FP協会は1科目のみです。

学科試験と実技試験は、同日でも別の日でも受検することができます。

	学科試験	実技試験
受検科目の選択	金財、FP協会共通	金財(以下の２つより選択) ・個人資産相談業務 ・保険顧客資産相談業務 FP協会 ・資産設計提案業務
出題形式	CBT○×式　三答択一式　60問	金財 CBT多肢選択式　５題 FP協会 CBT多肢選択式　20問
試験時間	90分	60分

4 試験範囲

①学科試験の出題範囲は以下のとおりです。

A ライフプランニングと資金計画

1.ファイナンシャル・プランニングと倫理
2.ファイナンシャル・プランニングと関連法規
3.ライフプランニングの考え方・手法
4.社会保険
5.公的年金
6.企業年金・個人年金等
7.年金と税金
8.ライフプラン策定上の資金計画
9.ローンとカード
10.ライフプランニングと資金計画の最新の動向

B リスク管理

1.リスクマネジメント
2.保険制度全般
3.生命保険
4.損害保険
5.第三分野の保険
6.リスク管理と保険
7.リスク管理の最新の動向

C 金融資産運用

1.マーケット環境の理解
2.預貯金・金融類似商品等
3.投資信託
4.債券投資
5.株式投資
6.外貨建商品
7.保険商品
8.金融派生商品
9.ポートフォリオ運用
10.金融商品と税金
11.セーフティネット
12.関連法規
13.金融資産運用の最新の動向

D タックスプランニング

1.わが国の税制
2.所得税の仕組み
3.各種所得の内容
4.損益通算
5.所得控除
6.税額控除
7.所得税の申告と納付
8.個人住民税
9.個人事業税
10.タックスプランニングの最新の動向

E 不動産

1.不動産の見方
2.不動産の取引
3.不動産に関する法令上の規制
4.不動産の取得・保有に係る税金
5.不動産の譲渡に係る税金
6.不動産の賃貸
7.不動産の有効活用
8.不動産の証券化
9.不動産の最新の動向

F 相続・事業承継

1.贈与と法律
2.贈与と税金
3.相続と法律
4.相続と税金
5.相続財産の評価(不動産以外)
6.相続財産の評価(不動産)
7.不動産の相続対策
8.相続と保険の活用
9.相続・事業承継の最新の動向

②実技試験の出題範囲は以下のとおりです。

●金財　個人資産相談業務

1　関連業法との関係及び職業上の倫理を踏まえたファイナンシャル・プランニング
2　個人顧客の問題点の把握
3　問題の解決策の検討・分析

●金財　保険顧客資産相談業務

1　関連業法との関係及び職業上の倫理を踏まえたファイナンシャル・プランニング
2　保険顧客の問題点の把握
3　問題の解決策の検討・分析

●FP協会　資産設計提案業務

1　関連業法との関係及び職業上の倫理を踏まえたファイナンシャル・プランニング
2　ファイナンシャル・プランニングのプロセス
3　顧客のファイナンス状況の分析と評価

5　合格基準

学科試験・実技試験それぞれに合格判定が行われ、**両方に合格する**とFP技能士3級が認定されます。

学科試験	実技試験
60点満点で36点以上	金財　50点満点で30点以上
	FP協会　100点満点で60点以上

学科試験と実技試験のどちらか一方のみ合格した場合は一部合格証書が発行されます。一部合格者には、それぞれの試験が免除される試験免除制度があり、合格した試験実施日の翌々年度末までに、合格していない学科試験(あるいは実技試験)に合格すると、合格証書が発行されます。

6　合格発表

試験日の翌月中旬にWebサイトで発表されます。

7　受検申込み

Web申請のみです。金財、FP協会のHPを経由して、株式会社CBTソリューションズのWebサイトに遷移して申し込めます。

8　試験日程

下記の**休止期間以外**は、希望する日時で受検できます。

休止期間	2024年5月26日(日)　～2024年5月31日(金)
	2024年12月27日(金)～2025年1月6日(月)
	2025年3月1日(土)　～2025年3月31日(月)

9　法令基準日

試験の問題文にとくに断りがない限り、以下の基準日時点の法定に基づいて出題されますので、法令基準日も確認しましょう。

試　験　日　2024年6月～2025年5月実施分

↓

法令基準日　2024年4月1日

また、復興特別所得税について、本書では税額を含んだ数字を記載していますが、試験では問題により含んでいない場合もあります。解答するときは、問題をしっかり確認しましょう。

＊ 資格と試験に関する情報は、変更される場合があります。受検前に必ずご自身で、試験実施団体の発表する最新情報を確認してください。

試験についての問い合わせ

一般社団法人金融財政事情研究会　検定センター

TEL　03-3358-0771

HP　https://www.kinzai.or.jp/fp

NPO法人日本ファイナンシャル・プランナーズ協会

試験業務部試験事務課

TEL　03-5403-9890

HP　https://www.jafp.or.jp/exam/

出題傾向と対策

A ライフプランニングと資金計画

❶ 学科試験

　ライフプランニングと資金計画では、FPの知識のベースとなるライフプランニングの基礎から社会保険･公的年金まで、幅広いテーマがあります。その中で、出題数の多いテーマは**社会保険**や**公的年金**です。とくに公的年金については、老齢年金の受給資格や年金額などについて理解を深めておく必要があります。

　ほとんどの回で出題されるテーマは、税理士法や弁護士法などの**関連法規**についてです。**住宅取得資金設計**や**教育資金設計**は、どちらか1問程度出題される可能性があります。また、さまざまな計算を行う際に利用する「6つの係数」も出題されることがあります。どのような時にどの係数を利用するかや計算方法などもしっかり理解しておきましょう。

❷ 実技試験

　公的年金や**健康保険**などの社会保険から出題される傾向があります。設例にある公的年金の加入歴から、老齢年金がいつからどのように受給できるかなどをイメージできるようにしておきましょう。また、提示された計算式を使って年金額を計算する問題も出題されています。FP協会実施の実技試験では、キャッシュフロー表の計算の問題なども出題されています。

●これまでの出題傾向

	2024年1月			2023年9月			2023年5月			2023年1月			2022年9月		
	学科	実技		学科	実技		学科	実技		学科	実技		学科	実技	
		金	協会		金	協会		金	協会		金	協会		金	協会
1 ファイナンシャルプランニングと倫理															
2 ファイナンシャルプランニングと関連法規	❶		❶	❶		❶	❶		❶	❶		❶	❶		❶
3 ライフプランニングの考え方・手法	❶		❸	❶		❸	❶		❸	❶		❸	❶		❸
4 社会保険	❷		❶	❸	❶		❷		❷	❷		❷	❷	❶	
5 公的年金	❸	❶	❶	❷	❷	❷	❸	❷		❸	❶	❶	❷	❷	❷
6 企業年金・個人年金等	❶	❷		❶		❶		❶		❶	❷		❷		
7 年金と税金															
8 ライフプラン策定上の資金計画	❷			❷			❷			❷			❶		
9 ローンとカード							❶						❶		
10 ライフプランニングと資金計画の最新の動向															

（金：金財（個人資産相談業務）／協会：FP協会の出題数を表す）

B リスク管理

❶ 学科試験

リスク管理では、**生命保険**、**損害保険**のテーマに分かれており、おおよそ半数ずつ出題される傾向にあります。

保険制度全般についての問題では、保険業法の規定や契約者保護機構などセーフティネットに関する問題なども出題されます。

生命保険については、保険料の算出の基礎となる３つの計算基礎率や剰余金の３利源、また、約款《やっかん》の内容についても確実に理解しておく必要があります。

主な**生命保険商品**（終身保険、定期保険、養老保険、定期付終身保険）や**個人年金保険**（確定年金、有期年金、終身年金、変額個人年金）なども出題されます。第三分野の保険では、医療保険や特定疾病保障保険などを押さえましょう。

損害保険は、火災保険、自動車保険、傷害保険、賠償責任保険の基本的な商品内容と、どのような場合に補償されるのかなどを押さえておきましょう。

生命保険・損害保険とも、税金の問題は頻出です。保険料支払い時や保険金・給付金の受取時の課税関係は、確実に押さえておきましょう。

❷ 実技試験

金財の個人資産相談業務の実技試験では、リスク管理の分野からは出題されていません。FP協会の資産設計提案業務では、保険証券の見方などが出題されています。

●これまでの出題傾向

	2024年1月			2023年9月			2023年5月			2023年1月			2022年9月		
	学科	実技		学科	実技		学科	実技		学科	実技		学科	実技	
		金	協会		金	協会		金	協会		金	協会		金	協会
1 リスクマネジメント															
2 保険制度全般	❷			❶									❶		
3 生命保険	❸		❶	❸		❷	❹		❶	❹			❸		❶
4 損害保険	❹		❶	❹		❶	❺		❶	❹		❶	❺		❶
5 第三分野の保険	❶		❶	❶			❶		❶	❷		❶	❶		❶
6 リスク管理と保険				❶											
7 リスク管理の最新の動向															

（金：金財（個人資産相談業務）／協会：FP協会の出題数を表す）

C 金融資産運用

❶ 学科試験

金融資産運用では、**投資信託**、**株式投資**、**債券投資**からの出題が中心となります。この3つの金融商品については必ず出題されていますので、しっかりと押さえておきましょう。**債券投資**では、基本的な仕組みから金利と利回りの関係などを理解しておきましょう。**株式投資**では、売買での基本的な決まりごとや、投資をする際に参考にする**相場指標**や**投資指標**などが出題されます。**投資信託**では、基本的な仕組み以外に、パッシブやアクティブなどの運用スタイルの違いも理解しておきましょう。

金融商品以外では、GDPや景気動向指数などの主な経済指標や金融市場、金融政策の基礎知識も毎回出題されています。

すべての金融商品について、**税金の問題**も重要です。NISA(少額投資非課税制度)も併せて課税関係を整理しておきましょう。また、税制改正の内容も確認しておきましょう。

❷ 実技試験

債券の利回りやPER、PBRなどの投資指標などの計算問題が出題されますので、計算問題にも慣れておきましょう。

●これまでの出題傾向

	2024年1月			2023年9月			2023年5月			2023年1月			2022年9月		
	学科	実技		学科	実技		学科	実技		学科	実技		学科	実技	
		金	協会		金	協会		金	協会		金	協会		金	協会
1 マーケット環境の理解	❷		❶	❷			❷			❷			❷		
2 預貯金・金融類似商品等	❶					❶				❶		❶			
3 投資信託	❷			❷			❷	❶	❶	❷		❶	❶	❶	❶
4 債券投資	❶	❷		❷			❷				❷		❷		
5 株式投資	❶	❶	❶	❷		❷	❶	❷	❶	❷	❶	❶	❶	❷	
6 外貨建商品	❶			❶	❷					❶		❶	❶		
7 保険商品															
8 金融派生商品				❶			❶						❶		
9 ポートフォリオ運用	❶						❶		❶	❶					
10 金融商品と税金					❶					❶			❶		❷
11 セーフティネット	❶		❶				❶		❶				❶		❶
12 関連法規															
13 金融資産運用の最新の動向															

(金:金財(個人資産相談業務)/協会:FP協会の出題数を表す)

D タックスプランニング

❶ 学科試験

タックスプランニングでは、**各種所得の内容**、**損益通算**、**所得控除**、**税額控除**からの出題が中心になります。所得税の基本的な仕組みを理解したら、まずは10種類の所得の区分や、所得の必要経費の考え方などをしっかりと押さえましょう。10種類の所得が理解できたら、次に、**損益通算**の仕組みも理解しておくことが大切です。損益通算はできる損失とできない損失がありますので、整理しておきましょう。

所得控除からは、医療費控除や配偶者控除、扶養控除などの出題が多いようです。**税額控除**では、配当控除と住宅ローン控除を中心に覚えましょう。

その他**所得税の申告と納付**についても、出題の可能性があります。給与所得者でも確定申告が必要なケースなどは、しっかり押さえておくことが重要です。

❷ 実技試験

実技試験では、設例の条件を読み取って計算する問題も出題されます。各所得の計算方法や**所得控除**の理解が不可欠です。また、各所得の内容を確認して、総所得金額を計算する問題なども出題されています。損益通算の計算にも慣れておくとよいでしょう。

●これまでの出題傾向

	2024年1月			2023年9月			2023年5月			2023年1月			2022年9月		
	学科	実技		学科	実技		学科	実技		学科	実技		学科	実技	
		金	協会		金	協会		金	協会		金	協会		金	協会
1 わが国の税制															
2 所得税の仕組み	❶	❶		❶	❶	❶		❶		❶		❶		❶	
3 各種所得の内容	❹	❶		❸			❸		❶	❷	❶	❶	❺		❶
4 損益通算							❷			❶			❶		
5 所得控除	❸	❶	❶	❸	❶	❶	❸	❶	❶	❸			❷	❶	
6 税額控除	❶			❶			❶			❷	❶		❶		
7 所得税の申告と納付	❶		❶	❷	❶		❶	❶		❶	❶		❶	❶	
8 個人住民税															
9 個人事業税															
10 タックスプランニングの最新の動向															

（金：金財（個人資産相談業務）／協会：FP協会の出題数を表す）

E 不動産

❶ 学科試験

不動産では、**不動産の見方**（登記、価格、調査など）、**不動産の取引**（宅地建物取引業法、賃貸契約など）、**不動産の法令上の規制**（建築基準法、都市計画法など）、**不動産に関する税金**（取得・保有・譲渡）からの出題が中心となります。建築基準法や都市計画法などの法令上の規制は、毎回出題される重要ポイントです。

都市計画法では、都市計画区域の考え方や、用途地域の制限、開発行為など、**建築基準法**では敷地と道路の関係や建蔽《ぺい》率、容積率などが重要項目です。

税金については、**取得・保有・譲渡**すべてについて出題される可能性がありますが、とくに**譲渡**については重要ポイントとなります。居住用財産の譲渡の特例などを整理して確認しておきましょう。

❷ 実技試験

実技試験では、**建蔽率・容積率**や**税金などを計算する問題**も出題されます。基本事項の確認だけでなく、計算問題にも慣れておきましょう。物件情報から読み取る問題も出題されています。また、不動産登記簿に記載された内容についての出題もあります。登記簿の見方などにも慣れておくと良いでしょう。設例の内容から不動産の有効活用のアドバイスとして、適切・不適切を答える問題もあります。

●これまでの出題傾向

	2024年1月			2023年9月			2023年5月			2023年1月			2022年9月		
	学科	実技		学科	実技		学科	実技		学科	実技		学科	実技	
		金	協会		金	協会		金	協会		金	協会		金	協会
1 不動産の見方	❷		❶	❷			❷			❶			❶		
2 不動産の取引	❶			❶		❷	❷			❷	❶	❶	❸	❶	
3 不動産に関する法令上の規制	❹	❶	❷	❹	❶		❸	❶	❶	❹	❶	❷	❷	❶	❶
4 不動産の取得・保有に係る税金	❶								❶				❷		❶
5 不動産の譲渡に係る税金	❶	❶	❶	❷	❶		❷	❶		❷			❶	❶	❶
6 不動産の賃貸															
7 不動産の有効活用	❶	❶		❶	❶		❶	❶		❶	❶		❶		
8 不動産の証券化															
9 不動産の最新の動向															

（金：金財（個人資産相談業務）／協会：FP協会の出題数を表す）

F 相続・事業承継

❶ 学科試験

相続・事業承継では、**贈与**と**相続**の２つのテーマがありますが、それぞれに**法律**と**税金**について出題されます。**贈与**については、贈与税の配偶者特別控除や相続時精算課税制度のほか、教育資金の一括贈与や結婚・子育て資金の一括贈与に係る贈与税の非課税措置なども確認しましょう。

相続と**法律**については、法定相続人と法定相続分、遺言などの問題が多くなっています。民法の考え方と税法の考え方は異なります。それぞれの違いなども整理して押さえておきましょう。

相続と**税金**については、相続税の計算の流れを正確に理解しましょう。また、**相続財産の評価**も重要ポイントです。特に、**不動産の評価**や、**小規模宅地等の特例**は頻出項目です。

❷ 実技試験

親族関係図から法定相続人や法定相続分を確認する問題が出題されます。親族関係図の見方には慣れておくと良いでしょう。**相続放棄**や**代襲相続**、**欠格**・**廃除**があった場合などのケースでも答えられるようにしておくことが重要です。

課税遺産総額や相続税の総額を求める問題も出題されます。計算の流れをしっかりと押さえ、実際に計算ができるようにしておきましょう。

●これまでの出題傾向

	2024年1月			2023年9月			2023年5月			2023年1月			2022年9月		
	学科	実技		学科	実技		学科	実技		学科	実技		学科	実技	
		金	協会		金	協会		金	協会		金	協会		金	協会
1 贈与と法律	❶						❶			❶			❶		
2 贈与と税金	❷		❶	❸		❶	❶		❶	❷			❸		❶
3 相続と法律	❷	❷	❶	❷	❶	❶	❹	❶	❷	❸	❶		❷	❶	❷
4 相続と税金	❸			❸	❷	❶	❸	❷		❷	❷	❷	❸	❷	
5 相続財産の評価(不動産以外)	❶	❶											❶		
6 相続財産の評価(不動産)	❶			❷			❶			❷					
7 不動産の相続対策															
8 相続と保険の活用															
9 相続・事業承継の最新の動向															

(金：金財(個人資産相談業務)／協会：FP協会の出題数を表す)

1日目

ライフプランニングと資金計画

1 ファイナンシャル・プランニングの基礎知識

頻出度 A　CHECK

ポイント

FPが顧客に対してファイナンシャル・プランニングを行うには、顧客との信頼関係と、各専門家との協力関係を作ることが大切です。そのために求められる**FPの職業倫理**と**関連法規**についての知識は、出題頻度も高い重要項目です。正しく理解しましょう。

1 ファイナンシャル・プランニングとは

自分の価値観に基づいて「こう生きたい」と思い描くことを、**ライフデザイン**といいます。そのライフデザインを具体化した人生設計を、**ライフプラン**といいます。

そして、ライフプランにおける人生の目標や夢を実現するためには、しっかりとした**ファイナンシャル・プランニング**（資金計画）が欠かせません。

ファイナンシャル・プランニングでは、経済環境や個人の価値観を踏まえ、家計に関するあらゆるデータから現状を分析し、希望どおりのライフプランを実現できるか検討します。問題点があれば、それを解決するための対策を立案し、実行していくことが必要です。また、定期的な見直しも不可欠です。

ファイナンシャル・プランニングの専門家をファイナンシャル・プランナー（FP）といい、顧客のライフプランの実現に向けた**資金計画**を立て、実行援助を行います。

年代別ファイナンシャル・プランニングの一般的ニーズのイメージ

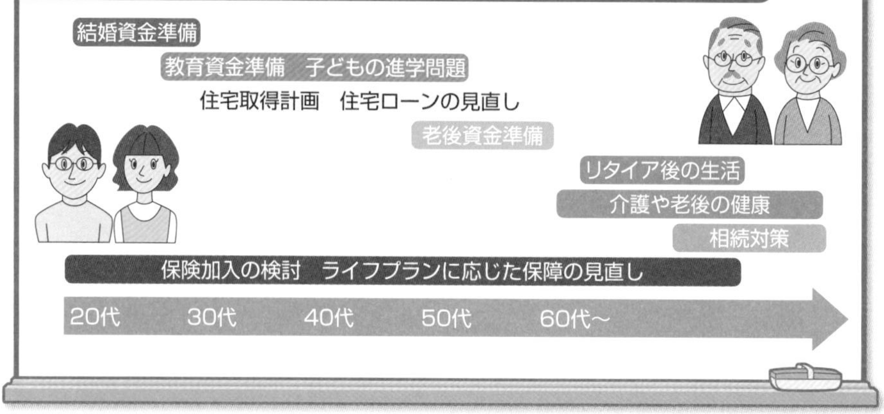

プラスα　FPの職業倫理には、法令遵守や顧客利益の優先、守秘義務の遵守のほかにも、説明義務（アカウンタビリティ）や顧客の同意（インフォームド・コンセント）

2 FPの職業倫理と関連法規　頻出

1．FPの職業倫理

FPは、業務を行うにあたり、顧客との信頼関係を構築することが必要です。そのためFPには高い職業倫理が求められます。職業倫理上、FPとして守るべき事柄には、**法令遵守《じゅんしゅ》**(コンプライアンス)はもちろんのこと、**顧客利益の優先**、**守秘義務の遵守**等があります。

【FPが守るべき職業倫理】　暗記

〔顧客利益の優先〕	顧客の立場で、顧客の利益を優先し、FP業務を行う
〔守秘義務の遵守〕	FP業務上知り得た顧客の情報を、顧客の許可なく第三者に漏らしてはならない

2．FPと関連法規

有効なプランニングをするためには、税金・社会保険・金融・保険・不動産など多方面からの包括的なアプローチが求められます。プランニングがさまざまな分野に及ぶため、税理士や弁護士等の各専門家の協力が必要になることもあります。その場合は、税理士法や弁護士法等関連法規に抵触しないよう気を付けなければなりません。

【FPが注意すべき関連法規】　頻出

税理士法	税理士でないFPは、有償・無償を問わず、個別具体的な税務相談や税務書類の作成を行ってはならない。一般的な税制の解説や仮定に基づく税金計算は税理士法に抵触しない
弁護士法	弁護士でないFPは、個別具体的な法律相談や法律事務を行ってはならない
保険業法	保険募集人資格のないFPは、保険の募集や勧誘を行ってはならない。保険相談や保障の見直し、必要保障額の計算は保険業法に抵触しない
金融商品取引法	金融商品取引業の登録のないFPは、顧客に対して有価証券の価値等に関する投資助言や顧客から投資判断の一任を受けた投資運用(投資一任契約)を行ってはならない

がある。プランニングに際し、顧客に内容を十分に説明し、その説明を顧客がしっかりと理解しているか確認することが重要である。

2 ライフプランニングの手法

頻出度 A

CHECK

ポイント

FPの最重要ツールである**キャッシュフロー表**の作成方法について、しっかりと理解しましょう。その際に必要となる、可処分所得の意味や計算方法も重要です。**6つの係数**は、必要金額を求めるにはどの係数を使えばよいのかが問われます。

1 ライフプランニングの手順と手法

1．ライフプランニングの手順

ライフプランニングは、以下の6つのステップに従って行われます。

Step① 顧客との関係確立

顧客に対し、プランニングの目的や提供するサービスの内容、報酬等について説明し、合意を得る。

Step② 顧客情報の収集と把握 （目標の明確化と数値化）

質問紙や面談により、プランニングのために必要な情報を収集する。

Step③ プランの分析

保険や税金等の分析、**キャッシュフロー表**や個人バランスシート等の作成により現状分析を行い、問題点を把握する。

顧客情報には、数値化できる「定量的情報」と、数値化できない「定性的情報」があります。

Step④ 提案書の作成

対策案を検討し、プランを**提案書**にまとめる。

Step⑤ プランの実行援助

必要に応じ、金融商品等の提案や各種手続きの代行、専門家への紹介をする。

Step⑥ プランの定期的見直し

顧客の希望や家族状況等の変化、経済情勢の変化等に応じて定期的に見直す。

プラスα

キャッシュフロー表の年間収支は、年間収入から年間支出を引いて求める。年間収支がプラスになれば、前年の貯蓄残高に上乗せされるので、貯蓄は増

2．ライフイベント表の作成

ライフイベント表とは、顧客のライフイベント（顧客やその家族の将来の予定や計画）を時系列で表にしたものです。ライフイベント表の必要資金の見積りは**現在価値**で記入します。

【ライフイベント表の例】

西暦（年）	家族の年齢				家族のイベント	必要資金（万円）
	夫	妻	長女	長男		
2024	35	33	5	3		
2025	36	34	6	4	長男幼稚園入園	15
2026	37	35	7	5	長女小学校入学	20
2027	38	36	8	6	車買換え	250
2028	39	37	9	7	長男小学校入学	20
2029	40	38	10	8	住宅購入（自己資金）	800
2030	41	39	11	9		
2031	42	40	12	10	海外旅行	100

＊ 上記のライフイベント表は、1年間の設定を1～12月とし、12月末時点の年齢でそろえて表示している

3．キャッシュフロー表の作成　頻出

キャッシュフロー表とは、現在の収支状況やライフイベント表をもとに、将来の収入、支出、貯蓄残高を予想して、表にしたものです。キャッシュフロー表の必須項目は、①**年間収入**②**年間支出**③**年間収支**④**貯蓄残高**で、金額は変動率を考慮した**将来価値**で記入します。単位は万円（万円未満を四捨五入）とし、キャッシュフロー表の年間収入は、**可処分所得**を使用するのが一般的です。

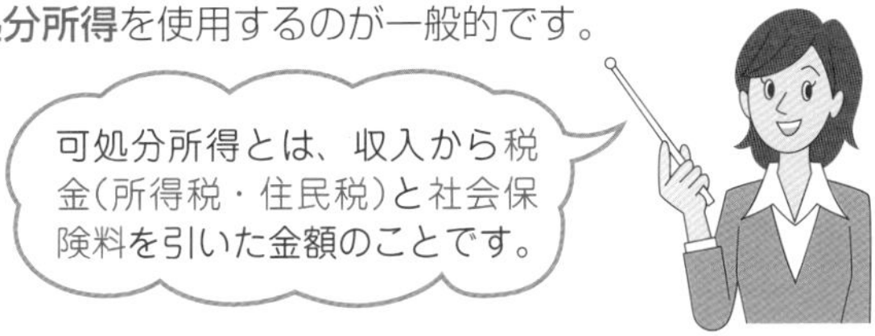

加する。マイナスになれば前年の貯蓄残高から取り崩すので、貯蓄が減少する。「貯蓄残高＝前年の貯蓄残高×（1＋運用利率）±年間収支」で計算できる。

【キャッシュフロー表の例】　（単位：万円）

西暦(年)			2024	2025	2026	2027	2028	2029	2030	2031
年齢	夫		35	36	37	38	39	40	41	42
	妻		33	34	35	36	37	38	39	40
	長女		5	6	7	8	9	10	11	12
	長男		3	4	5	6	7	8	9	10
家族のイベント				長男幼稚園入園	長女小学校入学	車買換え	長男小学校入学	住宅購入		海外旅行
	項目	変動率								
収入	夫の収入	1%	500	505	510	515	520	526	531	536
	妻の収入	0%			120	120	120	120	120	120
	その他収入	0%								
	収入合計		500	505	630	635	640	646	651	656
支出	基本生活費	1%	240	242	245	247	250	252	255	257
	住居費	0%	120	120	120	120	120	815	15	15
	住宅ローン	0%						135	135	135
	教育費	1%	30	76	73	54	67	46	47	47
	保険料	0%	25	25	25	25	25	25	25	25
	その他支出	1%	15	15	15	15	16	16	16	16
	一時的支出	0%				250				100
	支出合計		430	478	478	711	478	1,289	493	595
年間収支			70	27	152	−76	162	−643	158	61
貯蓄残高		1%	171	200	354	282	447	−192	−36	25
前年貯蓄残高		100								

＊ 上記のキャッシュフロー表は、1年間の設定を1～12月とし、12月末時点の年齢でそろえて表示している

4. 個人バランスシートの作成

個人バランスシートとは、現時点での**資産**（預貯金や株式等）と**負債**（住宅ローン等）のバランスを確認する表です。資産から負債を引いたものが**純資産**です。

【個人バランスシートの例】

資産(万円)			負債(万円)	
金融資産	預貯金	300	住宅ローン	2,500
	有価証券	100	その他借入金	
	投資信託	100		
	貯蓄性保険	100		
金融資産計		600	負債合計②	2,500
実物資産	土地	2,000	純資産(万円)	
	建物	100	①−②	400
	自動車	200		
実物資産計		2,300		
資産合計①		2,900	負債・純資産合計	2,900

バランスシートの金額は、時価で記入する

純資産が多いほど健全。マイナスであれば債務超過

プラスα

個人バランスシートで純資産が少ない場合などは、改善策を検討する必要がある。改善策の1つとして、金融資産の一部で住宅ローンの繰上げ返済を行

5. 6つの係数　頻出　暗記

さまざまな試算をする際、係数を使うことによって、計算が容易になります。

終価係数	現在の金額を複利運用し、将来いくらになるのかを求める
現価係数	複利運用により将来の目標金額を得るためには、現在いくらの元本があれば良いかを求める
年金終価係数	毎年一定金額を積み立てながら複利運用していくと、将来いくらになるのかを求める
減債基金係数	複利運用により将来の目標金額を得るためには、毎年いくら積み立てれば良いかを求める
年金現価係数	一定期間にわたり複利運用しながら一定金額を受け取るためには、現在いくらの元本があれば良いかを求める
資本回収係数	複利運用により一定金額を一定期間で取り崩していくと、毎年いくらずつ受け取れるのかを求める

計算する際は、もとになる数値に係数を乗じて計算します。下の「計算しよう！」で実際に問題をやってみましょう。

計算しよう！

Q1 100万円を年利3％で運用したときの5年後の金額はいくらになるか。
[係数表(年利3.0％)]

	終価係数	現価係数	年金終価係数	減債基金係数	資本回収係数	年金現価係数
5年	1.1593	0.8626	5.309	0.18835	0.2184	4.5797

Q2 年利1％で10年後に100万円を得るためには、毎年いくら積み立てたら良いか。[係数表(年利1.0％)]

	終価係数	現価係数	年金終価係数	減債基金係数	資本回収係数	年金現価係数
10年	1.105	0.905	10.462	0.096	0.106	9.471

A1 現在の金額を複利運用し、将来いくらになるかを求めるには、終価係数を使う。

1,000,000円×1.1593＝1,159,300円

A2 将来の目標額を得るために、毎年いくら積み立てれば良いかを求めるには、減債基金係数を使う。

1,000,000円×0.096＝96,000円

い、負債を減らすという方法がある。この場合、バランスシート上での資産合計は減少するが、純資産と負債のバランスを改善することができる。

3 ライフプラン策定上の資金計画

頻出度 **A**　CHECK

ポイント

教育資金、住宅資金、老後資金を人生の3大資金といいます。ここでは教育資金と住宅資金の準備方法やローンの利用方法について学びます。教育資金では公的教育ローンや、奨学金制度の内容、住宅資金では住宅ローンの返済方法の違いなどが重要項目です。

1 教育資金設計

教育費には、学校教育費(入学金や授業料等)と学校外教育費(塾や習い事の費用)があり、両方あわせて考える必要があります。子どもの進学予定にあわせ、子どもが小さい時期から計画的に準備していくことが大切です。

1. 教育資金の準備方法

教育資金積立に適した金融商品

(一般財形貯蓄)	・給与天引きで積み立てができる
こども保険、学資保険	・生命保険会社やJA等の積立型の保険商品 ・満期時に満期保険金を受け取ることができる ・契約者である親が死亡した場合、以後の保険料支払は免除される ・進学時の祝金や育英年金が受け取れるタイプもある

2. 教育ローンと奨学金　頻出

十分な教育資金が準備できなかった場合は、教育ローン(公的融資・民間融資)や奨学金の利用を検討します。代表的な公的な教育ローンには、日本政策金融公庫の「国の教育ローン」があり、奨学金制度には、**日本学生支援機構**が行うものがあります。なお、日本政策金融公庫の教育一般貸付の使途は、授業料などの学校納付金以外でも利用が可能です。

プラスα 給付型の奨学金と貸与型の奨学金を併用する場合、第一種奨学金は、給付型の奨学金の支援区分に応じて、貸与額が制限される。第二種奨学金は貸与額

【国の教育ローン】

名　称	〔教育一般貸付〕
融資機関	日本政策金融公庫
利用要件	年収要件あり（子の数により年収上限が異なる）
融資限度額	学生・生徒１人あたり350万円以内(自宅外通学、修業年限5年以上の大学、大学院、海外留学の場合は450万円)
金利タイプ	固定金利
返済期間	最長18年以内

【日本学生支援機構の奨学金】

給付型奨学金（返済不要）		住民税非課税世帯・準ずる世帯の学生で学ぶ意欲がある者が対象。給付額は世帯の収入や学校の種類や進学形態によって異なる 大学・専門学校等の入学金・授業料の免除または減額が受けられる
貸与型奨学金（返済義務あり）	第一種奨学金	無利息
	第二種奨学金	在学中は無利息　卒業後は上限3%の有利息

2　住宅資金設計

マイホームの購入は、人生においてもっとも大きな支出といわれ、一般的には多額の住宅ローンを長期間で組むことになります。安心して返済していける資金計画を立てることが大切です。

1．自己資金の準備方法

住宅ローンを組む場合は、頭金と諸費用が必要になります。一般的に物件価格の**20%～30%**以上の自己資金を準備すべきだといわれています。

自己資金準備を目的とした金融商品の１つに、**財形住宅貯蓄**があります。

財形住宅貯蓄

対　象	申込時の年齢が満55歳未満の勤労者
積立期間	5年以上必要。給与天引きで積み立てることができる
その他	要件を満たせば、財形住宅融資を利用できる
非課税金額	貯蓄商品　→　元利合計　550万円 保険商品　→　払込保険料　550万円

が制限されることなく希望する額を利用できる。また、日本政策金融公庫の教育一般貸付と日本学生支援機構の奨学金は重複して利用が可能。

2．住宅ローンの組み方 頻出

住宅ローンの組み方によって総返済額に差が出ます。仕組みを理解し、十分な比較検討が必要です。

1金利の種類 暗記

①**固定金利**型…返済開始から終了まで金利が変わらないタイプ

②**変動金利**型…市場金利の変動により、一定期間ごとに金利を見直すタイプ

③**固定金利期間選択**型…当初の一定期間は固定金利で、固定期間終了後はその時点の金利水準で固定金利か変動金利かを選択していくタイプ

金利上昇局面では固定金利で、金利下降局面では変動金利で借り入れるほうが有利になります。

2返済方法 暗記

①**元利均等**返済…元金と利息をあわせた返済額が毎回一定となる返済方法

②**元金均等**返済…元金の返済は毎回一定で、利息は元金残高によって計算される返済方法。当初の返済額は多いが、返済が進むにつれて毎回の返済額は徐々に減っていく

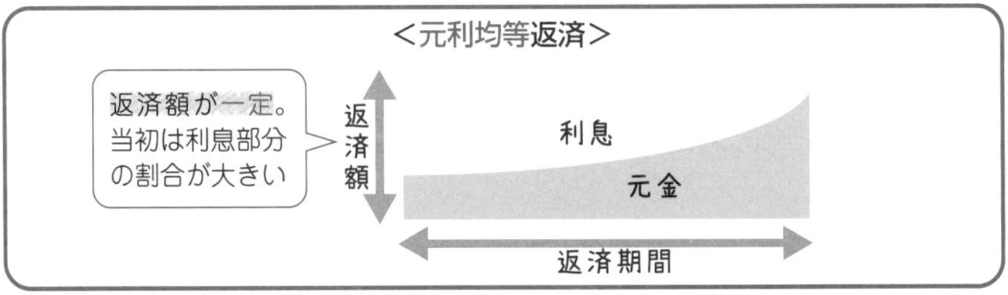

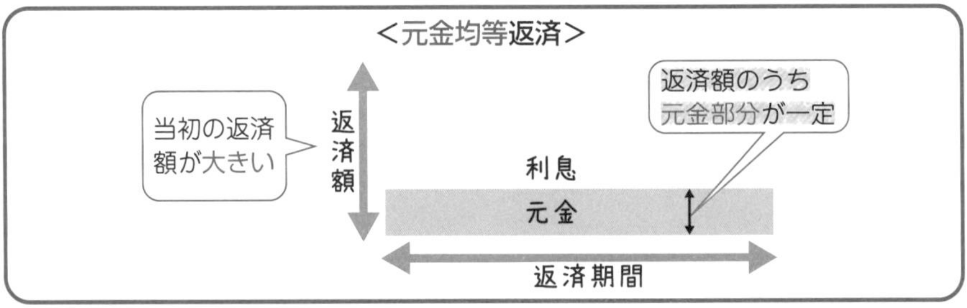

プラスα 借入金額や金利、返済期間を同じ条件で借りた場合、元金均等返済のほうが元利均等返済に比べ、総返済額は少なくなる。また、元利均等返済では収入

3 住宅ローンの種類

住宅ローンには、さまざまな種類のものがあります。

フラット35は、住宅金融支援機構が民間金融機関から住宅ローン債権を買い取り、証券化して投資家に売却する仕組みで融資を行っています。フラット35を利用するには、住宅金融支援機構における技術基準に適合していることを示す**適合証明書**を取得する必要があります。

民間融資は、取扱金融機関により違いがあります。

主な住宅ローン

種　類	フラット35	財形住宅融資	各金融機関のローン
融資機関	住宅金融支援機構（申込みは取扱金融機関）	・勤労者退職金共済機構 ・財形住宅金融株式会社 ・住宅金融支援機構	各金融機関
利用要件	満70歳未満（親子リレー返済の場合は70歳以上でも利用可）	財形貯蓄を1年以上継続し、合計残高が50万円以上あることなど	金融機関により異なる
収入基準	年収に占めるすべての借入れの総返済負担率が年収400万円未満の場合は30%以下、400万円以上の場合は35%以下であること	融資機関によって異なる	
融資限度額	8,000万円以下で建設費・購入価額まで可能	財形貯蓄の合計残高の10倍以内（最高4,000万円）、かつ購入価額の90%以内	一般的に1億円以内
金利タイプ	最長35年の全期間固定金利（適用金利は金融機関により異なり、融資実行日に決まる）	5年固定金利 （5年ごとに見直し）	変動金利、固定金利、固定金利期間選択型
団体信用生命保険（団信）	金利に保険料含む	別途加入が必要	強制加入が多い
その他	保証料不要。 繰上げ返済手数料不要	融資機関によって異なる	保証料必要

フラット35は、取扱金融機関により、金利、事務手数料が異なります。

要件を満たしていても、当初返済額が多くなる元金均等返済では収入要件を満たすことができず、利用できない場合があるので確認が必要になる。

3．住宅ローンの見直し

住宅ローンを組んで返済が始まったら、それで終わりではありません。必要に応じて、繰上げ返済や借換えを検討します。

1 繰《くり》上《あ》げ返済　頻出

繰上げ返済とは、決められている返済以外にまとまった金額を追加して支払うことで、ローンの**元金部分**の一部または全部を返済することをいいます。繰上げ返済した金額は、元金部分に充当されるため、相応する利息部分の返済が不要になります。

毎回の返済額は変えずに返済期間を短くする**期間短縮**型と、返済期間は変えずに毎回の返済額を減らす**返済額軽減**型の2つの方法があります。同じ条件で繰上げ返済をした場合、利息軽減効果は期間短縮型のほうが**高く**なります。

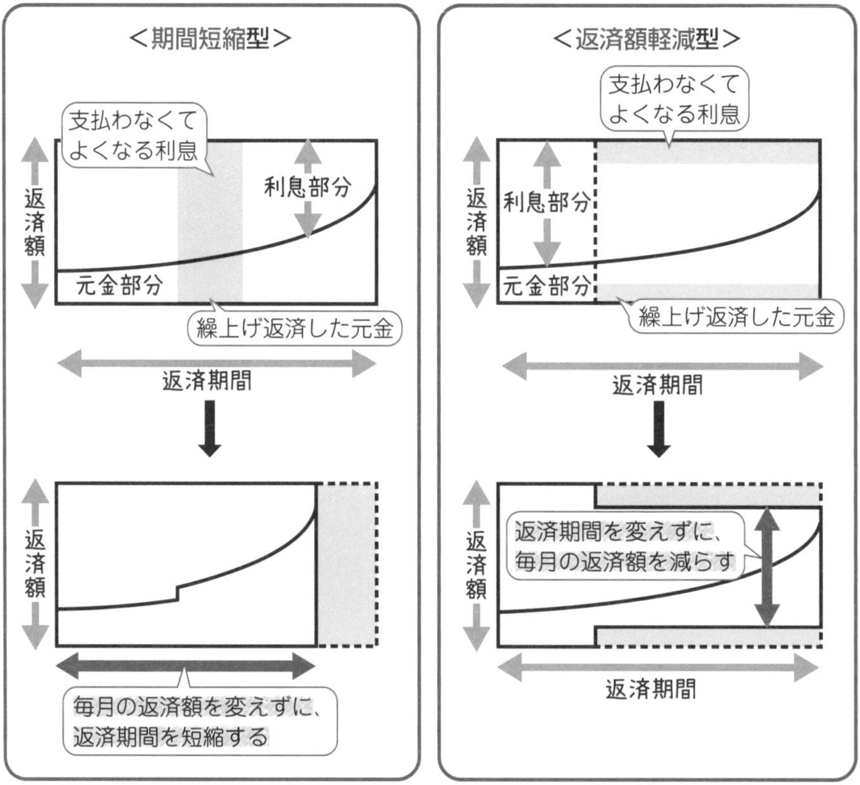

プラスα　繰上げ返済の最低返済額や手数料の取扱いは、住宅ローンの種類や融資機関によって異なる。フラット35の最低返済額は、インターネットサービス「住・

2 借換え

借換えとは、返済中のローンを一括返済するために、**新しくローンを組むこと**です。現在返済中のローンより低金利のローンに借り換えることにより、利息軽減効果が得られます。

ただし、借換えにも手数料や保証料等の諸費用が発生するため、それを負担しても借り換えるメリットがあるのか確認する必要があります。借換えの効果があるかどうかの一般的な目安は、以下のとおりです。

- 借換え前後の金利差**1%**以上
- 残りの返済期間**10年**以上
- ローン残高**1,000万円**以上

確認しよう!

Q1 □□ 日本学生支援機構が取り扱う第一種奨学金は、返済義務がない。

Q2 □□ 財形住宅貯蓄の対象者は、申込時の年齢が60歳未満の勤労者である。

Q3 □□ 住宅ローンを組む場合、金利が上昇しているときは、変動金利で借り入れるほうが有利である。

Q4 □□ 元利均等返済とは、元金と利息を合わせた返済額が毎回一定となる返済方法である。

Q5 □□ フラット35が利用できる年齢は、原則として満70歳未満である。

Q6 □□ フラット35の金利には、団体信用生命保険の保険料が含まれる。

Q7 □□ 一部繰上げ返済を行う際に「期間短縮型」を選択した場合、繰上げ返済後の毎回の返済額は増額となるが、残りの返済期間は短くなる。

A1 ×（⇒p.31）　**A2** ×（⇒p.31）　**A3** ×（⇒p.32）
A4 ○（⇒p.32）　**A5** ○（⇒p.33）　**A6** ○（⇒p.33）
A7 ×（⇒p.34）

My・Note」の場合10万円以上、金融機関窓口の場合100万円以上で、手数料は無料である。

頻出度 C

CHECK

4 その他のローンとカード

ポイント

近年、さまざまな種類のカードが発行され、私たちの生活の中では欠かせない決済ツールになっています。ここでは、代表的な**クレジットカード**、**デビットカード**、**電子マネー**の仕組みを理解し、あわせて決済時期の違いや法規制についても押さえましょう。

1 カードの種類と特徴

1．主なカードの分類

主なカードの種類と仕組み

種　類	クレジットカード	デビットカード	電子マネー
仕組み	利用者の信用に基づいて発行され、商品の購入やサービスの提供を受けられる。利用者の返済能力について審査がある	金融機関のキャッシュカードに支払機能をもたせ、現金の代わりに代金の決済ができる。手数料は不要	現金の情報をICカードに記録したもの。事前に入金する前払い、クレジットカード等で決済する後払い、デビットカードで即時払いの３タイプがある
決済時期	〔後払い〕	〔即時払い〕	〔前払い〕〔後払い〕〔即時払い〕
本人確認	サイン・暗証番号	暗証番号	不要

2．ローンやカードの支払方法

支払い方法には一括払い(手数料不要)と、分割払いがあります。

分割払い	支払回数を指定して複数回に分割して支払う。通常、３回以上に分割すると手数料がかかる
アド・オン方式	元金に対してあらかじめ利息を計算し、元金と利息の合計額を返済回数で割って毎回の返済額を決める方法
リボルビング方式	利用限度額の範囲内で、あらかじめ設定した一定金額または一定割合を毎回支払う方法

3．関連法規

貸金業法では、貸金業者から個人が借入を行う場合、年収の**3分の1**を超える借入はできないと定めています。これを**総量規制**といいます。

プラスα　物的な担保不要で貸付けするローンを無担保ローンという。銀行や金融機関が取り扱うカードローン、使途自由のフリーローンのほか、クレジット会社

1日目●ライフプランニングと資金計画

頻出度 C　CHECK

5 社会保険の概要

ポイント　社会保険は、個人の努力によっては避けることができない**病気・障害・失業・老齢・介護・死亡**といった、**生活上のリスク**に対する公的なセーフティネットです。ここでは、社会保険の全体像を把握しましょう。

1 社会保険とは

社会保険とは、一定の人を加入者とし、加入者が負担した保険料によって、加入者やその家族に病気・ケガ・死亡・失業などの一定の事由が起きたときに、生活を保障するための給付を行う制度です。

2 社会保険の種類

医療保険・介護保険・年金保険を「(狭義の)**社会保険**」、労災保険(労働者災害補償保険)・雇用保険を「**労働保険**」ということがあります。

医療保険・介護保険・年金保険については、すべての人が何らかの制度に加入します。これを「**国民皆保険《かいほけん》・国民皆年金《かいねんきん》**」といいます。

社会保険の種類

	制　度	支給事由	会社員	自営業者など
(狭義の)社会保険	医療保険	病気・ケガ・死亡・出産	健康保険(業務外のみ給付)	国民健康保険
(狭義の)社会保険	介護保険	介護	介護保険(40歳以上)	介護保険(40歳以上)
(狭義の)社会保険	年金保険	老齢・障害・死亡	厚生年金保険	
(狭義の)社会保険	年金保険	老齢・障害・死亡	国民年金	国民年金
労働保険	労災保険	業務上の病気・ケガ・障害・死亡	労災保険	
労働保険	雇用保険	失業・雇用継続など	雇用保険	

のキャッシングやカードローン、消費者金融会社のローンなどがある。一般的に担保があり、使途目的が限定されているローンと比べると金利は高くなる。

頻出度 A　CHECK

6 公的医療保険

ポイント　公的医療保険は一生涯にわたる制度です。年齢や職業、また家族との扶養関係などに応じて、**健康保険・国民健康保険・後期高齢者医療制度**のいずれかの対象となります。どのような人が、どの制度の対象となるのかをしっかり理解しましょう。

1 公的医療保険の主な種類

公的医療保険にはいくつかの種類があります。74歳までは職業などにより大別され、**75歳**になるとすべての人が後期高齢者医療制度に加入します。種類と内容は次のとおりです。なお、**40歳以上65歳**未満の被保険者の保険料には介護保険料が上乗せされます。

【公的医療保険の種類と医療費の自己負担割合】

種類	健康保険	国民健康保険	後期高齢者医療制度
対象者	会社員と その家族（被扶養者）	自営業者など	75歳（一定の障害状態にある65歳）以上の人
保険者	・全国健康保険協会 ・健康保険組合	・都道府県および市区町村 ・国民健康保険組合	後期高齢者医療広域連合 （都道府県ごとに設置）
支給事由	業務外の病気、ケガ、 出産、死亡	病気、ケガ、出産、死亡	病気、ケガ、死亡
保険料の決定	・都道府県ごと ・組合ごと	・市区町村ごと ・組合ごと	後期高齢者医療広域連合ごと
医療費の自己負担割合 暗記	・義務教育就学前　2割 ・義務教育就学以後70歳未満　3割 ・70歳以上75歳未満　2割 一定以上所得者　3割		1割 一定以上所得者　2割 現役並み所得者　3割
その他	被扶養者制度あり	「被扶養者」という概念がなく、全員が被保険者となる	

プラスα　社会保険（厚生年金保険・健康保険）については、4分の3基準（上記2.参照）を満たさない場合でも、常時101人（2024年10月以降は51人）以上の事業所に

2 健康保険

1．健康保険の仕組み

健康保険は、**業務外**の病気やケガ・出産・死亡などに対して保険給付を行う制度です。健康保険は、以下の種類に分けられます。

健康保険の種類	全国健康保険協会管掌健康保険 （協会けんぽ）	組合管掌健康保険 （組合健保）
保険者※	全国健康保険協会	健康保険組合
一般保険料率	都道府県ごと	組合ごとの規約による

※ 保険料の徴収や給付を行う、制度の運営主体のこと

2．被保険者・被扶養者

適用事業所に常時使用される**75歳**未満の正社員や法人の代表、役員などは、健康保険の被保険者とされます。なお、パートタイマー、アルバイトなどは、適用条件（1週間の所定労働時間および1カ月の所定労働日数がフルタイムの**4分の3**以上〈4分の3基準〉）にあたるときは、健康保険の加入者（被保険者）になります。

また、健康保険には被扶養者制度があります。被扶養者とされるのは、主に被保険者の収入によって**生計を維持**されている原則として**国内居住**の一定の親族で、被扶養者となる人の年収が**130万円**（60歳以上・障害者は**180万円**）未満、かつ原則として被保険者の年収の**2分の1**未満であることです。

3．保険料

健康保険の保険料は、原則として被保険者と事業主が**半分**ずつ負担し（労使折半）、被扶養者の保険料はかかりません。

月給（標準報酬月額※1） 賞与（標準賞与額※2）	×	一般保険料率 介護保険料率（**40**歳以上**65**歳未満の人）

※1 月給をいくつかの等級に区分した額（上限・下限あり）
※2 賞与の支給額から千円未満を切り捨てた額（上限あり）

標準報酬月額・標準賞与額は、会社員が加入する健康保険・厚生年金保険の保険料や給付のもとになる給与のことです。

勤める、①2カ月超の雇用見込み、②週の所定労働時間が20時間以上、③月額賃金8.8万円以上、④学生ではない者は、被保険者となる。

4．保険給付

1 保険給付の種類

健康保険の給付は、次のとおりです。

給付事由	被保険者	被扶養者
病気 ケガ	・療養の給付 ・入院時食事療養費 ・入院時生活療養費 ・保険外併用療養費 ・療養費 ・訪問看護療養費 ・移送費 ・高額療養費 ・高額介護合算療養費 ・傷病手当金	家族療養費（療養の給付～療養費に対応） ・家族訪問看護療養費 ・家族移送費 ・高額療養費 ・高額介護合算療養費 —
出産	・出産育児一時金 ・出産手当金	・家族出産育児一時金 —
死亡	・埋葬料（埋葬費）　5万円	・家族埋葬料　5万円

2 主な給付の内容

①療養の給付（家族療養費）

病気やケガをしたとき、医療機関の窓口に保険証を提示することにより、医療費の一定割合にあたる自己負担額（38ページ）を支払うだけで治療（診察・投薬・処置・手術など）が受けられます。入院の場合は、医療費の自己負担とは別に、食費の一部も負担します。

②高額療養費　計算

長期の療養・入院や手術をすると医療費の自己負担額が高額になります。このような負担を軽減するために、**同一月に同一の医療機関**（入院・外来は別）の窓口で支払った一部負担金の合計額が自己負担限度額を超えたときは、その超える部分が給付されます。高額療養費制度があるので、健康保険による自己負担額は、一定の限度額以内におさまります。

プラスα　高額療養費は、原則として１人ごと、１カ月ごと、１医療機関ごとに適用するが、同一世帯（被保険者と被扶養者）で過去１年間に高額療養費が3回以上

自己負担限度額

年齢・所得区分に応じて、細かく分けられている

【例】70歳未満の標準報酬月額（39ページ）28万～50万円の自己負担限度額＝80,100円＋（総医療費－267,000円）×1％

ポイント
- 入院時の食事代や差額ベッド代などは**対象外**
- 支給は原則として請求に基づく払戻し方式

《例：入院して1カ月の支払額が15万円の場合（所得区分 標準報酬月額28万～50万円）》

自己負担限度額 ＝80,100円＋（500,000円－267,000円）×1％ ＝82,430円	高額療養費 ＝67,570円

自己負担額15万円（総医療費50万円）

③傷病手当金　頻出　暗記

休職中の給与保障にあたる給付です。被保険者が病気やケガのために会社を休んだときに支給されます。

支給額

欠勤1日につき…

支給開始日以前**12カ月間**の各月標準報酬月額平均額の**30分の1**相当額×$\frac{2}{3}$

支給期間

同一の傷病につき支給開始から**通算して1年6カ月間**

ポイント
- **療養のため**であること（自宅療養を**含む**）
- **仕事に就けない**状態であること
- **連続3日**以上欠勤していること（**4日目**以降の欠勤した日について支給）
- 給与の支払いがないこと（支払われた場合は差額支給あり）

	←通算して1年6カ月→			
連続3日欠勤 待期期間完成	欠勤 傷病手当金支給	出勤※ 支給されない	欠勤 傷病手当金支給	1年6カ月を超えると支給されない

※ 支給開始後に出勤して支給されない期間を除き、通算で1年6カ月分支給

④出産手当金

出産休暇中の給与保障にあたる給付です。被保険者が出産のために会社を休んだときに支給されます。

支給されている場合は、4回目以降の自己負担限度額が引き下げられ（これを多数該当という）、世帯負担の軽減が図られる。

支給額

欠勤1日につき…

支給開始日以前12カ月間の各月標準報酬月額平均額の30分の1相当額×$\frac{2}{3}$

支給期間

出産日以前42日(多胎妊娠は98日)、出産日後56日

⑤出産育児一時金(家族出産育児一時金)

被保険者や被扶養者が出産したときに支給される一時金です。

支給額

原則として、1児につき50万円

ポイント　支給されるのは妊娠4カ月以上の出産で、流産・死産などを含む

3 国民健康保険

健康保険の被保険者、被扶養者以外の人は、原則として、住所地の**都道府県等**が運営する国民健康保険に加入します。

【国民健康保険の概要】

保険者	都道府県および市区町村
被保険者	自営業者や年金生活者など、健康保険の対象者以外の者
保険料(税)	市町村ごとに、前年の所得、加入者数などを基準に算出。上限あり
給付事由	健康保険とほぼ同じ。異なる点は、業務上の病気やケガについても給付されること、および原則として傷病手当金や出産手当金の給付がないこと

被扶養者制度はないため、専業主婦(夫)や子どもなどもすべて加入者(被保険者)とされます。

プラスα　国民健康保険には、都道府県および市区町村が保険者として運営している国民健康保険のほかに、同種の事業または業務に従事する人などを加入対象と

4 退職後の医療保険

1．退職後の医療保険の選択肢

会社を退職すると、再就職して再び健康保険に加入する場合を除き、下記のいずれかの制度に加入します。どの医療保険に加入しても、医療機関の窓口での自己負担割合は同じです。

2カ月、20日、2年がポイントです。

制　度	特　徴	保険料負担
健康保険の任意継続被保険者 頻出 暗記	・退職前の健康保険の加入期間が、継続して2カ月以上あること ・退職日の翌日から20日以内に申請すること ・加入期間は最長2年 ・給付は在職中と同じ。ただし、傷病手当金および出産手当金は給付されない ・被扶養者制度あり	・全額自己負担 ・上限あり
健康保険の被扶養者	・被扶養者とされる条件(39ページ)に該当すること	負担なし
国民健康保険	・上記の健康保険の任意継続被保険者または被扶養者にならないときは、国民健康保険の被保険者とされる	42ページ

2．後期高齢者医療制度 頻出

75歳(一定の障害状態にある人は65歳)になると、これまで加入していた健康保険や国民健康保険の資格を喪失して、一人ひとりが後期高齢者医療制度の被保険者になります。この制度は**都道府県**ごとに設立された「後期高齢者医療広域連合」が運営しています。

後期高齢者医療保険の保険料は、被保険者一人ひとりが負担します。

する国民健康保険組合がある(建設国民健康保険組合、医師国民健康保険組合など)。保険料は、組合ごとの規約で定められている。

7 介護保険

頻出度 **B**　CHECK

介護保険は原則として**40歳**以上の人が加入します。保険料の算定、支払方法や給付（介護サービス）を受けるために必要な条件は、同じ加入者でも**65歳**前後で異なります。この違いを理解することがポイントです。

1 介護保険の仕組み

介護保険は、原則として**40歳以上の人が被保険者**とされ、年齢によって第1号被保険者と第2号被保険者に区分されます。

【第1号被保険者と第2号被保険者の特徴】 頻出

	第1号被保険者	第2号被保険者
対象者	65歳以上の者	40歳以上65歳未満の公的医療保険加入者
保険者	〔市区町村〕	
保険料の算定、支払方法	市区町村ごとに決定。原則、公的年金から天引きで徴収される	加入する医療保険者ごとに決められ、医療保険の保険料とあわせて徴収される
介護サービスが給付される条件	原因を問わず、要介護状態または要支援状態と認定されたとき	特定疾病（老化にともなって生じた一定の病気）によって、要介護状態または要支援状態と認定されたとき
利用者負担	利用限度額以内の自己負担は1割。ただし、65歳以上で一定以上の所得者は、所得に応じて2割または3割。ケアプランの作成は無料。施設サービス等を利用したときは、食費や居住費などの負担がある	

2 介護サービス（給付）の利用方法と種類

介護保険による介護サービスを受けるためには、**市区町村**から「要介護状態または要支援状態」の認定を受ける必要があります。

- 要支援1、2…介護予防サービス（予防給付）の利用可
- 要介護1～5…介護サービス（介護給付）の利用可

プラスα 労災保険は労働者の保護を目的とした制度なので、労働者ではない事業主や役員などには適用されない。ただし、一定の要件に該当する事業主などは、

1日目●ライフプランニングと資金計画

頻出度 B　CHECK

8 労働保険

労災保険は、パートタイマー、アルバイトを含む**すべての労働者**が対象とされ、保険料が全額**事業主**負担であることがポイントです。雇用保険は、**基本手当**や**高年齢雇用継続給付**などが問われやすい点です。おおまかな支給要件をつかんでおきましょう。

1 労働者災害補償保険（労災保険）

1．労災保険の仕組み

労災保険は、労働者の仕事上の事故（業務災害、複数業務要因災害）および通勤途中の事故（通勤災害）によって生じたケガ、病気、障害、死亡などに対して必要な給付を行う制度です。

【労災保険の概要】 頻出

窓　口	労働基準監督署
適用事業	原則として労働者を1人でも使用する事業
対象者	すべての労働者（パートタイマー、アルバイトなど雇用形態は問わない）
保険料	全額事業主負担

2．労災保険の給付

労災保険の給付は、健康保険の給付より、おおむね手厚くなっています。

【主な給付】

療養（補償※）給付…治療を受けたとき。全額労災保険から給付される（自己負担なし）
休業（補償）給付…療養のため休業し賃金を受けられないとき。休業4日目から賃金の60%相当を支給。なお、これに加え賃金の20%相当の特別支給金あり
障害（補償）給付…傷病が治癒し障害等級に該当する障害が残ったとき。等級に応じて年金または一時金を支給
遺族（補償）給付…受給資格のある遺族の人数等に応じて年金が支給される（原則）
※業務災害の給付には「補償」という言葉が入る

任意に特別加入することができる。特別加入ができるのは、「中小企業の事業主等」、「一人親方等」、「海外派遣者」である。

2 雇用保険

1．雇用保険の仕組み

雇用保険は、労働者が失業した場合、あるいは雇用の継続が困難になったときなどに必要な給付（**失業等給付**）を行うほか、労働者が子を養育するため休業したときに必要な給付（**育児休業給付**）を行う制度です。

【雇用保険の概要】

窓　口	ハローワーク（公共職業安定所）
適用事業	原則として労働者を１人でも使用する事業
被保険者	労働者。なお、パートタイマーや派遣労働者については、１週間の所定労働時間が20時間以上、かつ31日以上の雇用見込があること
保険料	失業等給付分・育児休業給付分は労使折半負担

2．雇用保険の給付

①雇用保険の給付の種類

雇用保険の給付は、「失業等給付」および「育児休業給付」です。

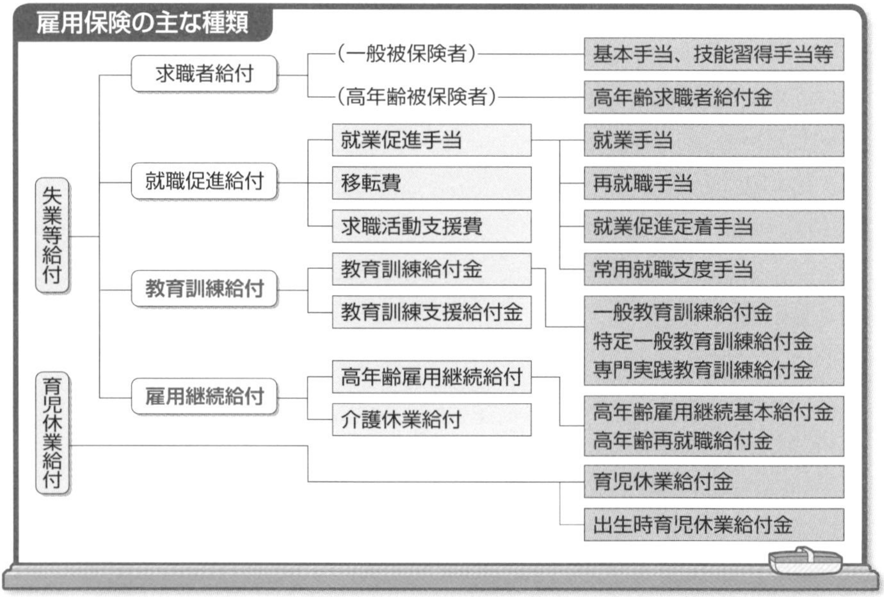

プラスα 基本手当は、雇用保険でいう「失業の状態」にあること、つまり、働く意思（気持ち）があって働く能力（健康状態、家庭環境など）もありながら職に就けな

2 失業等給付の主な内容

①基本手当　**頻出**

雇用保険の失業等給付の中心となるのが、一般被保険者（**65歳**未満の常用労働者）が失業したときに支給される「**基本手当**」です。

ⅰ 支給要件　**暗記**

原則として、離職の日以前**2**年間に、被保険者期間が通算して**12カ月**以上あること。ただし、倒産や解雇などによる失業および一定の非正規労働者の失業については、離職の日以前の１年間に同様の月が６カ月以上あること

ⅱ 基本手当日額

賃金日額（離職前６カ月間の平均賃金）の50%～80%（60歳以上65歳未満は45%～80%）

ⅲ 所定給付日数

基本手当が支給される日数（所定給付日数）は、次のとおり離職理由に応じた受給資格者の区分によって、大きく２つに分かれている

【自己都合や定年などによる離職＝通常の受給資格者】　**暗記**

離職時の年齢	雇用保険に加入していた期間		
	10年未満	10年以上20年未満	20年以上
65歳未満	90日	120日	150日

【解雇・倒産など、および一定の離職者】　＊2025年3月31日までの暫定措置

<table>
<tr><th rowspan="2">離職時の年齢</th><th colspan="5">雇用保険に加入していた期間</th></tr>
<tr><th>1年未満</th><th>1年以上5年未満</th><th>5年以上10年未満</th><th>10年以上20年未満</th><th>20年以上</th></tr>
<tr><td>30歳未満</td><td rowspan="5">90日</td><td>90日</td><td>120日</td><td>180日</td><td>—</td></tr>
<tr><td>30歳以上35歳未満</td><td>120日</td><td rowspan="2">180日</td><td>210日</td><td>240日</td></tr>
<tr><td>35歳以上45歳未満</td><td>150日</td><td>240日</td><td>270日</td></tr>
<tr><td>45歳以上60歳未満</td><td>180日</td><td>240日</td><td>270日</td><td>330日</td></tr>
<tr><td>60歳以上65歳未満</td><td>150日</td><td>180日</td><td>210日</td><td>240日</td></tr>
</table>

ⅳ 待期期間

ハローワークで求職の申込み（受給手続き）をしたあとの**7日間**は支給されない。自己都合で退職の場合は、さらに**2カ月**※の給付制限がある

※ 自己都合による退職の場合、過去5年間のうち2回までは2カ月、3回以降は3カ月

ⅴ 受給期間

原則として、退職後**1年間**

いときに支給される。就業するつもりがない場合、あるいは家事・学業に専念するなどの場合は、基本手当は支給されない。

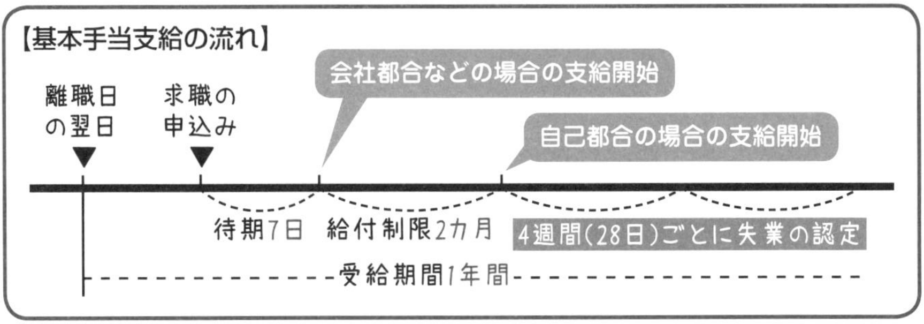

②高年齢求職者給付

65歳以上の高年齢被保険者が失業したときに支給される**一時金**です。

支給額

●雇用保険の加入期間に応じて、基本手当日額の30日分または**50日**分相当額

＊離職の日以前1年間に、被保険者期間が通算して6カ月以上あること

③教育訓練給付

厚生労働大臣が指定する教育訓練を修了したときに支給されます。

支給額

●一般教育訓練………受講費用(最大1年間分)の**20%**(上限**10万円**)

＊雇用保険の被保険者期間が3年以上あること(初回は1年以上)

④高年齢雇用継続給付　暗記

60歳時点と比べて賃金が低下した状態で働いている、60歳以上65歳未満の被保険者に支給される給付金です。なお、高年齢雇用継続給付には、「高年齢**雇用継続基本**給付金」と「高年齢**再就職**給付金」があります。

支給要件

●雇用保険の被保険者期間が通算して5年以上ある

●60歳以降に支払われた賃金が、60歳到達時の賃金と比べて75%未満に低下

支給額

60歳時の賃金と比べて	61%未満	………………60歳以後の賃金×15%※
	61%以上75%未満	……60歳以後の賃金×0%超～15%※

※ 令和7年4月から10%の予定

＊ 75%以上のときは支給されない

プラスα　子の出生後８週間の期間内に28日分を限度として“出生時育児休業(産後パパ育休)”を取得し、一定の要件を満たす場合は、「出生時育児休業給付金」と

高年齢雇用継続基本給付金と高年齢再就職給付金の違い

	高年齢雇用継続基本給付金	高年齢再就職給付金
基本手当受給の有無	基本手当を受給しないで、60歳以後も勤めている	基本手当を受給して60歳以後に再就職し、支給残日数が100日以上ある
支給期間	65歳になるまで	支給残日数に応じて1年間または2年間

⑤介護休業給付

一定の要件を満たす被保険者が、対象家族（配偶者や父母あるいは子など）を介護するために、介護休業を取得したときに支給されます。

支給額 と 支給期間

休業開始時賃金日額×支給日数×**67%**（暫定措置）

対象家族1人につき、介護休業開始から通算して**93**日まで（最大**3**回分割可能）

⑥育児休業給付

一定の要件を満たす被保険者が、原則として**1歳**（両親ともに育児休業取得の場合は1歳2カ月、保育所等の利用不可の場合は1歳6カ月または2歳）未満の子を養育するために育児休業を取得したときに支給されます。

支給額 と 支給期間

- 休業開始時賃金日額 × 支給日数 × 休業開始から180日目までは**67%**／休業開始から181日目以降は50%
- 育児休業開始から子が**1歳**（最長2歳）になるまで

＊1歳未満の子については、育児休業を2回まで分割取得が可能

【出産・育児等に関する社会保険の給付】

〈女性の場合〉

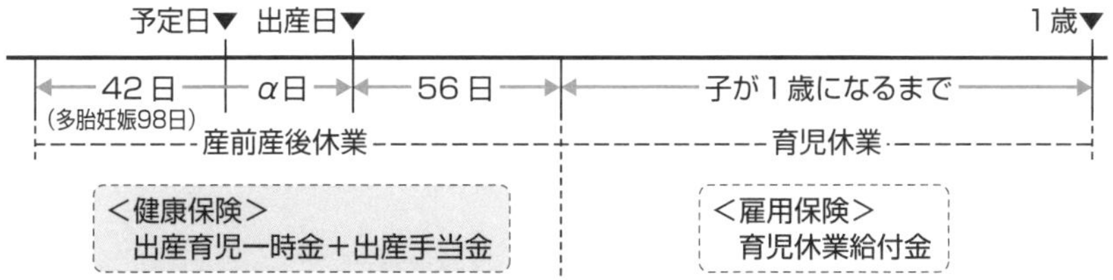

して休業開始時賃金日額×支給日数×67%相当額が支給される。支給された日数は、育児休業給付の支給率の67%の上限日数である180日に通算される。

9 公的年金① 年金制度の概要

頻出度 A

CHECK

ポイント

第１号・第２号・第３号の**3種類の国民年金の被保険者**について、どのような人が何号にあたるのかを覚えましょう。国民年金第１号の**保険料免除制度**については、老齢基礎年金の額に一部反映される免除と、反映されない免除があることを確認しましょう。

1 公的年金制度のあらまし

1．制度の仕組みと加入者(被保険者)

日本の公的年金は「**国民年金(基礎年金)**」と「**厚生年金**」の２階建て構造になっています。

国民年金は、全国民に共通の基礎年金として、**20歳**以上**60歳**未満のすべての人を対象とする制度です。これを「**国民皆年金**」といいます。

厚生年金保険は、会社員・公務員の人が加入しますが、同時に国民年金の第2号被保険者でもあります。つまり、会社員・公務員の人は、２つの年金制度に同時に加入していることになり、将来は、2号期間に基づいて国民年金の「**基礎年金**」を受給し、さらに基礎年金の上乗せとして報酬に比例した厚生年金を受給します。

現在の公的年金制度の体系

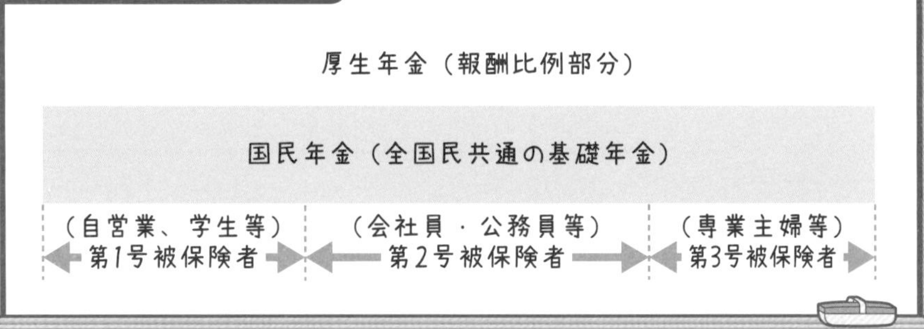

2．給付される年金の種類

公的年金の給付は、「**老齢**給付」「**障害**給付」「**遺族**給付」の3種類です。

プラスα　国民年金第1号被保険者の保険料の納付方法には、納付書により金融機関やコンビニ等で現金で納付するほか、口座振替、クレジットカード払いなどが

【給付の種類】

制　度	支給事由		
	老齢(退職)	障　害	死　亡
厚生年金保険	〔老齢厚生年金〕	障害厚生年金(1～3級) 障害手当金	遺族厚生年金
国民年金	〔老齢基礎年金〕 付加年金	障害基礎年金(1、2級)	遺族基礎年金 寡婦年金 〔死亡一時金〕

2 国民年金および厚生年金保険の加入者と保険料

1. 国民年金

1 国民年金の加入者(被保険者)の種別と保険料

国民年金の被保険者は、**第1号**・**第2号**・**第3号**の3つの種類があります。いずれの被保険者も**国籍**は問いません。

【国民年金の強制被保険者】

	第1号被保険者	第2号被保険者	第3号被保険者
条　件 暗記	・国内居住 ・20歳以上60歳未満 ・2号・3号以外の者	・厚生年金保険の被保険者(65歳以上の者は、老齢年金の受給権がない場合のみ)	・2号の収入により生計を維持する(被扶養)配偶者 ・20歳以上60歳未満 ・原則として国内居住
対象者	自営業者・学生など	会社員・公務員・私学教職員など	専業主婦など
加入手続	〔市区町村役場〕	勤務先	配偶者の勤務先
保険料	・月額16,980円※1 ※2 ・納付期限は翌月末日。時効2年 ・付加年金の保険料は月額400円(任意)	・個別に国民年金保険料を納める必要はない ・2号および3号の国民年金保険料は、厚生年金保険の保険料から拠出されている ・2号および3号としての加入期間は、国民年金の「保険料納付済期間」とされる	

※1 2024年度額
※2 被保険者本人だけでなく、世帯主および配偶者も保険料を納付する義務を負う

ある。なお、一定期間分の保険料をまとめて納付することができ(前納)、納付方法や前納期間に応じて保険料が割引される。

2 第1号被保険者の保険料免除制度

①法定免除・申請免除・納付猶予・学生納付特例

第1号被保険者の保険料は、収入にかかわらず**定額**です。そのため、経済的理由等で納付が困難という人のために、第1号被保険者独自の規定として、法定免除と**申請**に基づく各種免除制度が設けられています。免除された期間は、年金を受給するための資格期間(受給資格期間)としては算入されますが、老齢基礎年金の年金額については、免除相当分が減額されます。

【免除の種類】

	法定免除	申請免除	納付猶予	学生納付特例
対象者	2級以上の障害年金、生活保護法の生活扶助受給者	経済的に保険料納付が困難な者など	〔50歳未満〕	〔学生〕
所得審査の対象者	なし	本人・配偶者・世帯主	本人・配偶者	本人
年金の受給資格期間には？	暗記 ○ (算入される)			
老齢基礎年金の金額には？	暗記 △ (一部反映される)		暗記 〔×〕 (反映されない)	
その他	届出が必要だが法律上当然に全額免除	全額免除、4分の3免除、半額免除、4分の1免除の4種類	2030年6月までの暫定措置	対象となる学生は左記の申請免除の対象とはされない
保険料の追納	免除・猶予された期間の保険料は、過去10年分まで遡って納めることができる			

納付猶予と学生納付特例の期間は、老齢基礎年金の年金額には反映されません。

②産前産後の免除

第1号被保険者の産前産後の一定期間については、保険料が免除されます。

免除期間

- 出産予定月の前月から**4カ月間**(多胎妊娠は出産予定月の3カ月前から6カ月間)

特徴

- 所得の有無は関係なし
- 保険料免除期間ではなく、**保険料納付済期間に算入**される

プラスα 国民年金の保険料免除制度の申請免除のうち、一部免除(4分の3免除、半額免除および4分の1免除)については、納付すべき一部の保険料を納めな

2. 厚生年金保険

1 厚生年金保険の加入者（被保険者）

適用事業所に使用される**70歳未満**の人は、労働時間が短いパートタイマーなどの一部の人(39ページの2. 被保険者・被扶養者、およびプラスαを参照)を除いて、厚生年金保険の被保険者とされます。

＊ 厚生年金保険の被保険者は4つの種別に区別される

60歳以降も厚生年金保険に加入する場合

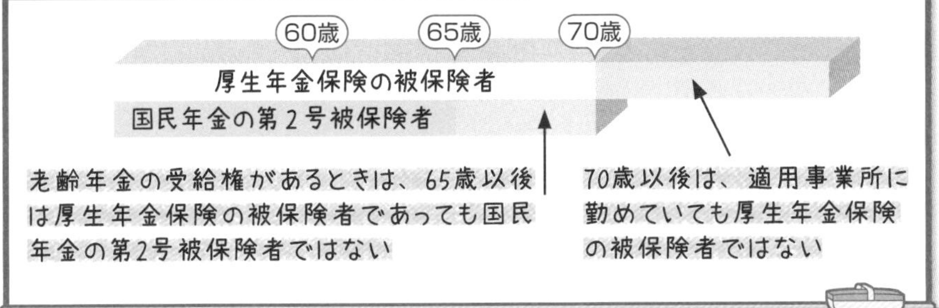

2 厚生年金保険の保険料と免除

厚生年金保険の保険料は、**被保険者と事業主との折半負担**で、保険料額は次のようになります。なお、**3歳**未満の子を養育するための育児休業･産前産後休業期間中の厚生年金保険（および健康保険）の保険料は、事業主の申し出により**被保険者負担分･事業主負担分ともに免除**されます。

＊ 出生時育児休業（産後パパ育休）期間中についても免除される

> 月給（標準報酬月額）
> 賞与（標準賞与額）　×　保険料率（18.3%）

確認しよう！

Q1 □□ 日本国内に住所を有する20歳以上65歳未満であって、第2号被保険者および第3号被保険者に該当しない者は、国民年金の第1号被保険者となる。

A1 ×（⇒p.51）

かった場合、その期間の一部免除は無効（未納）として扱われ、受給資格期間には算入されず、年金額にも一切反映されない。

10 公的年金② 老齢基礎年金

頻出度 A　CHECK

ポイント

老齢年金に加入していた年金制度により、国民年金の「**老齢基礎年金**」と厚生年金保険の「**老齢厚生年金**」があります。老齢基礎年金は、受給資格期間の「**10年**」と支給開始年齢の「**65歳**」がキーワードです。実技では、年金額の計算式に関する問題が出題されます。

1 老齢基礎年金 頻出

1．受給要件

老齢基礎年金は、次の受給資格期間を満たした者に、**65歳**から支給されます。なお、65歳前から繰り上げて受給、あるいは66歳以後に繰り下げて受給することもできます(63、64ページ)。

【受給資格期間】 暗記

保険料納付済期間＋保険料免除期間＋合算対象期間(カラ期間)
＝10年以上※

※ 2017年8月から、25年→10年に短縮された

保険料納付済期間とは？

- 第1号被保険者として保険料を全額納めた期間および産前産後の免除期間
- 第2号被保険者期間のうち20歳以上60歳未満の期間※1
- 第3号被保険者期間

保険料免除期間とは？

- 法定免除、申請全額免除、納付猶予および学生納付特例期間※2
- 申請一部(4分の3、半額、4分の1)免除のうち、免除分以外の保険料を納めた期間

合算対象期間(カラ期間)とは？

- 受給資格期間には反映されるが、年金額には反映されない期間

プラスα　老齢基礎年金の年金額が満額でない者は、一定要件のもと、満額(最長で65歳)になるまで国民年金に任意加入することができる。また、老齢年金の受

- 第2号被保険者期間のうち20歳前と60歳以後の期間、昭和61年4月前の国民年金に任意加入の対象であるが任意加入しなかった期間が代表的なカラ期間

※1 障害年金や遺族年金では、20歳前・60歳以後の期間は保険料納付済期間として扱う
※2 免除・猶予された保険料を追納(52ページ)した期間は保険料納付済期間になる

2．年金額の計算式　計算

老齢基礎年金は、**20歳から60歳**になるまでの40年間(480月)が保険料納付済期間の場合は、基礎満額といわれる年金額が支給されます。その期間に保険料の未納や免除期間がある場合は、次のように未納・免除相当分が減額されます。

$$\text{基礎満額 } 816{,}000\text{円}^{※1} \times \frac{\boxed{\text{保険料納付済月数}} + \boxed{\text{全額免除月数} \times 1/2\ (1/3)^{※2}} + \boxed{\text{4分の3免除月数} \times 5/8\ (1/2)^{※2}} + \boxed{\text{半額免除月数} \times 3/4\ (2/3)^{※2}} + \boxed{\text{4分の1免除月数} \times 7/8\ (5/6)^{※2}}}{480\text{月}(40\text{年}^{※3})}$$

※1 2024年度額　昭和31年4月1日以前生まれの人は813,700円。障害基礎年金・遺族基礎年金も同じ
※2 (　)内は平成21年3月以前にある免除期間の割合
※3 昭和16年4月1日以前生まれの人は、生年度ごとの加入可能年数
＊ 全額免除月数に、納付猶予および学生納付特例は含めない

(例1)

20歳 ▼ …… 60歳 ▼

国民年金 未加入期間 36月	厚生年金保険 被保険者期間 384月	国民年金 保険料納付済期間 60月

$$816{,}000\text{円} \times \frac{444\text{月}\langle 384\text{月}+60\text{月}\rangle}{480\text{月}} = 754{,}800\text{円}$$

(例2)

20歳 ▼ …… 60歳 ▼

国民年金保険料 全額免除期間※ 36月	国民年金 保険料納付済期間 444月

※ 免除は平成21年3月以前

$$816{,}000\text{円} \times \frac{444\text{月}+36\text{月}\times\frac{1}{3}}{480\text{月}} = 775{,}200\text{円}$$

給資格期間を満たしていない昭和40年4月1日以前生まれの者は、65歳以後も受給資格期間を満たすまで(最長で70歳になるまで)任意加入をすることができる。

3．付加年金　暗記

付加年金は、老齢基礎年金の上乗せ年金です。老後に、受給する年金の増額を希望する第１号被保険者（65歳未満の任意加入被保険者含む）は、国民年金の定額保険料に上乗せして付加保険料を納めることができ、納めた場合は将来、老齢基礎年金に付加年金が加算されます。

＊ 国民年金基金の加入者や保険料の免除を受けているとき（産前産後の免除を除く）は、付加保険料を納付できない

【付加年金のしくみ】

付加保険料（月額）

400円（固定）

＋

国民年金保険料

65歳　将来 →

付加年金（年額）

200円 × 付加保険料納付済月数　＊物価スライドなし

＋

老齢基礎年金

4．振替《ふりかえ》加算

老齢厚生年金や障害厚生年金の年金額に、配偶者に係る加給年金額が加算されている場合、その配偶者が**65歳**になると、配偶者自身が老齢基礎年金を受給できるため、加給年金額はなくなります。このときに、**昭和41年４月１日**以前生まれの人の**老齢基礎年金**には、一定の要件のもと、経過措置として**振替加算**が加算されます（61ページの振替加算と加給年金額の関係の図参照）。

確認しよう！

Q1 老齢基礎年金を受給するためには、受給資格期間が25年以上必要である。

Q2 付加年金は、国民年金第１号被保険者に認められる老齢基礎年金の上乗せ制度であり、その額は、「200円×付加保険料納付月数」である。

A1 ×（⇒p.54）　**A2** ○（⇒p.56）

プラスα　付加年金は、国民年金第1号被保険者の独自給付とされ、通常の保険料にプラスして付加保険料を納めた者に対して、老齢基礎年金とともに支給される終身

1日目●ライフプランニングと資金計画

頻出度 A　CHECK

11 公的年金③　老齢厚生年金

ポイント　老齢厚生年金では、受給に必要な厚生年金保険の加入期間が、**特別支給の老齢厚生年金**と**本来支給の老齢厚生年金**とで異なります。実技では、老齢年金の名称を問う問題がよく出題されるため、61ページの図をしっかり理解しましょう。

1 老齢厚生年金　頻出

1．受給要件　暗記

老齢厚生年金は、65歳前に支給される「**特別支給**の老齢厚生年金」と、65歳から支給される「(本来支給の)老齢厚生年金」があります。

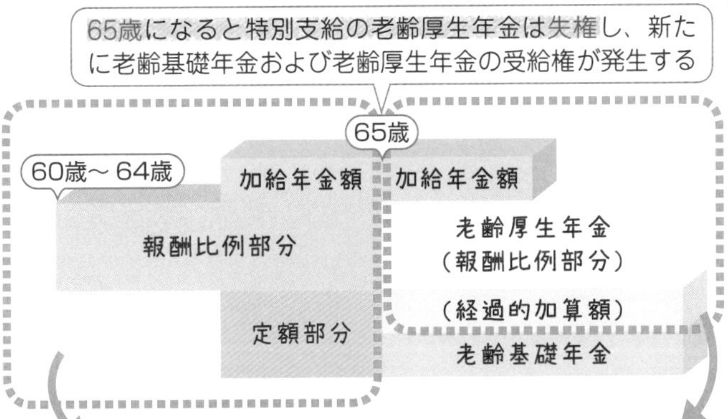

要　件	特別支給の老齢厚生年金	(本来支給の)老齢厚生年金
受給資格期間	老齢基礎年金と同様10年以上(54ページ)	
厚生年金の加入期間	1年以上あること	1カ月以上あること
支給開始年齢	生年月日ごとに異なる(次ページ)	〔65歳〕

2．支給開始年齢の引き上げ

老齢厚生年金は、老齢基礎年金の上乗せに位置する「**報酬比例**」の年金です。ただし、65歳前の特別支給の老齢厚生年金には、報酬比例のほかに「定額部分」が

の年金給付である。付加保険料(月額400円)および付加年金の額(1カ月納付につき年額200円)は変動がないため、付加年金を2年間受給すると、納めた保険料が回収できる。

あります。また、一定の要件を満たす場合には、老齢厚生年金に「**加給年金額**」が加算されます。

「**報酬比例**部分＋**定額**部分＋**加給**年金額」の3つの部分で構成される特別支給の老齢厚生年金は、現在、下図のように生年月日に応じて段階的に支給開始年齢が引き上げられていて、将来は支給されなくなります。定額部分の支給開始年齢の引き上げは、すでに終了しています。

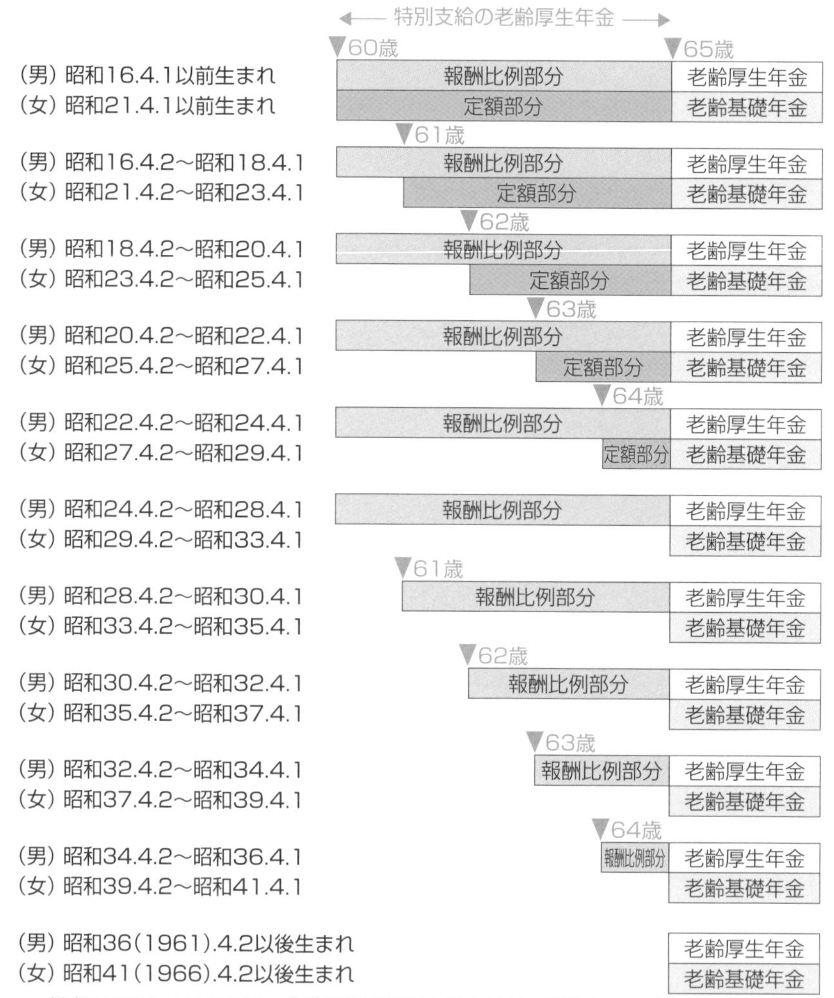

＊（女）は民間会社員の女性。公務員期間等がある女性は、男性と同じ生年月日による

プラスα 年金額は物価や賃金水準の伸びに応じてスライドされるが、少子化による公的年金の被保険者数の減少と平均余命の延びを考慮して、年金の給付水準を

3．年金額

公的年金の年金額は、**物価**や**賃金**水準の変動に応じてスライドされ、毎年度改定されます。

1 定額部分

定額部分は、厚生年金保険の加入期間に基づく額です。なお、定額部分を計算するときの加入月数は、生年月日に応じて420～**480月**を上限とします。

2024年度の定額単価(新規裁定者)　生年月日ごとの乗率　上限あり

【本来水準】　1,701円　×　1.000～1.875　×　加入月数

2 報酬比例部分

報酬比例部分は、厚生年金保険の加入期間、および現在価値に再評価した加入期間中の標準報酬の平均額に基づく額です。平成15年4月に**総報酬制**が導入されて、賞与からも保険料を徴収し、その賞与を年金給付に反映することとなったので、報酬比例部分は平成15年4月前後の2つに分けて計算します。

【本来水準】　①＋②

現年度ベースの再評価　生年月日ごとの乗率

①平15.3以前＝平均標準報酬月額×(7.125～9.500/1,000)×平15.3以前の月数

現年度ベースの再評価　生年月日ごとの乗率

②平15.4以後＝平均標準報酬額×(5.481～7.308/1,000)×平15.4以後の月数

＊ 加入月数の上限なし

〈例〉

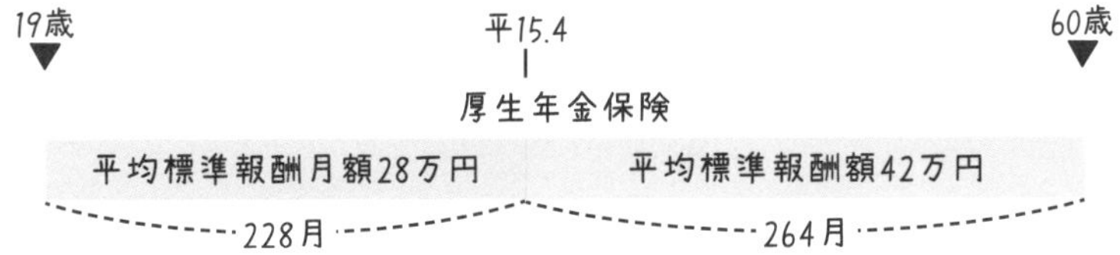

①平15.3以前　28万円×(7.125/1,000)×228月＝454,860円

②平15.4以後　42万円×(5.481/1,000)×264月＝607,733円

①＋②　454,860円+607,733円＝1,062,593円

（1円未満四捨五入）

調整(抑制)する仕組み「マクロ経済スライド」が導入されている。ただし、物価・賃金が下落した場合は実施されず、未調整分は翌年度以降に繰り越しされる。

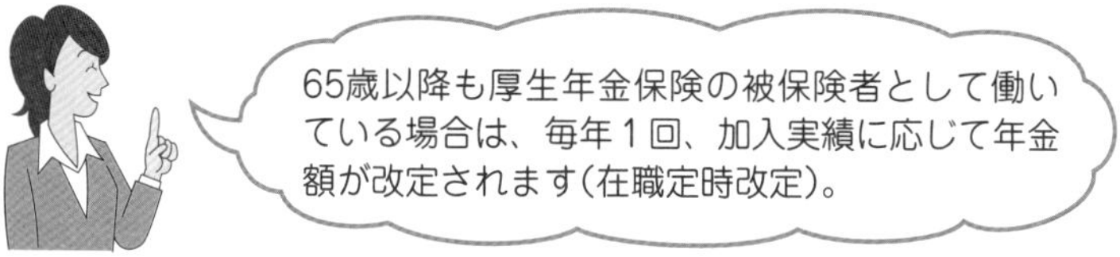

3 経過的加算額

65歳前に支給される厚生年金保険の加入期間に基づく定額部分と、65歳から支給される国民年金第2号被保険者期間に基づく老齢基礎年金はほぼ同額ですが、若干の誤差があります。また、20歳前や60歳以後の厚生年金保険の加入期間は、定額部分には反映されますが**老齢基礎年金**には反映されません。

これらによって、**老齢基礎年金額**が定額部分の額より少なくなるので、その差額を65歳からの**老齢厚生年金**に加算します。これを、経過的加算額といいます（57ページ参照）。なお、経過的加算額は定額部分が支給されない人にも加算されます。

4 加給年金額

加給年金額とは、一定の要件を満たす場合に**老齢厚生年金**に加算される、配偶者や子どもを対象とした扶養手当にあたるものです。

支給要件　暗記

- 受給権者の厚生年金保険の加入期間が、原則として**20年**以上あること

加給の対象者

- 配偶者：**65歳**未満 → 65歳になると終了
- 子：**18歳**到達年度の末日までの者、または20歳未満で障害等級1級または2級の障害状態にある者 → 18歳年度末、または20歳になると終了
- いずれも加給年金額が加算される時点で受給権者に**生計を維持**されていること

支給額

- 配偶者：**408,100円**（234,800円＋受給権者の生年月日ごとの特別加算〈昭和18年4月2日以後生まれの受給権者の場合〉）
- 子：2人目までは1人あたり234,800円
  ：3人目以降は1人あたり 78,300円（いずれも2024年度額）

ポイント　加給対象の配偶者が、20年以上の加入期間に基づく老齢厚生年金、あるいは障害年金を受けられるときは、配偶者に係る加給は支給停止

プラスα　**老齢厚生年金や障害厚生年金の加給年金額の対象となる配偶者、遺族年金を受給できる配偶者には、法律上の配偶者だけでなく、婚姻の届出をしていな**

配偶者に係る加給年金額は、**配偶者が65歳になると老齢基礎年金が支給されるため打ち切られます**。このとき昭和41年4月1日以前生まれの配偶者が一定の要件に該当するときには、その者の**老齢基礎年金**に振替加算が加算されます。

振替加算と加給年金額の関係

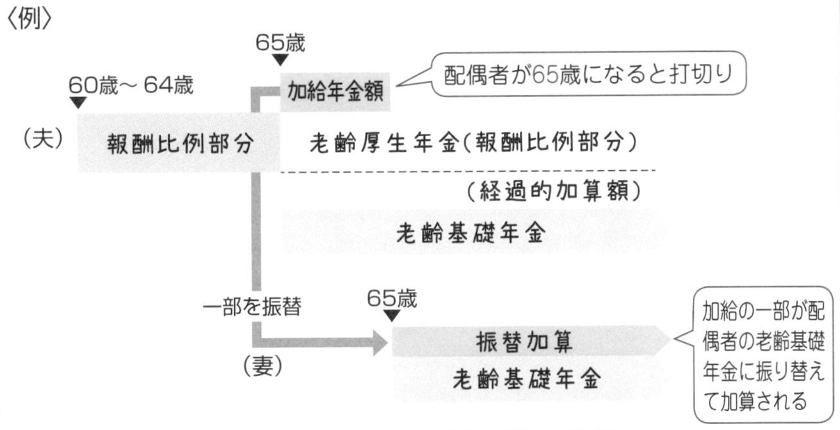

＊ 振替加算の額は、妻の生年月日に応じた一定額(若い世代ほど低額)

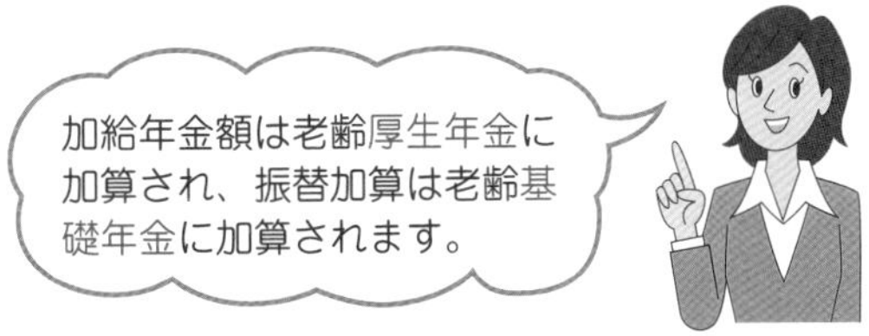

確認しよう！

Q1 特別支給の老齢厚生年金を受給するためには、1カ月以上の厚生年金の加入期間があることなどの要件を満たしていなければならない。

Q2 特別支給の老齢厚生年金は、1961年4月2日以後生まれの男性には支給されない。

Q3 加給年金額が加算されるためには、老齢厚生年金の受給権者の厚生年金保険の加入期間が、25年以上あることが必要である。

A1 ×（⇒p.57）　**A2** ○（⇒p.58）　**A3** ×（⇒p.60）

いが、事実上婚姻関係と同様の事情にある者も含まれる。健康保険の被扶養者や国民年金の第3号被保険者の配偶者も同様に取り扱われる。

12 公的年金④ 在職老齢年金、繰上げ・繰下げ

頻出度 **B**　CHECK

ポイント　次の3つが重要です。①在職老齢年金は、**老齢厚生年金**の受給者が在職して**厚生年金保険**に加入している場合に適用。②繰上げは両方同時に、繰下げは片方のみも可能。③繰上げ・繰下げ受給の年金額の増減率は、1カ月あたり繰上げ**0.4**%・繰下げ**0.7**%。

1 在職老齢年金の仕組み

老齢厚生年金を受給している人が、**厚生年金保険**の被保険者として勤めていると、給与(月給と賞与)と老齢厚生年金の額に応じて、年金額の**全部**あるいは**一部**が支給停止されることがあります。これを、「在職老齢年金」といいます。

調整方法

総報酬月額相当額※1 ＋ 基本月額※2 ＝ 支給停止調整額

- 50万円以下 ⇒ 年金は支給停止されず全額支給
- 50万円超え ⇒ 超えた額×1/2の額が停止

※1 その月の標準報酬月額＋その月以前1年間の標準賞与額の総額÷12
※2 老齢厚生年金の額(加給年金額・65歳以後の経過的加算額・繰下げ増額分を除く)÷12

ポイント

- 老齢基礎年金、65歳以後に支給される経過的加算額および繰下げ増額分は調整の対象外(全額支給される)
- 年金額が全額支給停止になると、加給年金額も**全額支給停止**される

70歳以上の人は在職していても、厚生年金保険の被保険者とはなりませんが、在職老齢年金の仕組みが適用されます。

プラスα　在職老齢年金は、老齢厚生年金の受給権者が厚生年金保険に加入している場合に、年金が調整される仕組みである。したがって、厚生年金保険の被保険

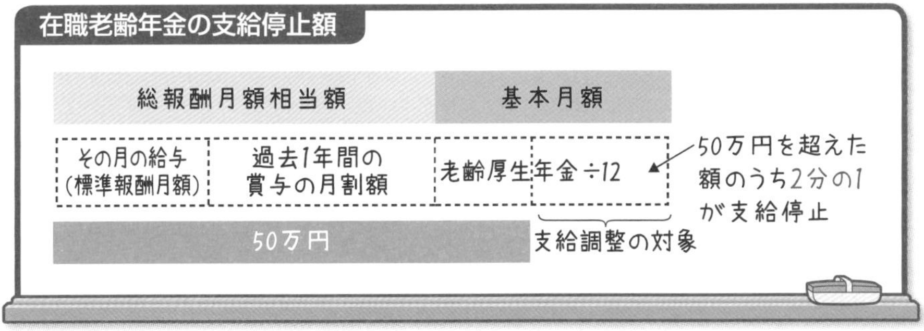

2　老齢年金の繰上げ、繰下げ　頻出

1．老齢年金の繰上げ受給

老齢基礎年金は65歳から受け取ることができますが、希望すれば**老齢基礎年金の受給開始を60歳から65歳になるまでの間に繰り上げる**ことができます。なお、老齢厚生年金の繰上げ受給ができるときは、**老齢厚生年金と同時に繰上げ請求**を行わなければなりません。

また、老齢厚生年金についても繰り上げることができます。なお、老齢厚生年金を繰り上げるときは、**老齢基礎年金と同時に繰上げ請求**を行わなければなりません。

2．老齢年金の繰下げ受給

本来**65歳**から支給される老齢基礎年金および老齢厚生年金を、**66歳から75歳**(上限年齢)までに繰り下げることができます。繰下げ受給は、老齢基礎年金と老齢厚生年金を同時に行う必要は**なく**、一方だけを繰り下げることも、さらには両者を別々の時期から繰り下げることもできます。

3．繰上げ減額率・繰下げ増額率

繰上げ受給をすると年金額が**減額**され、逆に繰下げ受給をすると年金額が**増額**されます。増減率は、繰上げ・繰下げの請求申し出をした時点(**月単位**)に応じて決定され、その増減率は生涯続きます。また、繰上げ受給をした場合は、一部の障害年金や寡《か》婦《ふ》年金が受給できないなどのデメリットがあります。

者とならないパートタイマーやアルバイトとして勤務している場合、あるいは個人自営業の場合には、在職老齢年金の対象にはならず、年金は全額支給される。

【昭和16年4月2日以後生まれの減額率・増額率】 暗記

- 繰上げ減額率＝0.4%※1×繰上げ請求月から65歳到達月の前月までの月数
- 繰下げ増額率＝0.7%×65歳到達月から繰下げ申出前月までの月数(上限120月※2)

※1 昭和37年4月1日以前生まれの人については0.5%
※2 昭和27年4月1日以前生まれの人については60月(上限年齢70歳)

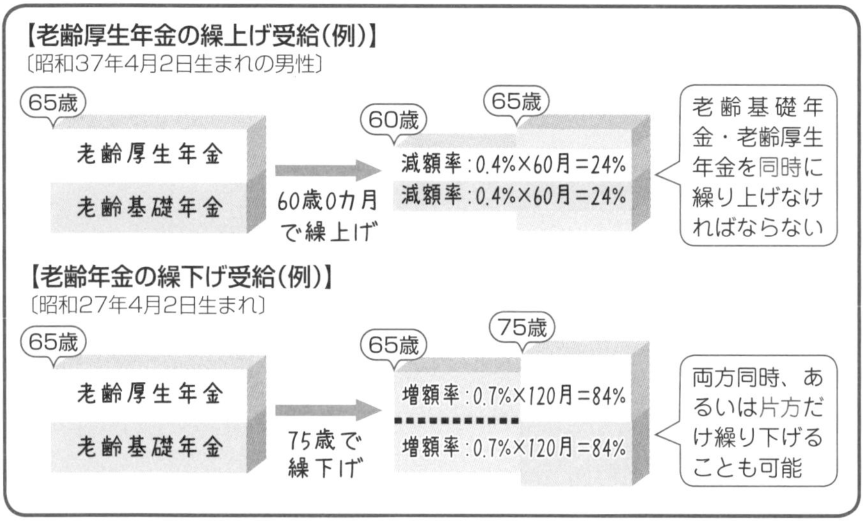

3 雇用保険と年金との調整・年金分割

1. 雇用保険の給付との調整

1基本手当を受給したとき

雇用保険の基本手当(47ページ)を受給すると、60代前半の老齢厚生年金は全額支給停止されます。停止される期間は、原則として求職の申込みをした月の翌月から基本手当の受給が終わる月までとなります。

2高年齢雇用継続給付を受給したとき

60代前半の在職老齢年金の適用を受ける人が、雇用保険の高年齢雇用継続給付(48ページ)を受給した月は、在職老齢年金(62ページ)に基づく在職老齢年金の支給停止に加えて、さらに高年齢雇用継続給付を受給したことによって、最高で標準報酬月額の6%を上限に年金が支給停止されます。

プラスα 老齢年金を繰上げ・繰下げ受給した場合、付加年金は減額・増額されたうえで繰上げ・繰下げ支給される。一方、振替加算額や加給年金額は、繰上げ受

2. 離婚時の年金分割

夫婦が離婚をした場合、その婚姻期間中の**厚生年金保険の保険料納付記録**（**標準報酬**）を分割し、結果として報酬比例の年金を分割することができます。年金分割には、離婚した夫婦間の合意に基づく「合意分割」と、夫婦の一方が国民年金の**第3号被保険者**であった期間を分割する「3号分割」があります。

【離婚時の年金分割の種類】

	合意分割	3号分割
対象となる離婚時期	平成19年4月1日以後	平成20年5月1日以後
分割の対象期間	平成19年4月前の期間も含むすべての婚姻期間	平成20年4月1日以後の、夫婦の一方が第3号被保険者であった期間
分割割合	夫婦合計の標準報酬総額の2分の1を上限として、報酬総額が多いほうから少ないほうへ分割	第2号被保険者であったほうの標準報酬の2分の1を、第3号被保険者であったほうへ分割

確認しよう！

Q1 厚生年金保険の被保険者に支給される老齢厚生年金は、在職老齢年金の仕組みにより、年金額の全部または一部が支給停止となる場合がある。

Q2 老齢厚生年金の繰上げ受給の請求は、老齢基礎年金の繰上げ受給の請求と同時に行わなければならない。

Q3 老齢厚生年金の繰下げ受給の申出は、老齢基礎年金の繰下げ受給の申出と同時に行わなければならない。

Q4 老齢年金を繰上げ受給した場合の年金額の減額は一生続く。

Q5 老齢年金の繰上げ受給をした場合の減額率は、繰上げ月数1カ月あたり0.7%である。

A1 ○ （⇒p.62）　**A2** ○ （⇒p.63）　**A3** × （⇒p.63）

A4 ○ （⇒p.63）　**A5** × （⇒p.64）

給の場合でも通常の年齢から通常の額で支給され、繰下げ受給の場合には繰下げ受給開始時から通常の額で支給される（つまり、減額・増額されない）。

13 公的年金⑤　障害年金と遺族年金

頻出度 **B**

CHECK

ポイント

障害年金と比べて、遺族年金のほうがよく出題されます。**遺族年金**は、一定の人が死亡したときに、一定の遺族に支給されます。遺族基礎年金と遺族厚生年金を比較しながら、それぞれ**支給される遺族の範囲**や**年金額の仕組み**を押さえておきましょう。

1 障害年金

1．受給要件

障害年金は、障害のもととなった病気やケガではじめて医師の診療を受けた日（初診日）に加入していた制度から支給され、障害年金を受給するには、次の3つの要件すべてに該当していることが必要です。

【障害年金の受給要件】

<table>
<tr><th></th><th>障害基礎年金</th><th>障害厚生年金</th></tr>
<tr><td>初診日要件</td><td>初診日において国民年金の被保険者、または国民年金の被保険者であった国内居住者で60歳以上65歳未満の者</td><td>初診日において
厚生年金保険の被保険者</td></tr>
<tr><td>保険料納付要件</td><td colspan="2">・初診日の前日において、初診日のある月の前々月までに国民年金の被保険者期間（2号期間を含む）があるときは、その期間のうち、「保険料納付済期間＋保険料免除期間」が3分の2以上あること
・上記に該当しないときは、直近の1年間に保険料の未納期間がないこと。ただし、65歳未満の者に限る</td></tr>
<tr><td>障害程度要件</td><td>障害認定日※において
障害等級1級または2級</td><td>障害認定日※において
障害等級1級・2級・3級</td></tr>
</table>

※ 初診日から1年6カ月たった日、またはその期間内に障害が固定した日

2．年金額

障害基礎年金の年金額は、保険料納付済期間などにかかわらず**障害等級**に応じた定額です。一方、障害厚生年金の年金額は、障害認定日以前の厚生年金保険の

プラスα 初診日が、年金制度に加入していない20歳前にあり、20歳以降に障害等級1級または2級に該当する程度の障害状態にあるときは、障害基礎年金が支

加入期間に基づく報酬比例部分の額(59ページ)です。なお、加入期間が**300月**(**25年**)未満のときは、**300月**とみなして計算します。障害厚生年金の**1級・2級**に該当するときには、障害基礎年金も併せて支給されます。

【障害年金の年金額】

	障害基礎年金	障害厚生年金
1　級	816,000円×1.25＋子の加算	報酬比例×1.25＋配偶者加給
2　級	816,000円＋子の加算	報酬比例＋配偶者加給
3　級	—	報酬比例(最低保障612,000円)
加算 加給	・原則として18歳到達年度の末日までの子 ・2人目まで1人あたり234,800円 ・3人目以降1人あたり　78,300円	・65歳未満の配偶者 ・234,800円(特別加算なし)

＊ 厚生年金保険には、3級より軽い一定の障害のときに支給される障害手当金(一時金)がある。障害手当金の額は、3級の障害厚生年金の年金額の2倍で最低保障がある

＊ 年金額・加算額・最低保障額は、いずれも2024年度額

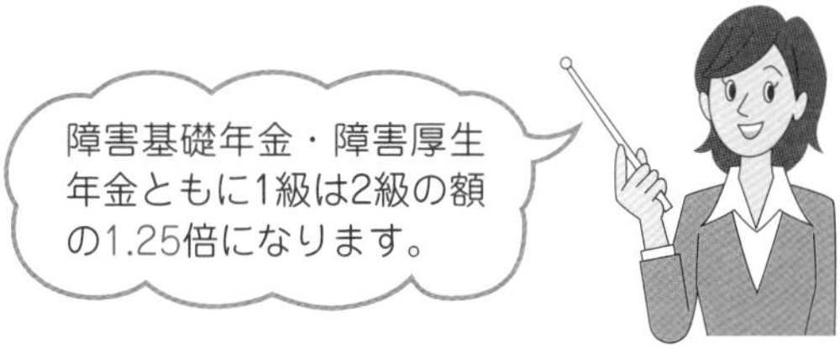

2　遺族年金　頻出

1．受給要件

国民年金の遺族基礎年金および厚生年金保険の遺族厚生年金は、それぞれ次の被保険者などが死亡したときに、死亡した人と**生計維持**関係にある遺族に支給されます。

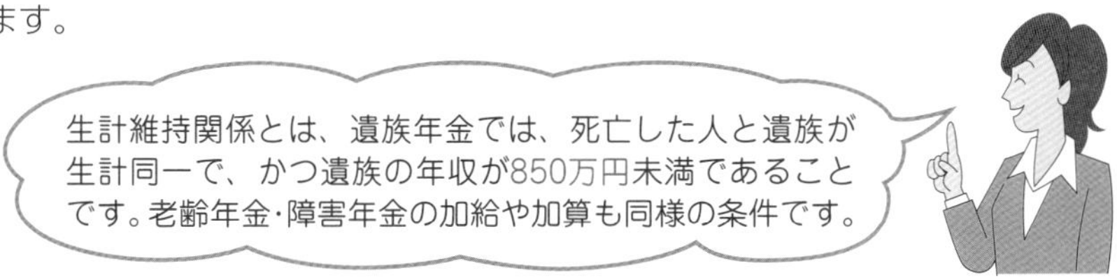

給され、初診日要件・保険料納付要件は問わない(20歳前傷病による障害基礎年金)。ただし、受給者本人の所得制限がある。

【死亡者の要件】

遺族基礎年金	遺族厚生年金	
①国民年金の被保険者 ②国民年金の被保険者であった国内居住の60歳以上65歳未満の者 ③老齢基礎年金の受給権者※または受給資格期間※を満たす者	①厚生年金保険の被保険者 ②厚生年金保険の被保険者の資格を喪失後、被保険者であった間に初診日がある傷病により、初診日から5年以内の者 ③障害等級1級または2級の障害状態にある障害厚生年金の受給権者	短期要件
	④老齢厚生年金の受給権者※または受給資格期間※を満たす者	長期要件

※ 保険料納付済期間、保険料免除期間および合算対象期間を合算した期間が25年以上ある者に限る

＊ 遺族基礎年金・遺族厚生年金いずれも、①と②については保険料納付要件が必要（66ページの保険料納付要件の「初診日」を「死亡日」とする）

2017年８月から老齢年金の受給資格期間は短縮（25年→10年）されましたが、遺族年金では、従来と同じ25年以上あることとなっています。

【遺族の要件】 暗記

遺族基礎年金	遺族厚生年金
①子のある配偶者または子 配偶者は子と生計同一であること	①配偶者および子 ②父母 ③孫 ④祖父母 もっとも順位が高い者だけが受給できる

＊ 子・孫は18歳到達年度の末日までの者、または20歳未満の障害等級1級または2級の障害状態にある者。なお、いずれも未婚であること

＊ 遺族厚生年金については、夫および父母・祖父母は、死亡当時55歳以上であること。ただし、支給は60歳から（遺族基礎年金の受給権がある夫を除く）

夫死亡時に30歳未満で子がない妻に対する遺族厚生年金は、夫死亡から5年経過すると失権します。

プラスα 厚生年金保険の被保険者は、同時に国民年金の第2号被保険者である。よって、厚生年金保険の加入中に死亡して子が残されたときには、遺族厚生年金

2．年金額 暗記

遺族基礎年金の年金額は、死亡者の保険料納付済期間などにかかわらず定額です。配偶者に支給される遺族基礎年金には、必ず**子の加算**があります。

一方、遺族厚生年金の年金額は、死亡日以前の厚生年金保険の加入期間に基づく報酬比例部分の額（59ページ）の**4分の3**です。ただし、死亡者が短期要件の場合は、加入期間が**300月**（**25年**）未満のときは**300月**とみなして計算します。

遺族基礎年金と遺族厚生年金のどちらの要件にも該当する場合は、両方支給されます。

遺族基礎年金	遺族厚生年金
816,000円(基本額)＋子の加算	報酬比例×3/4
子の加算額 ・２人目までは各234,800円 ・３人目以降は各　78,300円 （年金額・加算額は2024年度額） 【例】 配偶者と子1人 816,000円＋234,800円 ＝1,050,800円 （全額配偶者に支給され、子は支給停止） 配偶者と子2人 816,000円＋234,800円＋234,800円 ＝1,285,600円（全額配偶者に支給） 子1人のみ 816,000円（子の加算なし） 子2人のみ 816,000円＋234,800円（2人以降の子の加算） ＝1,050,800円÷2（子の数で割る） ＝525,400円（子1人の額）	短期要件 ・300月みなしあり ・給付乗率は原則的な乗率 長期要件 ・実際の加入期間で計算する ・給付乗率は生年月日ごとの乗率 【例：短期要件】 平成15年3月以前 平均標準報酬月額 ── 20万円 加入期間 ── 12月 平成15年4月以後 平均標準報酬額 ── 40万円 加入期間 ── 216月 20万円×(7.125/1,000)×12月＝17,100円…① 40万円×(5.481/1,000)×216月＝473,558円…② $(①+②)\times\left(\frac{300月}{12月+216月}\right)\times\frac{3}{4}$ ＝484,202円 （1円未満四捨五入）

短期要件に該当するか長期要件に該当するかによって計算方法が異なる

3．遺族厚生年金の寡《か》婦《ふ》加算

1 中高齢寡婦加算

夫の死亡に基づいて妻に支給される遺族厚生年金には、次の場合、妻が**40歳**から**65歳**になるまでの間「中高齢寡婦加算額」が加算されます。ただし、遺族基礎年金が支給されている間は、中高齢寡婦加算額は**支給停止**となります。

と遺族基礎年金が支給される。子がないときには、遺族厚生年金のみが支給される。遺族基礎年金は、子があることが決定的な受給要件となっている。

死亡した夫の要件	短期要件：（特に要件なし） 長期要件：厚生年金保険の加入期間が、20年以上あること
受給権者の妻の要件	原則：夫の死亡当時、40歳以上65歳未満であること 例外：夫の死亡当時、40歳未満の場合は、その妻が40歳の時点で、遺族基礎年金の遺族の要件に該当する子と生計同一であること
加算額	612,000円（2024年度額）

[2]経過的寡婦加算

中高齢寡婦加算は、妻が**65歳**になると打ち切られますが、**昭和31年4月1日以前**生まれの妻については、65歳以後の**遺族厚生年金**に、生年月日に応じた一定額が加算されます。これを、経過的寡婦加算といいます。

例：遺族年金の支給の経過

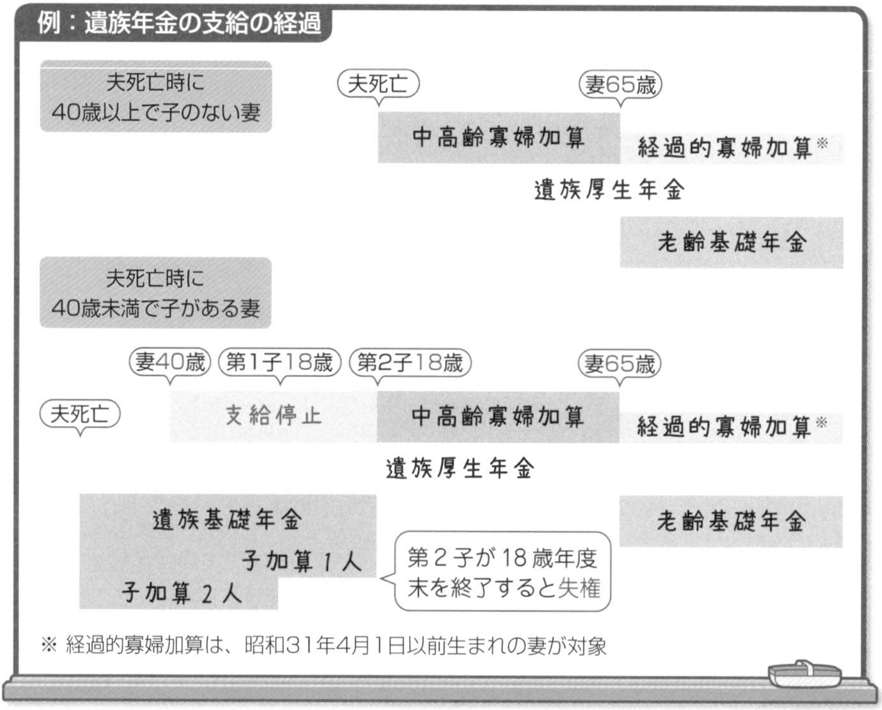

※ 経過的寡婦加算は、昭和31年4月1日以前生まれの妻が対象

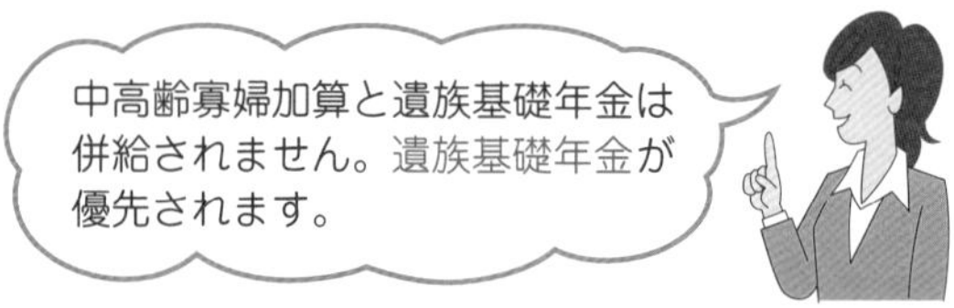

プラスα 寡婦年金の寡婦とは、「夫を亡くした妻」を指す。寡婦年金は、国民年金第1号被保険者として老齢基礎年金の受給資格期間（10年以上）を満たす夫が死

4．第1号被保険者の死亡による国民年金の独自給付

国民年金の第1号被保険者期間がある人が、老齢基礎年金または障害基礎年金を受給せずに死亡したときには、寡婦年金や死亡一時金が支給される場合があります。なお、**寡婦年金と死亡一時金の両方を受けられる場合には、受給権者が選択したどちらか一方が支給**されます。

1寡婦年金

第1号被保険者としての保険料納付済期間と保険料免除期間が合算して**10年**以上ある夫が死亡したときに、夫と生計維持関係にあり、婚姻期間が**10年**継続している妻に、**60歳**から**65歳**になるまでの間、支給される年金です。年金額は夫が受けられたであろう第1号被保険者期間に基づく老齢基礎年金の年金額の**4分の3**です。

＊ 寡婦年金は、遺族基礎年金や遺族厚生年金と併給されない

2死亡一時金

第1号被保険者としての保険料納付済期間等が**3年**以上ある人が死亡し、遺族基礎年金を受給できる遺族がいないときは、死亡した者と**生計を同じく**していた一定の遺族に保険料納付済期間等に応じた一定額(一時金)が支給されます。

確認しよう！

Q1 □□ 障害等級1級の障害基礎年金の額は、障害等級2級の障害基礎年金の額の1.5倍に相当する額である。

Q2 □□ 遺族基礎年金を受給できる遺族は、一定の要件を満たす「子のある配偶者」または「子」である。

Q3 □□ 遺族厚生年金の額(寡婦加算を除く)は、原則として死亡した者の厚生年金保険の加入期間に基づく報酬比例部分の額の3分の2に相当する額である。

Q4 □□ 遺族厚生年金の額は、死亡した者が短期要件に該当する場合、厚生年金保険の加入期間が300月未満のときは、300月とみなして計算する。

A1 ×（⇒p.67）　**A2** ○（⇒p.68）　**A3** ×（⇒p.69）
A4 ○（⇒p.69）

亡した場合、遺族である妻の高齢期の収入保障とそれまでに支払った保険料の掛け捨て防止のための給付であって、60歳から65歳になるまでの有期年金となっている。

14 公的年金⑥ 併給調整と手続き

頻出度 C

CHECK

あまり出題されない分野ですが、年金を受け取るためには、年金事務所等に対して**年金請求書**を提出しなければならないことを押さえておいてください。税金については、**障害年金**と**遺族年金**が**非課税**であることを覚えておきましょう。

1 公的年金の併給調整

障害と遺族あるいは遺族と老齢など、支給事由が異なる複数の年金の受給権を得たときには、本人が選択する1つの年金が支給され、その他の年金は支給停止されます。これを**1人1年金の原則**といいますが、次のような例外があります。

1．65歳以後の遺族厚生年金と老齢年金との併給

平成19年4月以降、老齢厚生年金が受給できる**65歳**以上の人に支給される配偶者の死亡による遺族厚生年金の額は、下図のⅠかⅡのどちらか多いほうとされます。ただし、受給者本人の老齢厚生年金が優先して支給されることになるため、遺族厚生年金は老齢厚生年金との差額のみ支給されます。

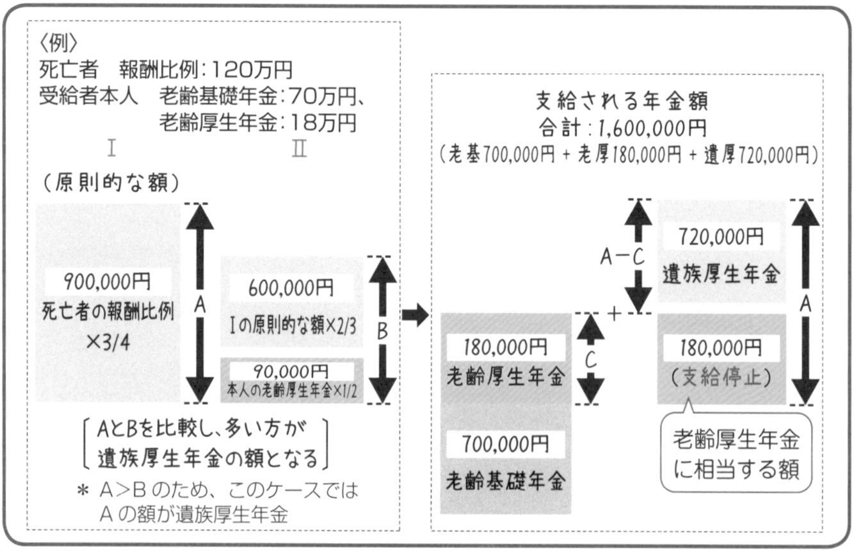

プラスα　特別支給の老齢厚生年金の支給開始年齢、あるいは65歳に到達する3カ月前に、日本年金機構等から氏名、基礎年金番号、年金加入記録等が印字された事前送

2．65歳以後の障害基礎年金と老齢厚生年金等

障害基礎年金と併給されるのは支給事由が同じ障害厚生年金ですが、65歳以後については、障害基礎年金と**老齢厚生**年金、あるいは障害基礎年金と**遺族厚生**年金は併給されます。

2　年金の手続きほか

1．年金の請求手続き

年金を受け取るには、**裁定請求**手続きが必要です。たとえば、老齢年金の請求先は、年金事務所、共済組合等です。

2．年金の支払い

年金は1カ月単位で、次のとおり支給されます。

支給期間
受給権**取得月の翌月**から、死亡などにより受給権を**喪失した月**まで支給される

支払期月
原則として**偶数月の15日**に、それぞれ前2カ月分ずつが支給される

3．公的年金にかかる税金

保険料と、受給した年金に関する税金の取扱いは、次のとおりです。

支払保険料
社会保険料控除

受取年金
- 老齢年金…受給額から公的年金等控除を除いた残りが**雑所得**とされ、所得税・住民税の課税対象となる
- 障害年金、遺族年金…**非課税**

付用の年金請求書が本人に送付される。必要事項を記入し、添付書類とともに、受給権発生(誕生日の前日)以降に年金事務所等に提出し、老齢年金の受給手続きを行う。

頻出度 B　CHECK

15 企業年金等

ポイント

企業年金については、**確定拠出年金の企業型と個人型**の違い、および誰が掛金を負担するのかなどの問題がよく出題されます。また、加入者が負担した**掛金の所得控除**が、制度によってどのように異なるのかもポイントです。しっかりと押さえましょう。

1 企業年金

企業年金は、公的年金に上乗せして、企業が従業員のために設ける**任意**の年金制度で大きく分けて次の2つのタイプがあります。「確定給付型」は、先に**給付額**を決め、それによって掛金を算定するもの(厚生年金基金、確定給付企業年金など)、「確定拠出型」は、先に**掛金額**を決め、給付額は運用結果によって変動するものです。年金制度(企業年金・公的年金)は次のような体系になっています。

年金制度の体系

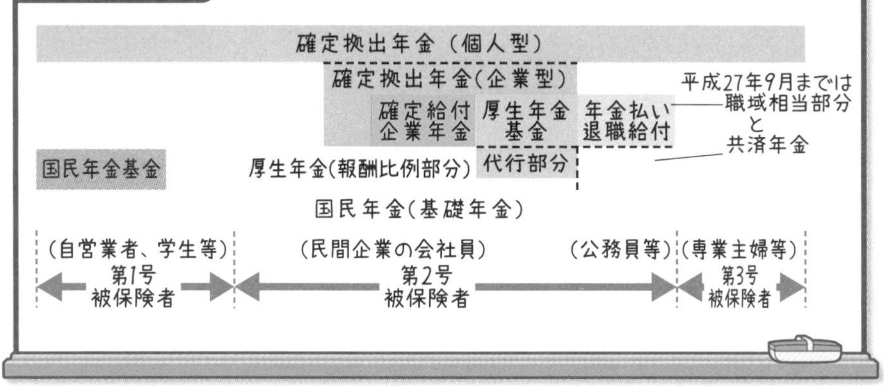

1. 確定拠出年金　頻出

確定拠出年金には、企業年金にあたる「**企業型**」と、個人が任意に加入する「**個人型**」という2つのタイプがあります。掛金の運用指図は**加入者自ら**が自己責任で行い、その**運用結果**に応じて将来の年金額が変動します。確定拠出年金の特徴は、次のとおりです。

プラスα　**国の退職金制度として、中小企業の従業員を対象とし、掛金は全額事業主負担の「中小企業退職金共済制度」(中退共)がある。退職金の受取方法は「一時**

1 確定拠出年金の仕組み

	個人型DC※（愛称iDeCo）	企業型DC※1
加入対象者	・国民年金第1号被保険者（低所得による保険料免除者を除く） ・厚生年金保険の被保険者である国民年金第2号被保険者（65歳未満） ・国民年金第3号被保険者 ・65歳未満の国民年金の任意加入被保険者	公務員を除く確定拠出年金制度の実施企業に勤める厚生年金保険の被保険者※2（70歳未満）
運営主体	国民年金基金連合会	制度を実施する各企業
掛金拠出者	〔加入者個人〕 厚生年金保険の被保険者は勤務先を通じて（給与天引き）納付が可能	原則として事業主 規約により、企業型DCの事業主掛金と同額まで、かつ、事業主掛金と合算して拠出限度額（令和6年12月から確定給付型企業年金等の掛金相当額を含む）の範囲内で加入者も拠出が可能（マッチング拠出）
運用	運用指図（運用商品の選択、掛金の分配、預替えなど）は、加入者本人が自己責任で運営管理機関に対して行う	
税制 掛金	加入者：小規模企業共済等掛金控除　　企業：損金算入	
税制 給付	老齢給付：年金…雑所得（公的年金等控除の適用あり）　一時金…退職所得	
ワンポイント	・通算加入者等期間が10年以上あると、老齢給付は60歳から受取開始可能 ・通算加入者等期間が10年未満の場合は、加入年数に応じて61～65歳から受取開始可能。受取開始時期の上限は75歳 ・離職、転職時には、資産を移換できる（ポータビリティー） ・原則として、中途脱退はできないが、一定の要件に該当する場合は、積立資産を引き出すことができる（脱退一時金）	

※1 Defined Contribution Plan（確定拠出年金）の略
※2 規約により一定の年齢未満（下限60歳）とすることが可能
＊ 企業型DCの加入者も個人型DCに加入することができる（規約の定めは不要）。なお、マッチング拠出を導入している企業型DCの加入者は、マッチング拠出を利用するか個人型DCに加入するか、どちらかを加入者自身で選択できる

加入者自身が納付した掛金は、全額小規模企業共済等掛金控除として、所得控除の対象になります。

2 拠出限度額

掛金は**年1回**以上、定期的に拠出し、限度額は次のようになります。

金」だけでなく、「分割」「一時金と分割の併用」が選択できる。また、勤労者自身が給与天引きで老後の資金を貯蓄する制度として、「財形年金」がある。

〈月額／年額〉

個人型	国民年金第１号被保険者		6.8万円(国民年金基金の掛金と合算)／81.6万円
個人型	国民年金第３号被保険者		2.3万円／27.6万円
個人型	厚生年金被保険者	厚生年金被保険者で下記以外の者	2.3万円／27.6万円
個人型	厚生年金被保険者	企業型DCの加入者	2.0万円※1※2／24.0万円
個人型	厚生年金被保険者	企業型DCと確定給付型企業年金の加入者	1.2万円※1※2／14.4万円
個人型	厚生年金被保険者	・確定給付型企業年金の加入者 ・公務員、私学共済の加入者	1.2万円※2／14.4万円
企業型	確定給付型企業年金がない		5.5万円※3／66.0万円
企業型	確定給付型企業年金がある		2.75万円※3／33.0万円

※1 企業型DCと併用する場合は、月額２万円(企業型DCと確定給付型企業年金の加入者は1.2万円)かつ企業型DCと合計して5.5万円(2.75万円)

※2 令和6年12月から、月額2万円、かつ事業主の拠出額(企業型DCと確定給付型企業年金等の掛金相当額)を合計して5.5万円以内

※3 令和6年12月から、月額5.5万円から確定給付型企業年金等の掛金相当額を控除した額。経過措置あり

2 自営業者などの年金

自営業者などの公的年金は、**基礎年金**しかありません。そこで、これらの人を対象にした上乗せ年金として、個人型確定拠出年金をはじめ、次の制度があります。

		国民年金基金	小規模企業共済
対象者		・国民年金第1号被保険者(原則として保険料免除者を除く)、および65歳未満の国民年金の任意加入被保険者	・原則として、従業員20人以下の事業所の個人事業主または役員など
掛金		・個人型確定拠出年金の掛金と合算して月額68,000円まで	・月額1,000円～70,000円 ・500円刻み
税制	掛金	〔社会保険料控除〕	〔小規模企業共済等掛金控除〕
税制	給付	(老齢)年金…雑所得(公的年金等控除の適用あり) 一時金(小規模企業共済のみ)…退職所得	
ワンポイント		・国民年金基金に加入すると、国民年金の付加保険料(56ページ)を納付できない ・掛金は、選択した給付の型・口数、加入時の年齢、性別等で異なる	・受取方法は、「一時金」「分割」および「一時金と分割の併用」の３種類

プラスα 国民年金基金の加入は任意であるが、加入後は脱退要件(国民年金の第１号被保険者でなくなった等)に該当しない限り任意に脱退できない。

1日目●ライフプランニングと資金計画

一問一答 最終チェック

CHECK

1日目の学習が終わりました。ここで、この章のおさらいをしましょう。問題のすぐ下にある解答を赤シートでかくして、問題にチャレンジしてください。間違ったときは、必ず参照ページに戻って確認し、実力アップをめざしましょう！

□□□ **問1** 税理士でないFPは、無償であれば個別具体的な税務相談を行っても良い。

解答1 ×　**設問は間違い。有償・無償を問わず、行ってはなりません。⇒p.25**

□□□ **問2** 金融商品取引業者ではあるが、保険募集人の資格はないFPのAさんが顧客に変額年金保険の勧誘を行った。

解答2 ×　**設問は間違い。保険募集人ではないFPが、保険募集をすることはできません。⇒p.25**

□□□ **問3** 可処分所得とは、年収から税金（所得税・住民税）と社会保険料を引いた金額である。

解答3 ○　**設問のとおり。給与から天引きされていても、生命保険料等は差し引きません。⇒p.27**

□□□ **問4** 日本学生支援機構の奨学金は、貸与型奨学金のみである。

解答4 ×　**設問は間違い。貸与型奨学金以外に、返済不要の給付型奨学金もあります。⇒p.31**

□□□ **問5** 元金均等返済では、元金と利息を合わせた返済額が毎回一定となる。

解答5 ×　**設問は間違い。返済額が毎回一定となる返済方法は、元利均等返済です。⇒p.32**

□□□ **問6** 健康保険では、同一月に同一の医療機関で支払った自己負担額が一定の限度額を超えた場合、超えた額が所定の手続きにより高額療養費として支給される。

解答6 ○　**設問のとおり。一定の限度額（自己負担限度額）は、年齢や所得により区分される。⇒p.40**

□□□ **問7** 健康保険の傷病手当金の支給期間は、同一の傷病等に関して、支給開始日から通算して1年間である。

解答7 ×　**設問は間違い。支給開始日から通算して1年6カ月間です。⇒p.41**

□□□ **問8** 全国健康保険協会管掌健康保険に任意継続被保険者として加入できる期間は、最長1年6カ月である。

解答8 ✕ **設問は間違い。加入期間は最長2年です。⇒p.43**

□□□ **問9** 介護保険では60歳以上の人を第1号被保険者、40歳以上60歳未満の公的医療保険加入者を第2号被保険者という。

解答9 ✕ **設問は間違い。65歳以上の者は第１号被保険者、40歳以上65歳未満の公的医療保険加入者は第２号被保険者となります。⇒p.44**

□□□ **問10** 雇用保険の基本手当は、原則として離職日以前2年間に被保険者期間が通算して12カ月以上ある場合に支給される。

解答10 ○ **設問のとおり。定年、自己の意思などにより退職した場合の基本手当は、被保険者期間が通算して12カ月以上ある場合に支給されます。⇒p.47**

□□□ **問11** 雇用保険の高年齢雇用継続基本給付金は、原則として60歳時点と比べて85%未満の賃金で働いている一定要件を満たす被保険者に支給される。

解答11 ✕ **設問は間違い。賃金が75%未満に低下した場合に支給されます。⇒p.48**

□□□ **問12** 国民年金の第3号被保険者とは、第2号被保険者に扶養されている配偶者で、年齢は問わない。

解答12 ✕ **設問は間違い。第3号被保険者となる配偶者の年齢は、20歳以上60歳未満です。⇒p.51**

□□□ **問13** 国民年金の保険料を免除されていた場合、過去5年分までさかのぼって追納することができる。

解答13 ✕ **設問は間違い。追納できるのは、過去10年以内の免除期間の保険料です。⇒p.52**

□□□ **問14** 65歳からの本来支給の老齢厚生年金は、老齢基礎年金の受給資格期間を満たしたうえで、厚生年金の加入期間が1年以上あると支給される。

解答14 ✕ **設問は間違い。厚生年金の加入期間が1カ月以上あれば支給されます。⇒p.57**

□□□ **問15** 子のある配偶者が受給する遺族基礎年金の額は、基本年金額＋子の加算である。

解答15 ○ **設問のとおり。配偶者が受給する遺族基礎年金の額は、一律の「基本額」プラス子の人数に応じた「子の加算」となります。⇒p.69**

□□□ **問16** 確定拠出年金の加入者が納付した掛金は、その全額が社会保険料控除の所得控除の対象となる。

解答16 ✕ **設問は間違い。確定拠出年金の掛金は、小規模企業共済等掛金控除の対象となります。⇒p.75**

2日目
リスク管理

1. リスクマネジメント
2. 保険制度の概要
3. 生命保険の基礎
4. 保険約款の基礎知識
5. 保険料の払込みに関する知識
6. 生命保険商品①　種類と内容
7. 生命保険商品②　個人年金保険
8. 第三分野の保険と医療特約
9. 個人向け生命保険と税金
10. 法人向け生命保険と経理処理
11. 損害保険
12. 損害保険商品①
13. 損害保険商品②
14. 損害保険と経理処理

頻出度 C

CHECK

1 リスクマネジメント

ポイント

リスクマネジメントの手法には、主に**リスクコントロール**と**リスクファイナンシング**の２つがあります。それぞれの処理技術の違いを理解しましょう。また、個人(家計)を取り巻くリスク、法人を取り巻くリスクにどのようなものがあるのか確認しておいてください。

1 リスクマネジメントの基礎

1．リスクの基本的考え方

リスクとは、将来起こりうるある事象の変動に関しての不確実性のことをいいます。

2．リスクマネジメントの概要

リスクマネジメントとは、リスクの軽減・回避などをめざすために、各リスクが生じた場合の損失・損害に対して合理的かつ経済的に効果をあげるための方法を検討・計画し、実行するプロセスのことをいいます。

3．リスクマネジメントの手法

リスクマネジメントの手法は、以下の２つに大別されます。

1 リスクコントロール

リスクの発生頻度・規模を軽減させたり、最小限のコストで、リスクの可能性そのものを変える手法です。

〔回　避〕	例）海外テロに備えて(心配だから)、海外旅行を取りやめる
〔損失制御〕	例）火災に備えて防火構造にする
〔結　合〕	例）保険会社の合併
〔分　離〕	例）生産施設を各地に分散させる

2 リスクファイナンシング

リスクの発生にともなう経済的損失の影響を軽減させる手法です。

プラスα

リスクファイナンシングの手法の１つである保有には、自家保険やキャプティブなどがある。自家保険は、リスクが生じた損失を補う資金を自ら積み

〔移　転〕	例）地震に備えて地震保険に加入する
〔保　有〕	例）医療費負担に備えて貯蓄する

2 個人を取り巻く主なリスクとその管理

個人を取り巻くリスクには、以下のようなものがあります。

人に関するリスク	・必要保障額の備え（死亡） ・医療費の自己負担分の備え（病気、ケガ） ・老後生活資金の備え（長生き）
物に関するリスク	・建物、家財、家主、他人に対する損害の備え（住まい） ・事故に対する賠償資力準備（車） ・日用品等の破損、盗難の備え（その他動産）
第三者に対するリスク	・日常生活上における賠償事故の備え（第三者への損害賠償）

3 必要保障額の考え方

生命保険の必要保障額は、当人に万一が起きた場合に必要となる遺族の生活費等から遺族が受け取ることができる収入等を差し引いて計算します。不足する部分を生命保険で補てんするという考え方です。通常、必要保障額は子どもの成長とともに逓減します。

生命保険の必要保障額の計算方法例

必要保障額＝遺族の生活費等－遺族の収入等

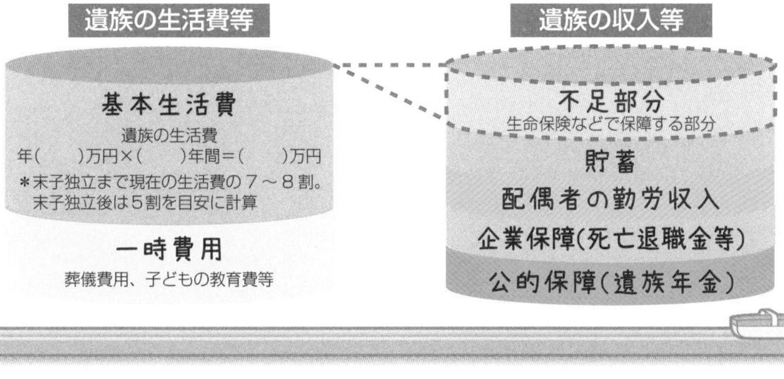

立てて準備しておくこと。キャプティブは、企業などの団体が自らの保険契約を引受対象として設立する保険子会社で、リスクに備えることである。

2 保険制度の概要

頻出度 B　CHECK

契約者保護を目的とした制度や指標には、保険契約時の禁止行為を定めた**保険業法**、契約後に保険契約の撤回や解除が認められる**クーリング・オフ制度**、保険会社の健全性を示す**ソルベンシー・マージン比率**などがあります。頻繁に問われますので、理解しましょう。

1 社会保険と民間保険

保険制度は、**社会**保険と**民間**保険があります。社会保険(公的年金・健康保険など)でカバーしきれないリスクを補う民間保険は、民間の保険会社で加入します。

社会保険と民間保険の相違点

	社会保険	民間保険
目　的	社会保障	自助努力
保険者	政府、共済組合など	民間、共済など
加　入	〔強制〕	〔任意〕
保険料	公費負担、事業主負担など	全額契約者負担
保険事業支出	国などが保険料の一部を負担	保険料収入とその運用益

民間保険は、**生命保険**(第一分野)・**損害保険**(第二分野)と、その両分野の中間に位置する**第三分野の保険**(人の病気・ケガなど)に分類されます。

【民間保険　例】

生命保険(第一分野)	第三分野の保険	損害保険(第二分野)
終身保険 定期保険 など	医療保険 がん保険 など	火災保険 自動車保険 など

生命保険・第三分野の保険：取り扱いは、生命保険会社
第三分野の保険・損害保険：取り扱いは、損害保険会社

プラスα　**保険業法は、保険会社に対する業務内容の規制・監督をとおして、保険契約者等の保護を図ることを目的としている。これに対し、保険法は、保険契**

2　契約者保護に関する制度と仕組み　頻出

1．保険法と保険業法

保険法は、保険契約者保護のために契約に関するルールを定めた法律です。**保険業法**は、保険業に携わる者が守るべき法律で、契約者等の利益の保護や保険の募集を含めた保険会社の事業が健全に運営されるために定められています。

保険法	・契約者当事者間における保険契約のルールを規定 ・生命保険(第一分野)・損害保険(第二分野)・第三分野の保険(傷害疾病保険)の契約の規定がある ・保険契約だけでなく、共済契約も適用
保険業法	・保険契約の締結・保険募集の禁止行為違反の処分や罰則を規定 〈例〉保険の契約者等に対して、禁止している行為 契約者または被保険者に対して「虚偽のことを告げ、または重要な事項を告げない」、「重要な事項を告げないことを勧める」、「不利益な事実を告げずに、契約の乗り換えを勧める」など ・クーリング・オフに関する規定 ・共済契約は適用除外

2．ソルベンシー・マージン比率　頻出　暗記

通常の予測を超えるリスクに対して、保険金の支払い能力があるかどうかを数値で判断する指標で、保険会社の財務体質の健全性が確認できます。ソルベンシー・マージン比率は、**200%以上**が健全性の目安となり、200%を下回ると金融庁から早期是正措置(経営の健全性を回復する命令)が発動されます。

3．クーリング・オフ制度　暗記

契約者が一定の期間内で、一方的な意思表示のみによって、保険契約の申込みの**撤回**または**解除**をすることを認め、契約者の保護を図る制度です。

クーリング・オフ事項を記載した書面を交付された日、または申込日のいずれか遅い日から起算して原則**8日**以内に**書面**、あるいは電子メール、ウェブサイトの電磁的記録で行います。

約に関する規定をとおして保険契約者等の保護を図ることを目的としているもので、保険金の支払時期や保険契約時の告知義務等について、規定している。

【適用除外】

- 保険期間が1年以内であるとき
- 医師による診査を受けたとき
- 法令により加入が義務付けられているとき（**自賠責保険**など）
- 法人契約や事業保険契約
- 既契約の内容変更の場合　　など

4．保険契約者保護機構　頻出

保険会社が経営破綻した場合に、契約者を保護するために、保険契約者保護機構が設立されています。国内で営業するすべての生命保険会社・損害保険会社は、生命保険契約者保護機構・損害保険契約者保護機構への加入が義務づけられています。ただし、**少額短期保険業者・共済**は加入対象外です。

保険契約者保護機構では、破綻保険会社の保険契約の**継続**を支援し、保険契約の引継ぎを円滑に行うため、救済保険会社に**資金援助**を行うほか、自ら破綻保険会社の保険契約の引き受けなども行います。

保険契約者保護機構の主な補償内容

【生命保険契約者保護機構】

契約の種類	補償内容
生命保険	破綻時点の**責任準備金**※の90% （高予定利率契約除く）

※ 保険会社は将来、保険金などを支払うために、責任準備金として保険料や運用収益を積み立てている

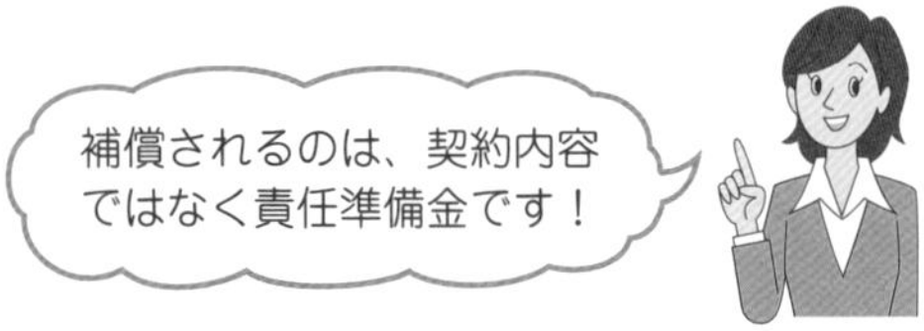

プラスα 生命保険商品は、主契約と特約に分けられる。主契約は、生命保険の基礎となる部分であり、特約はその主契約に付加するものである。特約は、主契約

【損害保険契約者保護機構】

契約の種類	補償内容
自賠責保険・地震保険	保険金・解約返戻金の100%
自動車保険・火災保険など	保険金※・解約返戻金の80%
疾病・傷害保険など	保険金・解約返戻金の90%

※ 破綻後3カ月以内は100%

契約者保護などの制度のまとめ　暗記

	保険会社など	少額短期保険業者※	共　済
保険法	適用	適用	適用
保険業法	適用	適用	対象外
保険契約者保護機構	加入義務	加入義務なし	加入義務なし

※ 少額短期保険業者とは、保険金額が少額で保険期間が1年（損害保険は2年）以下の保険のみ取り扱う（被保険者一人あたり保険金額の総額は原則1,000万円以下）

確認しよう！

Q1 ソルベンシー・マージン比率の健全性の目安は、100%以上である。

Q2 クーリング・オフの適用除外の1つに、「保険期間が1年以内であるとき」がある。

Q3 生命保険契約者保護機構に加入する生命保険会社が破綻した場合、破綻時点の保険金の90%が補償される。

A1 ×（⇒p.83）　**A2** ○（⇒p.84）　**A3** ×（⇒p.84）

とは異なり、単独では契約ができない。したがって、主契約が消滅すると、特約も同時に消滅する。

3 生命保険の基礎

頻出度 A　CHECK

ポイント　保険料算出の大原則と保険料の仕組み、剰余金と配当金の仕組みを学びます。**保険料算出の基礎**となる**3つの基礎率**の意味と、基礎率の変化が、保険料にどのような影響を与えるかを正確に理解しましょう。**剰余金の3利源**も重要です。

1 生命保険とは

1．生命保険の仕組み

生命保険は、死亡、病気、ケガ、生存などの**人**に対する保障をお金で備えるものです。保険と預貯金は下図のようなイメージになります。保険は、保険期間中どの時点で死亡しても契約した**保険金額**を受け取ることができます。

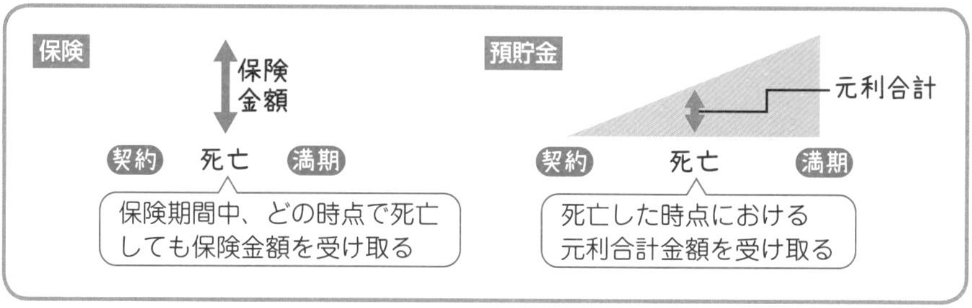

2．生命保険の3つの基本形態

生命保険は、どのような時に保険金が支払われるかにより3つに分類されます。

分　類	内　容	保険商品(例)
死亡保険	保険期間中に被保険者が死亡、高度障害状態時に保険金が支払われる	定期保険、終身保険、定期保険特約付終身保険など
生存保険	所定の期日までに、被保険者が生存していた場合に支払われる	個人年金保険、こども保険(学資保険)など
生死混合保険	死亡保険と生存保険を組み合わせた保険	養老保険など

プラスα　予定死亡率が低い＝死亡する人が少なければ、保険料は安くなる。例えば、同じ年齢でも男女で保険料が異なるのは、予定死亡率が影響している。予定

2 生命保険料の仕組み　頻出

1．保険料算出の大原則　暗記

1収支相等の原則

契約者全体が支払う**保険料**の総額（収入）と、保険会社が受取人全体に支払う**保険金**の総額（支出）が等しくなるように、保険料を計算することをいいます。

2大数《たいすう》の法則

数少ない事象では不確定なことでも、数多くの事象を集めて大数でみると、**一定の法則**があることをいいます。

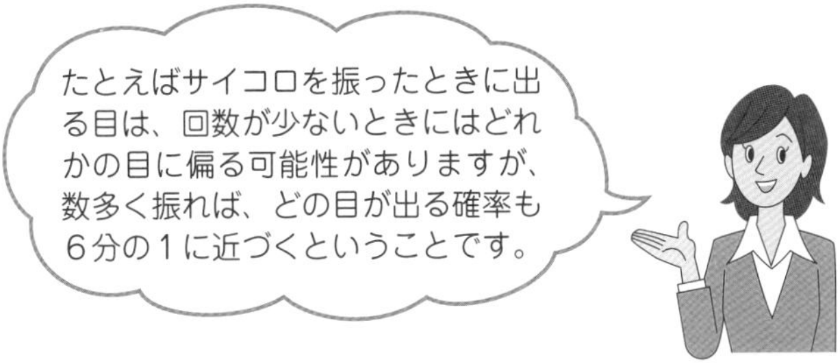

2．保険料算出の基礎

保険料は、以下の３つの予定基礎率をもとに算出されます。

【保険料の予定基礎率】

予定死亡率	過去の死亡率の統計（生命表）をもとに算出される年齢、性別ごとの死亡者数の割合	予定死亡率が低いほど保険料は安くなる
予定利率	保険会社が資産運用により見込める運用益分を保険料から割引く割引率	予定利率が高いほど保険料は安くなる
予定事業費率	保険事業運営上、必要な費用の割合	予定事業費率が低いほど保険料は安くなる

保険料（営業保険料）は、**純保険料**と**付加保険料**で構成されています。
純保険料は、死亡保険料と生存保険料に分かれます。

利率が高い＝保険会社の運用益が上がれば保険料は下がり、予定事業費率が低い＝保険会社の事業経費が低いほど保険料は下がる。

【保険料の構成】 暗記

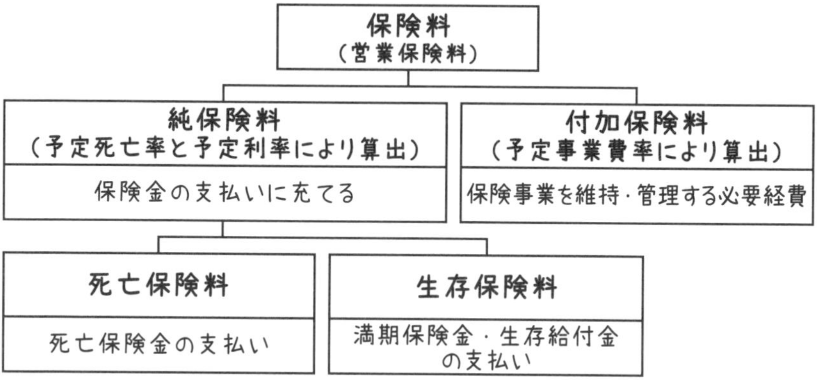

3．剰《じょう》余《よ》金と配当金の仕組み

1 剰余金

保険料は３つの予定基礎率から算出されますが、毎年度の決算の結果、実際にかかった費用と差額（利益）が出ることがあります。この利益を**剰余金**といいます。

剰余金が発生する原因は３つあり、**剰余金の３利源**と呼びます。

【剰余金の３利源】

死差益	実際の死亡率＜予定死亡率
利差益	実際の運用収入＞予定利率による運用収入
費差益	実際にかかった事業費＜予定事業費率による事業費

2 配当金

剰余金が生じた場合は、一定の条件のもと**配当金**として契約者に還元されます。なお保険は、その配当の有無により、３つに分類されます。

【配当金基準の保険分類】

有配当保険	剰余金の3利源から、配当が支払われる
準有配当保険（利差配当付保険）	利差益のみから、配当が支払われる
無配当保険	配当が支払われない

保険料が高い

保険料が安い

プラスα 保険料にかかわる予定率と実際の率との差に基づく契約者配当準備金を財源として、毎年加入者に還元配分される配当金を、通常配当という。通常配当

2日目●リスク管理

頻出度 A　CHECK

4 保険約款の基礎知識

ポイント

生命保険を理解するために、契約者や被保険者といった基本的な用語とともに、**告知義務**など保険申込みの際に必要なことなどを確認しましょう。保険契約の申込みをしてから、保険契約が有効となる**責任開始期**までの流れも出題頻度の高い重要項目です。

1 保険約款《やっかん》の基礎知識　頻出

1．生命保険の基礎用語　暗記

生命保険を理解するために必要な専門的基礎用語として、以下のものがあります。

生命保険の基礎用語

契約者	保険会社と契約を結び、契約上の一切の権利・義務をもつ者
被保険者	その人の傷病や死亡などが保険金等の支払いの対象となる者
受取人	保険会社から保険金の支払いを受ける者として、契約者から指定された者
診　査	保険契約に際し、加入申込者（被保険者）に対して医師が行う身体検査
承　諾	保険会社が加入申込を認めること
責任準備金	保険会社が将来の保険金や給付金の支払いのために備えて、保険料や運用収益の中から積み立てるもの
解約返戻金	保険契約を途中で解約した場合などに、契約者に払い戻されるお金のこと

2．告知義務制度

1告知義務

保険契約申込の際に、契約者または被保険者が保険会社の求めた質問に、入院や手術の経験、現在の健康状態や職業などについて正直に伝えなければならないことをいいます。

告知義務は、質疑応答義務化により契約者は保険会社の求めた質問にのみに回答します。保険会社が質問しなかった事項については、告知義務違反を問うこと

とは別に、一定期間以上の長期継続契約に対して支払われる配当金を特別配当といい、保険金支払いや解約などの契約消滅時に支払われる。

はできません。

2 告知義務違反

故意または重大な過失により、**重要な事実**について告知をせず、また事実と違うことを告げたりすることをいいます。違反した場合は、保険会社は契約を**解除**することができます。

3 契約解除権の消滅

保険法の規定では、保険会社が告知義務違反を知った日から１カ月以内に解除しなかった場合や、契約日または復活日から**５**年を経過した場合、保険会社の契約解除権は消滅し、保険会社は契約を解除できません（ただし、一般的な保険約款では、２年間に短縮しているケースが多い）。

３．契約の承諾と責任開始期（日） 暗記

保険会社が保険契約上の責任（保険金・給付金の支払いなど）を負う義務が開始する時期を、責任開始期（日）といいます。責任開始には保険会社の**承諾**が必要であり、「**保険契約申込書**の提出」、「**告知**（診査）」、「**第１回保険料**（充当金）の払込み」の３つがすべて完了した日に責任開始します。

確認しよう！

Q1 □□ 解約返戻金とは、保険契約を途中で解約したときなどに、契約者が払い戻すお金のことである。

Q2 □□ 保険会社から質問されなかった事項については、契約者が告知義務違反に問われることはない。

Q3 □□ 保険契約上の責任開始には保険会社の承諾が必要であり、「保険契約申込書の提出」、「告知（診査）」の2つが完了した日に責任開始する。

A1 ×（⇒p.89）　**A2** ○（⇒p.89、90）　**A3** ×（⇒p.90）

プラスα **告知義務違反があった場合、一定期間内であれば保険会社は契約を解除することができるが、生命保険募集人が契約者または被保険者による告知を妨げた**

2日目●リスク管理

5　保険料の払込みに関する知識

頻出度 A　CHECK

ポイント

保険料の払込方法には５つあります。その中の**一時払い**と**前納**の違いを理解しましょう。保険料の払込みが困難になった場合の対応策では、**自動振替貸付制度**と**契約者貸付制度**の違い、払済保険と延長(定期)保険の違いを押さえておくことが重要です。

1　保険料の払込み　頻出

1．保険料の払込方法

月払い、半年払い、年払いのほか、**一時払い**、**前納《ぜんのう》**などがあります。

一時払いと前納の違い

一時払い	契約時に、保険料を一時にまとめて払う方法。保険期間中に被保険者が死亡した場合でも保険料の払戻しはなく、生命保険料控除も支払った年１回限り適用となる
前　納	将来払い込むべき保険料の数回分をまとめて払う方法。所定の割引率が適用になる。払い込んだ保険料は保険会社が預り、払込期日に保険料に充当していくので、生命保険料控除も毎年適用できる 全保険期間分をまとめて払う場合を全期前納《ぜんきぜんのう》という

前納払いや**半年**払い・**年**払い契約の保険を、途中で解約した場合は、未経過保険料※が返戻《へんれい》されます。

※ 既に払い込まれた保険料のうち、その保険料に対する期間中の経過月数(1カ月未満切上げ)により計算した、未経過部分の保険料

2．保険料の払込猶予《ゆうよ》期間

保険料の払込みが遅れた場合、契約はすぐに失効するわけではなく、保険会社は一定の猶予期間を設けています。ただし、猶予期間中に保険事故が発生した場合は、その**未払保険料**を差し引いたうえで、保険金が支払われます。

り、不実の告知を勧めた場合は契約を解除することはできない。契約が解除された場合、それまでに払い込まれた保険料は返還されず、その時点での解約返戻金が支払われる。

3．契約の失効・復活　暗記

1 失　効

猶予期間を過ぎても保険料が払い込まれない場合、自動振替貸付制度（下記）が適用されない限り、保険契約は効力を失います。これを**失効**といいます。

2 復　活

いったん失効した契約でも、下記のような一定要件を満たすことにより契約の効力を元の状態に戻すことができます。これを**復活**といいます。

- 失効してから一定期間内（一般的には**3**年以内）
- 被保険者の**告知書**を提出（または診査）
- 失効期間中の遅延保険料とその間の利息(保険会社による)を払い込む

なお、復活したときの保険料は、契約時（失効前）の保険料と**同じ**です。

4．保険料払込みの困難な時の対応策

1 自動振替貸付制度　暗記

保険料が払い込まれなかった場合に、**解約返戻金**の一定の範囲内で、保険会社が自動的に保険料を立て替えて、契約を有効にしてくれる制度です。ただし、貸付利息がつくため、貸付元利金より解約返戻金が**少ない**場合は、契約が失効することもあります。

2 契約者貸付制度　暗記

契約者の申し出により、保険会社が**解約返戻金**の一定の範囲内（通常８～９割）で、資金の貸付けを受けられる制度です。通常、契約者貸付を受けている期間も保障は変わりなく継続します（保険の種類や契約経過年数によって利用可否あり）。

プラスα　自動振替貸付制度と契約者貸付制度はともに、貸付金と利息はいつでも全部または一部を返済でき、未返済の貸付金と利息は解約など契約消滅時に精算

3 払済《はらいずみ》保険　頻出　暗記

保険料の払込みを中止して、その時の解約返戻金をもとに、保険**期間**を変えずに以前の契約より保険金額が**少ない**同種類の保険または終身保険等に変更する方法です。各種の特約が付加されていた場合は、変更した時点で**消滅**します。

払済保険の仕組み

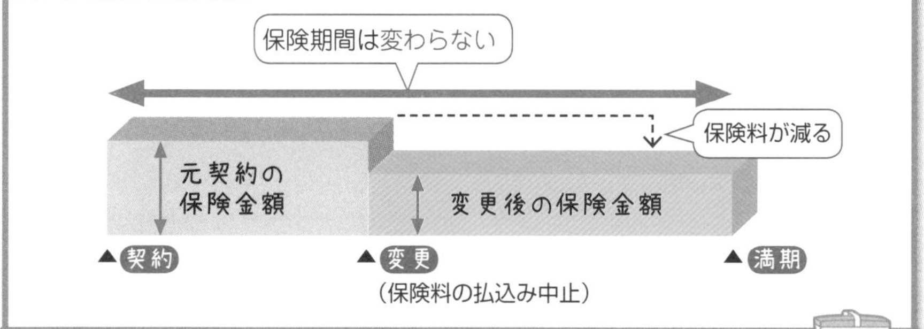

4 延長(定期)保険　頻出　暗記

保険料の払込みを中止して、その時の解約返戻金をもとに、保険**金額**を変えずに**定期保険**に変更する方法です。解約返戻金の額によって、保険期間が以前の契約の保険期間より短くなる場合は、その期間満了をもって契約は消滅し、以前の契約の保険期間を超える場合は以前の保険期間にとどめ、満了日に生存保険金が支払われます。各種の特約が付加されていた場合は、変更した時点で**消滅**します。

延長(定期)保険の仕組み

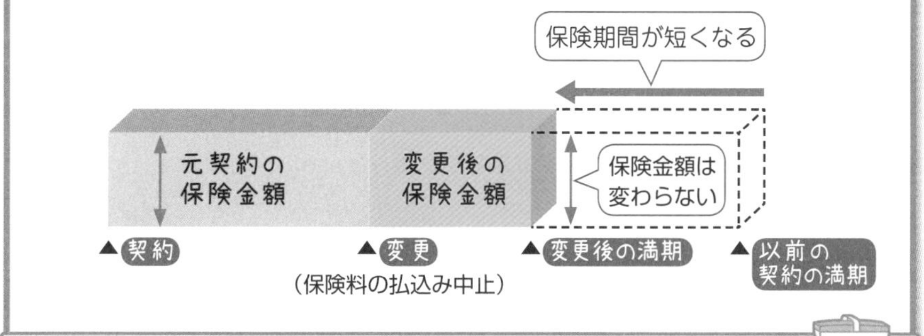

される。自動振替貸付制度は、貸付けを受けた保険料も生命保険料控除対象となる。また契約者貸付制度は、貸付けの有無を問わず、配当金が支払われる。

5 契約転換制度 頻出 暗記

①仕組み

現在加入している保険を下取りして、同じ保険会社での新しい保険に買換えする制度です。既契約の**転換価格**（責任準備金や積立配当金などの合計額）を新契約の保険料の一部に充当するため、既契約は消滅し、その部分にかかる保険料の払込みは不要となります。

②注意点

契約転換時は、新規加入と同じように、**告知**または医師による診査が必要となります。また、保険料は転換時点の年齢および保険料率で再計算されます（保険料が上がる可能性がある）。

契約転換制度の仕組み

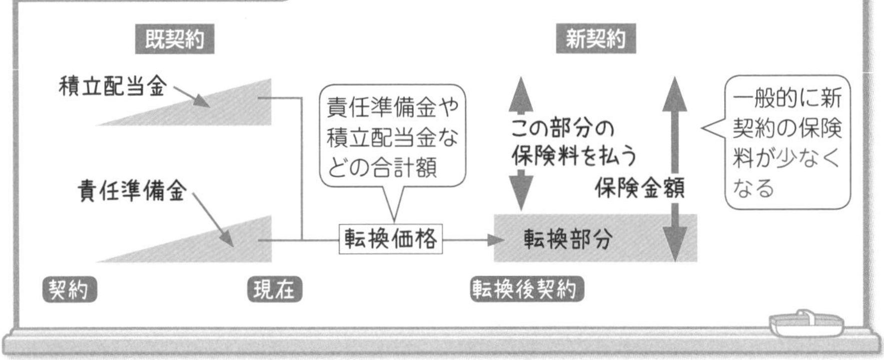

6 減　額

保険料の払込み負担を軽減するため、また過大な保険金額を減らすために、保険期間の途中で保険金額を減らす方法です。減額した部分は解約したものとし（一部解約）、**解約返戻金**がある場合は支払われます。

7 解　約

契約者は、現在加入している保険契約をいつでも解約することができ、保険種類や加入期間などに応じた**解約返戻金**や**配当金**が支払われます。この時点で、保険契約は消滅し、再び元に戻すことができません。

8 保険料払込期間の延長

既契約の払込期間を延長させて、それ以降の保険料を安くさせる方法です。なお、目先の保険料は軽減されますが、延長後の払込保険料の総額は**多く**なります。

プラスα

保障の見直しなどによって、既契約を解約して新契約に加入する場合は、新契約を先に行うことが必要である。なぜなら新契約加入において、被保険者

5．その他

1 中途増額制度

既契約に、保険期間の途中で定期保険（特約）などを付加して保険金額を増やす制度です。増額させた部分の満期は元の契約と**同じ**です。途中で増額させた部分の保険料は、増額時点の年齢・保険料率で計算されます。なお、その際、告知または医師の診査が必要です。

中途増額制度の仕組み

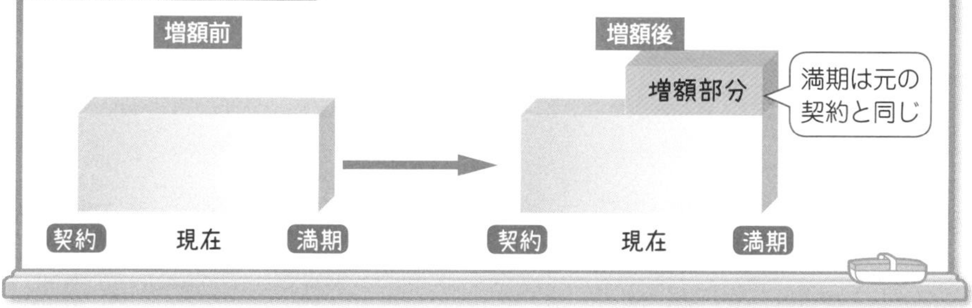

2 配当金の引出し

契約者が、何らかの理由で現金が必要になったとき、**積立配当金**があれば、請求により、全部または一部をいつでも引き出すことができます。なお、いったん引き出した配当金は、再び元に戻すことはできません。

確認しよう！

Q1 □□ いったん失効した契約でも、失効期間中の遅延保険料とその間の利息（保険会社による）をまとめて払い込むことにより、告知書を提出することなく契約の効力を元の状態に戻すことができる。

Q2 □□ 払込猶予期間満了日までに、保険料が払い込まれなかった場合、払込保険料の総額の範囲内で保険会社が自動的に保険料を立て替えて、契約を更新させることができる。

Q3 □□ 契約転換制度では、契約転換時に、新規加入と同じように告知または医師による診査が必要となる。

A1 ×（⇒p.92）　**A2** ×（⇒p.92）　**A3** ○（⇒p.94）

の健康状態などによって、保険会社から契約の引受けを断られる場合があると、無保険になってしまうことがあるからである。

6 生命保険商品① 種類と内容

頻出度 A　CHECK

ポイント

生命保険商品には、幅広いニーズに対応できるように、さまざまな種類があります。主な種類と、基本的な特徴を理解しましょう。**定期保険特約付終身保険**や**利率変動型積立終身保険**は加入者も多いため、出題頻度の高い項目です。保障内容を正確に押さえましょう。

1 生命保険商品の種類と内容 頻出

1．保障重点型保険

1 定期保険 暗記

10年など一定期間内に死亡または高度障害になった場合に、保険金が支払われる保険です。満期保険金が**ない**（保険料は掛け捨て）ので、保険料が**安い**傾向にあります。なお、満期時に保険金額を同額で更新すると、通常、保険料は**高く**なります。

定期保険の仕組み

①収入保障保険（生活保障保険） 暗記

保険期間内に、死亡あるいは高度障害状態になった場合に、保険金が**年金**形式で支払われる保険です。なお、保険金を一時金で受け取ることもできますが、年金形式で受け取れる合計金額よりも**減額**されます。

②逓増《ていぞう》定期保険・逓減《ていげん》定期保険 暗記

保険期間の経過に応じて保険金額が減っていく**逓減**定期保険や、逆に保険金額が増えていく**逓増**定期保険もあります。いずれも保険料は保険期間中一定です。

プラスα **定期保険特約付終身保険の更新型は、通常、無診査により自動更新で定期保険特約を継続することができる。契約時当初は全期型より保険料が安く、同**

2 定期保険特約付終身保険　頻出　暗記

終身保険(**主**契約)に定期保険を**特約**として付けた保険です。特約期間中は割安な保険料で大きな死亡保障が確保でき、特約期間終了後は、主契約の終身保険により**一生涯**の死亡保障が確保できます。定期保険特約には**全期型**と**更新型**があり、更新型を同額で自動更新すると保険料は高くなります(更新時は告知不要)。

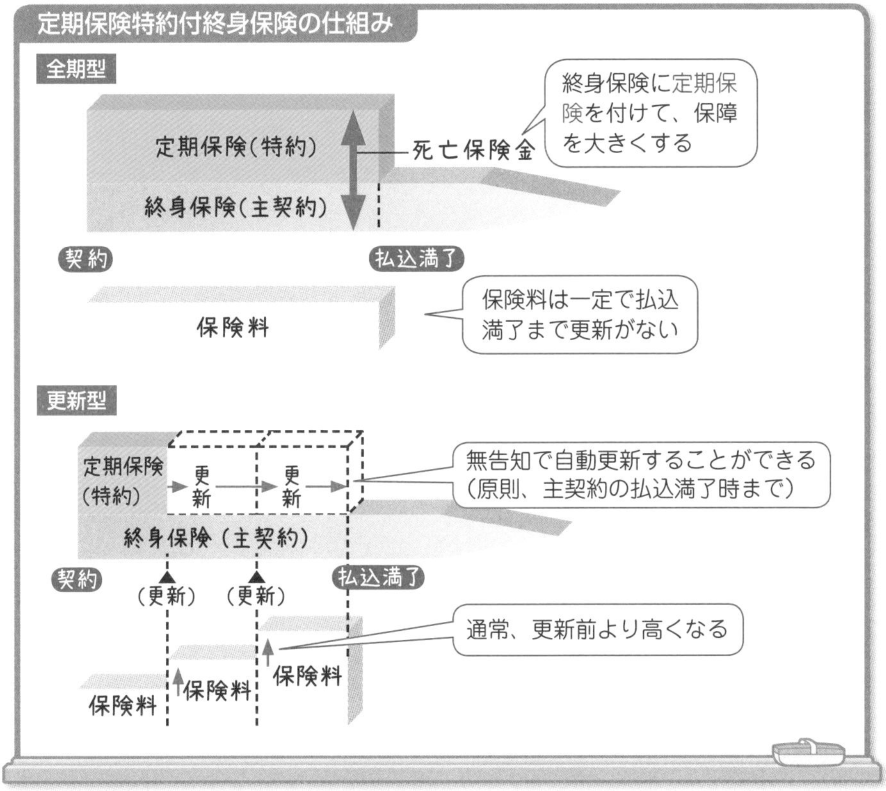

主契約をベースに特約で保障を充実させることができます。

逓減定期保険、収入保障保険・特定(三大)疾病保障保険などを特約として付加できます。

じような保障を確保することができるが、更新後は、その時点の年齢および保険料率で計算されるため、通常、保険料は上がる。

2．保障性と貯蓄性を組み合わせた保険

1終身保険 暗記

死亡または高度障害になった場合の保険金支払いが、一生涯保障される保険です。解約返戻金が多く貯蓄性もありますが、定期保険より保険料は**高い**のが特徴です。早期に解約すると解約返戻金が払込保険料総額を**下回る**ので注意が必要です。

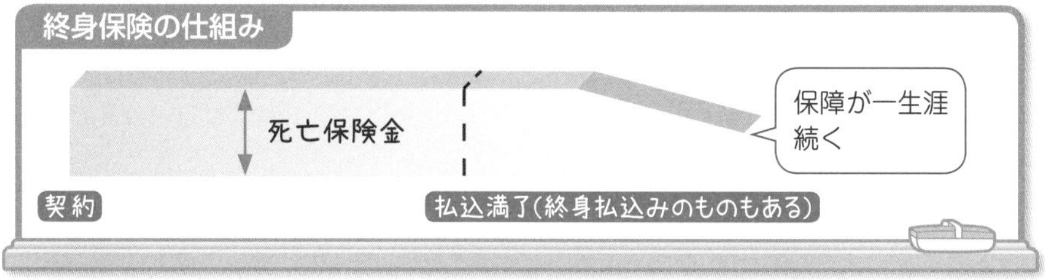

2養老保険

保険期間中に死亡あるいは高度障害となった場合は、死亡保険金あるいは高度障害保険金が支払われ、満期まで生存していた場合には、死亡・高度障害保険金と**同じ**額の満期保険金が支払われる保険です。

3こども保険(学資保険) 暗記

子どもの入学・進学時や満期時に、祝金《いわいきん》・満期保険金が支払われるもので、教育資金準備のための保険です。通常、契約者である親などが死亡あるいは高度障害となった場合は、それ以降の保険料は**免除**となり、一時金や育英年金が支払われるものもあります。また、保険料免除後も祝金・満期保険金は支払われます。

4利率変動型積立終身保険(アカウント型保険)

保険料を、保障部分と積立部分(アカウント部分)に分けて、積立部分をライフプランに合わせて一定の範囲内で自由に設定・変更できる保険です。保険料払込期間の満了時には、積立金をもとに**終身保険**や**年金**に移行することができます。

プラスα **こども保険(学資保険)への加入の多くは、子どもが生まれてから(0歳のときに)契約されているが、出生前加入特則を付加することにより、子どもが**

3．投資型保険

1変額保険　暗記

株式や債券などで運用し、その運用実績によって保険金額や解約返戻金が増えたり減ったり変動する保険です。変額保険の資産は、**特別勘定**で運用されます。

2変額保険の種類

一生涯の保障が続く（満期がない）**終身型**と、満期がある**有期型**があります。どちらも死亡保険金と、高度障害保険金には最低保証（契約時の**基本保険金**）がありますが、**解約返戻金**と**満期保険金**には、最低保証はありません。

変額保険の仕組み

終身型

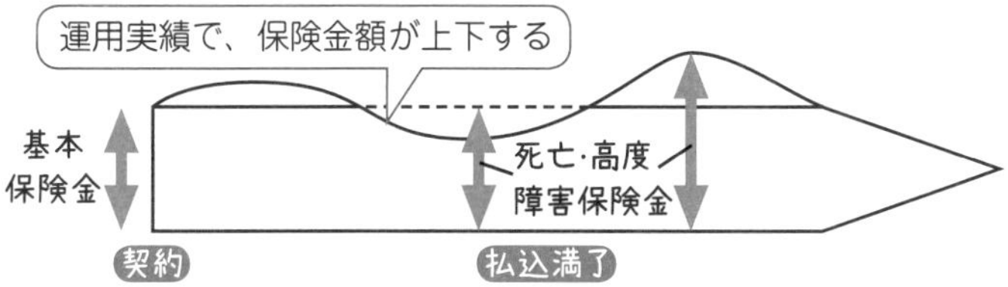

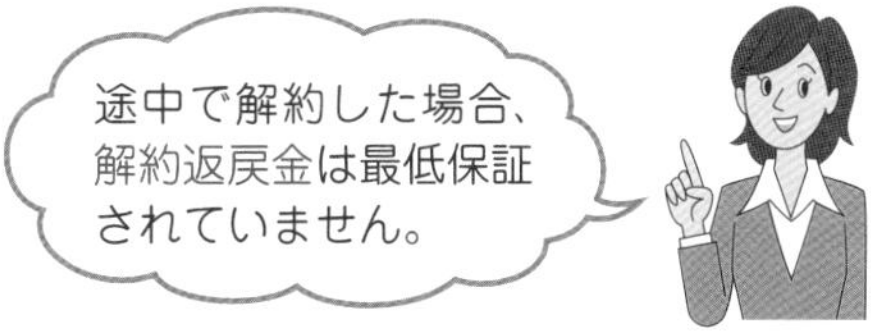

有期型

（満期時：満期保険金＞基本保険金の場合）

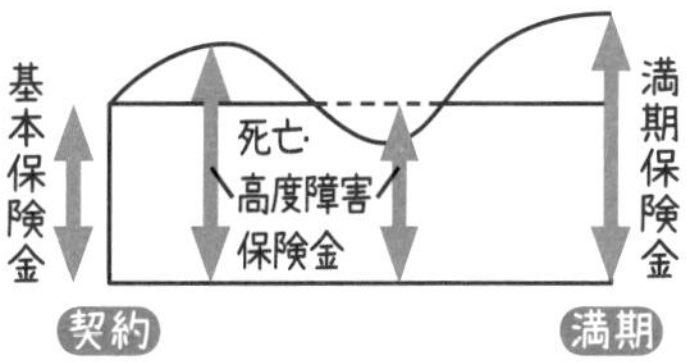

（満期時：満期保険金＜基本保険金の場合）

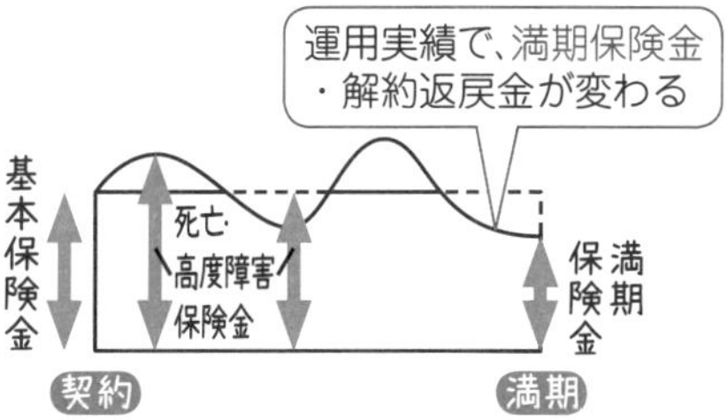

生まれる前（被保険者となる子どもの出生予定日の140日前）から加入することができるものもある。

4. かんぽ生命

2007年10月に日本郵政公社の民営、分社化でできた日本郵政グループの保険会社です。次のような特徴があります。

特　徴	内　容
無診査	契約時に、告知のみで医師の診査は不要
加入限度額	簡易生命保険と通算して被保険者１人あたり原則1,000万円まで加入できる（一定条件により加入後４年を経過すると2,000万円）
契約者の保護	生命保険契約者保護機構の対象

参考：民営化以前に加入した簡易生命保険は、郵便貯金簡易生命保険管理・郵便局ネットワーク支援機構で、契約が消滅するまで政府保証で承継・管理されている

5. 各種共済

加入対象を特定の地域や職業などの団体に限定した**相互扶助**の制度です。営利目的にしていないので掛金（保険料）が割安な場合が多いです。主な共済団体は次の４つです。

	団体名	監督官庁
JA共済	全国共済農業協同組合連合会	農林水産省
こくみん共済coop <全労済>	全国労働者共済生活協同組合連合会	厚生労働省
都道府県民共済	全国生活協同組合連合会	厚生労働省
コープ共済	日本コープ共済生活協同組合連合会	厚生労働省

確認しよう！

Q1 定期保険特約付終身保険（更新型）は、定期保険特約の更新の都度、告知が必要であり、健康状態によっては定期保険特約を更新できない。

A1 ×（⇒p.97）

プラスα　**有期年金保険は、年金受取期間満了前に被保険者が死亡した場合、払込保険料総額を下回ることもある。ただし、保証期間付有期年金保険の場合は、保**

2日目●リスク管理

7　生命保険商品②　個人年金保険

頻出度 A　CHECK

ポイント

個人年金保険では、**有期年金**、**確定年金**、**終身年金**の違いをイラスト図でしっかり理解しましょう。また、個人年金保険の年金受取り前に死亡した場合は、どのタイプも払込み保険料相当額の死亡給付金が支給される点も覚えておきましょう。

1　個人年金保険　暗記

1．個人年金保険の種類

個人年金保険は、契約時に決めた一定年齢に達すると一定期間にわたって毎年年金が受け取れ、受取り前に死亡した場合は、死亡給付金が支給される保険です。

契約時に将来の年金額が確定する**定額年金**と運用によって受取額が変わる**変額年金**があります。定額年金保険は、年金の受取り方によって有期年金、確定年金、終身年金、そして夫婦年金に分類されます。

1有期年金保険

10年や15年など、年金受取期間をあらかじめ定め、被保険者が**生存**している期間に限り年金が支払われます。被保険者が死亡した時点でその後の年金支払は終了します。

有期年金（保証期間なし）の仕組み

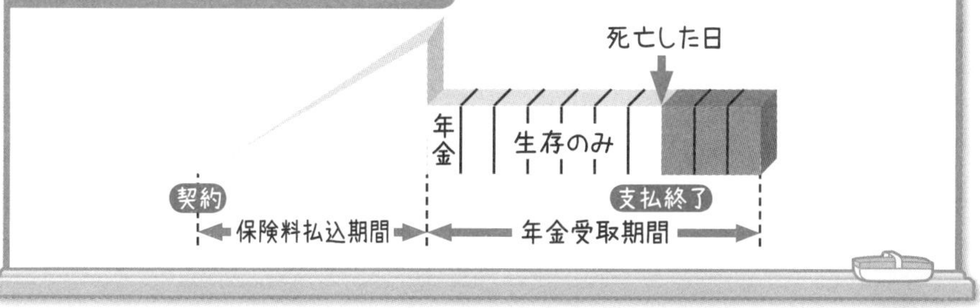

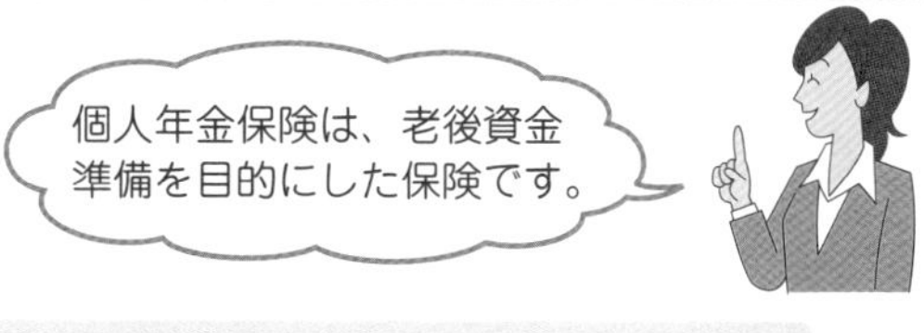

証期間内に死亡した場合に、保証期間のうち残存期間の年金またはその時点の年金現価相当額の死亡一時金が遺族に支払われる。

2 確定年金保険　暗記

年金受取期間と保証期間が同じ保証期間付有期年金保険の一種であり、被保険者の**生死**にかかわらず、一定の年金受取期間（10年・15年など）年金が支払われます。年金受取期間中に死亡した場合は、残存期間の年金またはその時点の年金現価相当額の死亡一時金が遺族に支払われます。

確定年金の仕組み

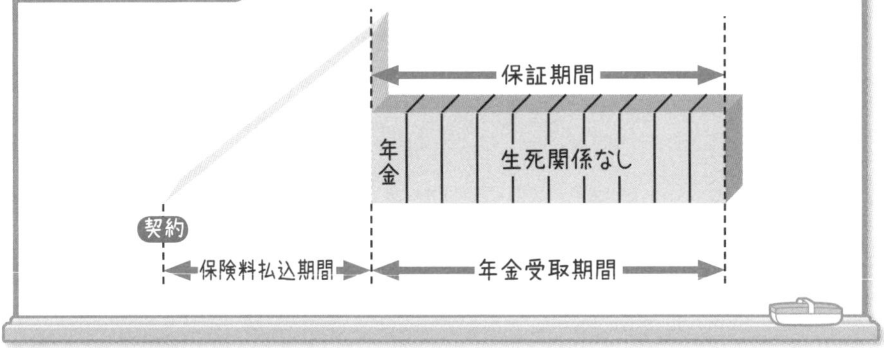

3 終身年金保険　暗記

被保険者の**生存中**に限り、一生涯年金が支払われ、死亡した時点でその後の年金支払は終了します。

終身年金の仕組み

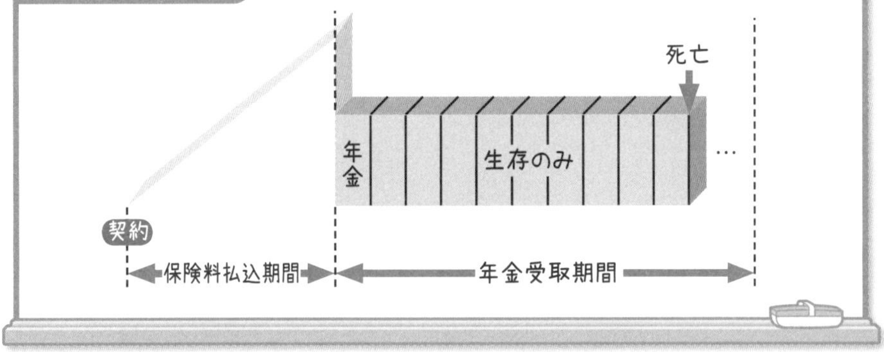

なお、年金開始後10年、15年など定められた保証期間中は、被保険者の生死にかかわらず年金が支払われ、その後も生存中に限り一生涯年金が支払われる**保証期間付**終身年金保険が主流です。

プラスα　**個人年金保険の運用リスクは、定額個人年金保険は保険会社が、変額個人年金保険は契約者が負うこととなっている。医療費用保険は、病気やケガで入**

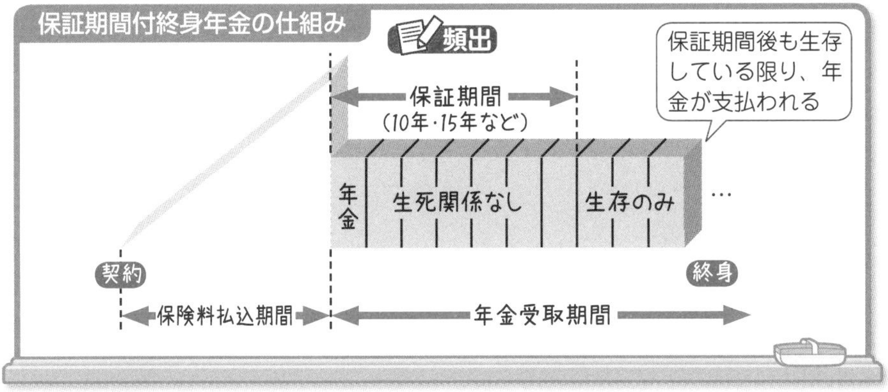

4 夫婦年金保険

夫婦の**どちらか**が生存中に限り、年金が支払われる終身年金の一種です。受け取る年金額については、夫婦2人とも生存しているときと、１人が生存しているときとで金額が変わらないタイプや変わるタイプがあります。

5 変額年金保険

変額年金保険は、**特別勘定**で運用され、国内外の株式や債券に投資しますので、運用状況によって受け取る年金額や解約返戻金が**変動**します。受取年金額は、原則として最低保証がありません。ただし、年金受取開始前に死亡した場合の死亡給付金は一般的に**払込保険料**相当額が最低保証されています。

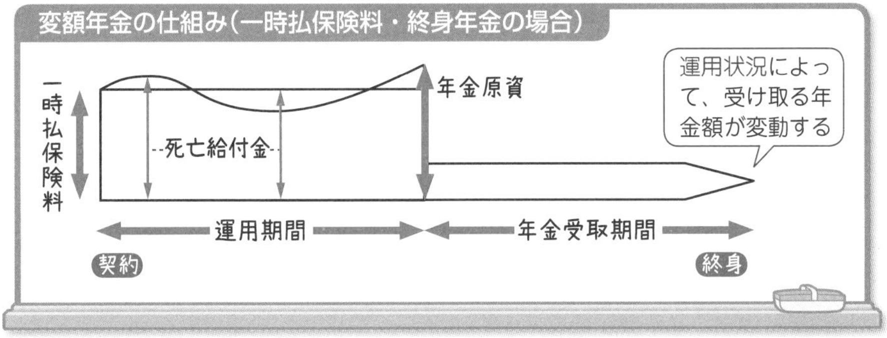

院して、実際に要した費用のうち、公的医療保険の対象外の費用や自己負担分を一定範囲内で補償する保険である。

8 第三分野の保険と医療特約

頻出度 A　CHECK

ポイント

医療保障には、医療保険として単体で契約する場合と、生命保険の特約として付ける場合があります。どのような場合に保険金や給付金が支払われるのかを整理しておきましょう。**特定疾病保障保険特約・リビング・ニーズ特約**は頻出項目です。

1 第三分野の保険

生命保険と損害保険のどちらでもない、あるいは両分野に属する保険を、**第三分野の保険**といいます。主に、病気やケガ・介護などのリスクに備える保険です。

生命保険（第一分野）	第三分野の保険	損害保険（第二分野）
人の生存または死亡に関するリスクに備える	人の病気やケガなどのリスクに備える	偶然のリスクによって生じた損害をカバーする
終身保険 定期保険 個人年金保険 など	医療保険 がん保険 介護保障保険 傷害保険（所得補償保険） など	火災保険 地震保険 自動車保険 賠償責任保険 など
生命保険会社	生命保険会社・損害保険会社	損害保険会社

2 医療保障の種類

1．医療保険　暗記

病気やケガによる入院や手術の際に、給付金が支払われる保険です。

- 1泊2日型…2日以上入院した場合に、初日から支払われる
- 日帰り型…日帰り入院から支払われる　など
- 保障期間…終身タイプ、定期（更新）タイプ

プラスα

医療（費用）保険や生前給付保険、がん保険、介護保障保険などは、生命保険会社、損害保険会社のいずれも扱うことができる保険である。一般的に、生

●支払い限度日数…１入院あたりの入院給付金の支払日数
通算支払日数の上限あり（60日、120日など）

ただし、退院の翌日から**180日**以内に同じ病気で再入院した場合、最初の入院日数と合算されて、１入院あたりの支払日数制限の適用を受けます。

2. がん保険　暗記

がんにかかったときの入院や手術などを保障対象にした保険です。保障内容として、診断給付金・入院給付金・手術給付金・通院給付金・死亡給付金などが支払われます。入院給付金は**初日**から支払われ、一般的に支払日数に**限度**がなく、通常、契約から保障開始までに**3**カ月または**90**日間の待期期間（免責期間）があります。

3. 介護保障保険　暗記

寝たきりや認知症などで、所定の**要介護状態**が一定期間（通常は180日間）以上継続し回復の見込みがない場合や、所定の**要介護状態**と認定された場合（公的介護保険の認定に連動含む）、介護一時金や介護年金が支払われます。

3　傷害保険の類似商品

傷害保険（125ページ）には、次のような類似商品があります。

保険種類	補償内容
所得補償保険	国内外を問わず、被保険者が傷害もしくは疾病により就業不能となった場合の所得の損失の補償
医療費用保険	傷害や疾病により入院した場合、公的医療制度で支払われない治療費を実損てん補
介護費用保険	被保険者が所定の要介護状態となったときに公的介護保険制度で支払われない介護費用を実損てん補

4　主な医療特約　暗記

病気やケガをしたときの保障を準備するために、生命保険に医療などの特約を

保の医療保険は定額払いで、損保の医療費用保険は実損払いとなる（公的医療保険を利用しない場合、保険金は不支給である）。

付加することができます。特約は、単独で契約できないため、主契約の保険に付加して契約します(主契約の保険契約が消滅すれば特約も自動的に終了)。

入院	災害入院特約	不慮の事故で180日以内に入院した場合、入院給付金が支払われる
入院	疾病入院特約	病気で入院した場合、入院給付金が支払われる 病気やケガで所定の手術をした場合、手術給付金が支払われるものもある
入院	生活習慣(成人)病入院特約	がん、糖尿病、心疾患、高血圧性疾患、脳血管疾患などで入院した場合、入院給付金が上乗せして支払われる
入院	女性疾病入院特約	女性に特有あるいは発生率の高い病気(子宮や乳房の病気、甲状腺の障害など)で入院した場合、入院給付金が上乗せして支払われる
入院	がん入院特約	がんを直接の原因として所定の支払事由に該当した場合、入院給付金(契約によっては、がん診断給付金、手術給付金なども)が支払われる
傷害・死亡	災害割増特約	不慮の事故、所定の感染症による死亡・高度障害になったときに保険金または給付金が支払われる
傷害・死亡	傷害特約	不慮の事故、所定の感染症による死亡・身体障害になったときに保険金または給付金が支払われる
傷害・死亡	＊災害割増特約や傷害特約が支払われるのは、不慮の事故日から起算して180日以内に死亡等になった場合で、主契約の死亡保険金等に上乗せして支払われる	
その他	先進医療特約 頻出	先進医療の治療を受けた場合にかかった技術料が支払われる。療養を受けた時点で、厚生労働大臣の承認を受けている先進医療が対象
その他	特定疾病(三大疾病)保障保険特約 暗記	がん、急性心筋梗塞、脳卒中にかかり、所定の状態と診断された場合、生前に死亡保険金と同額の保険金が支払われる。特定疾病保険金が、支払われることなく死亡あるいは高度障害になった場合、原因にかかわらず死亡あるいは高度障害保険金が支払われる
その他	リビング・ニーズ特約 暗記	原因にかかわらず、被保険者の余命が6カ月以内と医師に診断された場合、死亡保険金の全部または一部を生前に前払請求できる特約。この特約を付加するための保険料は不要だが、請求した保険金額から6カ月分の保険料と利息相当分を差し引いた金額が支払われる
その他	介護特約	介護のみ保障するタイプと、1つの特約で介護と死亡を保障するタイプがある

プラスα 2012年1月1日以後に契約した保険の各保険料控除の適用限度額は所得税4万円(個人住民税2万8千円)となるが、合計適用限度額は所得税12万円

2日目●リスク管理

頻出度 **A**　CHECK

9　個人向け生命保険と税金

ポイント　税金に関する問題は、毎回のように出題されます。**生命保険料控除**がどのような契約で対象となり、控除額がいくらかなどを確認しましょう。保険金を受け取る際には**契約者、被保険者、受取人の関係**で課税関係がどのように変わるのかも重要です。

1　生命保険料控除

1．生命保険料控除　頻出

1年間(1月1日から12月31日)に支払った生命保険の保険料に応じて一定金額を所得から控除し、所得税・住民税を軽減させることができます。これを**生命保険料控除**といいます。

2．対象となる契約

生命保険料控除には、一般生命保険料控除と個人年金保険料控除および介護医療保険料控除の3種類があり、以下のように区別されます。

	内　容
一般生命保険料控除	対　象：保険金受取人が契約者本人か配偶者、その他親族。 生命保険、共済の生命保険、変額個人年金保険 対象外：保険期間5年未満の貯蓄保険、団体信用保険、財形保険、少額短期保険業者の扱う保険
個人年金保険料控除	対　象：年金受取人が契約者もしくは配偶者であること。保険料払込期間が10年以上。 年金開始が60歳以上、受取10年以上 ＊ 個人年金保険料控除対象外の契約や特約は、一般生命保険料控除扱い
介護医療保険料控除	対　象：保険金受取人が契約者本人か配偶者、その他親族。 2012年1月1日以後に契約した医療保障(先進医療含む)・介護保障の保険

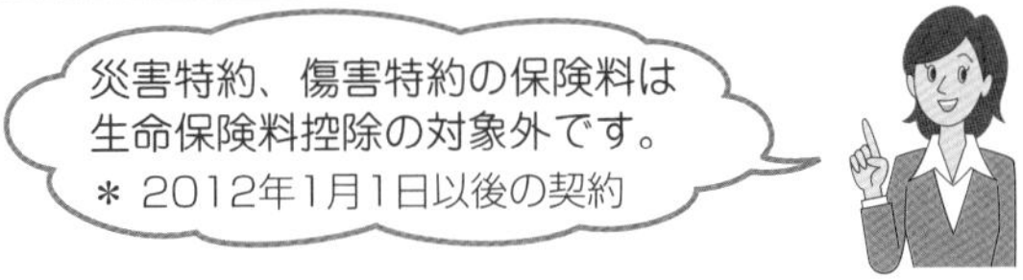

に拡充された(個人住民税は7万円のまま)。契約日が2011年12月31日以前の契約は、2012年1月1日以後も現行の控除額が適用される。

3. 控除額　計算

控除額は、年間に支払う保険料によって異なり、一般生命保険料、個人年金保険料、介護医療保険料それぞれ以下の表に従って計算します。

【2012年1月1日以後に締結した契約
（一般生命保険料控除、個人年金保険料控除、介護医療保険料控除）】

	年間正味払込保険料		控除額
所得税		20,000円以下	支払保険料の全額
	20,000円超	40,000円以下	支払保険料×1/2＋10,000円
	40,000円超	80,000円以下	支払保険料×1/4＋20,000円
	80,000円超		一律40,000円
住民税		12,000円以下	支払保険料の全額
	12,000円超	32,000円以下	支払保険料×1/2+6,000円
	32,000円超	56,000円以下	支払保険料×1/4＋14,000円
	56,000円超		一律28,000円

一般生命保険料控除、個人年金保険料控除、介護医療保険料控除の最高控除額はそれぞれ所得税40,000円、住民税28,000円です。ただし、3つの控除を合計した最高控除額は、所得税120,000円、住民税70,000円です。

【2011年12月31日以前に締結した契約
（一般生命保険料控除、個人年金保険料控除）】

	年間正味払込保険料		控除額
所得税		25,000円以下	支払保険料の全額
	25,000円超	50,000円以下	支払保険料×1/2＋12,500円
	50,000円超	100,000円以下	支払保険料×1/4+25,000円
	100,000円超		一律50,000円
住民税		15,000円以下	支払保険料の全額
	15,000円超	40,000円以下	支払保険料×1/2+7,500円
	40,000円超	70,000円以下	支払保険料×1/4+17,500円
	70,000円超		一律35,000円

なお、一般生命保険の保険料を一時払いした場合、支払った年の1回だけが保険料控除の対象となります。一方、前納（一括払い）した場合、支払保険料総額の当該年分の保険料相当額が、毎年保険料控除の対象となります。

プラスα　**契約者と被保険者が異なる死亡保険の契約で契約者が死亡した場合、契約者を変更して保険契約を継続することになるが、新しい契約者は「保険契約に**

2 保険金などと税金

1．死亡保険金にかかる税金　頻出　暗記

死亡保険金を受け取る場合、契約者・被保険者・保険金受取人の関係によって、課税が異なります。

①相続税となるケース

契約者	被保険者	保険金受取人
A	A	B

保険金受取人が相続人の場合、受取保険金から次の非課税枠を差し引いた金額が、相続税の課税対象となります。

非課税限度額＝500万円×法定相続人の数

受取人が相続人以外の場合、非課税枠は適用されません。

②所得税（一時所得）となるケース

契約者	被保険者	保険金受取人
A	B	A

一時所得＝（死亡保険金－正味払込保険料総額）－特別控除額（最高50万円）

総所得金額に算入するのは、一時所得の**2分の1**です。

③贈与税となるケース

契約者	被保険者	保険金受取人
A	B	C

贈与税課税対象額＝保険金－基礎控除（110万円）

関する権利」を元の契約者から相続で引き継ぐことになり、相続税の課税対象となる。このときの権利の評価額は、原則として、解約返戻金相当額となる。

2．満期保険金・解約返戻金にかかる税金

満期保険金や解約返戻金にかかる課税は、契約者と保険金受取人が同じ場合には所得税（**一時所得**）、異なる場合には**贈与**税の対象となります。

①所得税（一時所得）

契約者	受取人
A	A

②贈与税

契約者	受取人
A	B

③源泉分離課税

下記のような金融類似商品（**5**年以内に満期となる一時払い養老保険など）の満期保険差益は、20.315％（復興特別所得税を含む）の税率で**源泉分離課税**の対象となります。

- 保険期間が5年以下（保険期間が5年を超える場合でも、5年以内で解約する場合は含む）
- 普通死亡保険金が満期保険金と同額以下、かつ、災害死亡保険金が満期保険金の5倍未満
- 一時払いまたはこれに準ずる保険料の払い方をしていること

3．給付金と税金

入院給付金・手術給付金・通院給付金、特定疾病保険金、高度障害保険金などの生前給付金、リビング・ニーズ特約給付金などの給付金は、原則**非課税**です。

4．配当金と税金

配当金は、予定基礎率により徴収した保険料を、事後精算する性質のもので、税金は**かかりません**。生命保険料控除の対象となる正味保険料は、「支払保険料－**配当金**」となります。

プラスα **給付金（入院給付金・高度障害保険金・リビング・ニーズ特約給付金など）が非課税になるのは、受取人が被保険者本人またはその配偶者、直系血族、あ**

5．個人年金保険にかかる税金

毎年受け取る年金は、**雑所得**として所得税・住民税がかかります（下記①）。また、夫が保険料を負担し妻が年金受取人というように、契約者と年金受取人が異なる場合、年金受取開始時に贈与税も課税されます（下記②）。

①所得税・住民税（雑所得）

契約者	受取人	課　税
A	A	毎年受け取る年金は、所得税・住民税（雑所得）

雑所得の金額＝受取年金額（配当金含む）－必要経費

②贈与税および所得税・住民税（雑所得）

契約者	受取人	課　税
A	B	ⅰ）年金受取開始時に、贈与税 ⅱ）毎年受け取る年金は、所得税・住民税（雑所得）

確認しよう！

Q1 「保険期間5年未満の貯蓄保険」は、一般生命保険料控除の対象にならない。

Q2 保険金受取人が相続人の場合、非課税限度額は「500万円×法定相続人の数」で計算される。

Q3 死亡保険金を受け取り、贈与税の課税対象となった場合の贈与税課税対象額は、保険金から基礎控除（110万円）を引いたものとなる。

Q4 満期保険金に課税される税金は、契約者と保険金受取人が異なる場合には所得税（一時所得）となる。

Q5 保険期間が7年以下（保険期間が7年を超える場合でも、7年以内で解約する場合は含む）の養老保険は、金融類似商品に該当し、20.315％源泉分離課税の対象となる。

A1 ○（⇒p.107）　**A2** ○（⇒p.109）　**A3** ○（⇒p.109）
A4 ×（⇒p.110）　**A5** ×（⇒p.110）

るいは生計を一にするその他の親族に限られる。なお、生計を一にするとは、同居または別居にかかわらず、生活費などの家計が１つの場合を指す。

10 法人向け生命保険と経理処理

頻出度 A　CHECK

ポイント

法人契約の保険では、**法人が支払う保険料の経理処理**を中心に出題されます。基本的に貯蓄性がある保険の場合は**資産計上**、貯蓄性がない場合は**損金算入**されますが、契約の内容によっては2分の1損金2分の1資産というケースもあります。それぞれの違いを整理して覚えましょう。

1 法人の保険活用

1．法人のリスク管理

1経営者のリスク

中小企業の場合、経営者＝会社というケースも多くあります。生命保険は、経営者に万一のことがあった場合に、会社の事業が円滑に継承されるための資金準備や、**退職金**の準備や相続対策などに、活用できます。

2役員のリスク

役員に万一のことがあった場合の**遺族**保障や、生存退職の際の退職慰労金確保のためなどに、生命保険が活用できます。

3従業員のリスク（福利厚生）

従業員に対する**福利厚生**の一環として、社員に万一のことがあった場合の遺族保障や、退職金確保のためなどに、生命保険が活用できます。

2．法人契約の保険種類

個人向けの生命保険商品を、法人で契約し活用します。

1経営者・役員向け商品

①終身保険

予測できない死亡などには、満期のない終身保険が適しています。また勇退時点の**解約返戻金**相当額を、退職金の一部として活用することもできます。

②養老保険

保険の満期時期を、定年時期に合わせた死亡保障と退職金準備に活用できます。

プラスα　**団体生命保険の1つである総合福祉団体定期保険は、契約者が法人で、被保険者である役員・従業員の死亡退職金・弔慰金の備えとする1年更新の定期**

③定期保険　頻出

一定期間の保障の準備に活用できます。貯蓄性はありませんが、コストを抑えることができます。

【例】長期平準定期保険

保険期間が長いため、終身保険に近い死亡保障が得られます。また解約返戻率が高くなるため、役員退職金の準備としても活用できます。ただし解約返戻金は保険期間満了時には0（ゼロ）になります。

長期平準定期保険の仕組み

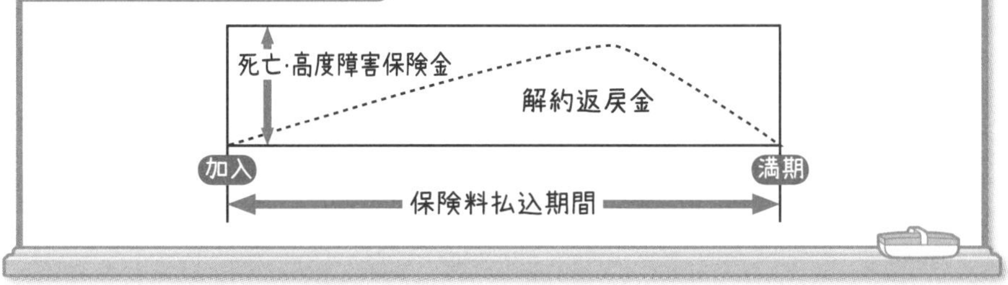

【例】逓増定期保険　頻出

毎年、死亡保険金が増加する定期保険なので、会社の成長期における資金準備に活用できます。中途解約した場合に支払われる**解約返戻金**を、役員退職金の一部に活用することもできます。

2従業員向け商品

①総合福祉団体定期保険

役員・従業員を被保険者とし、死亡退職金や弔慰金を準備する1年更新の定期保険です。企業が保険料を全額負担します。

②養老保険

法人が従業員などの**福利厚生**を目的として加入した場合、従業員の退職金と死亡退職金を同時に準備することができます。契約形態によって、保険料の1/2を福利厚生費として損金に算入できるハーフタックスプラン（福利厚生プラン）と呼ばれる税制上のメリットが設けられています（116ページ）。

③医療保障保険（団体型）

役員・従業員などのケガや死亡に備え、公的社会保険制度の補完を目的とした法人（団体）を保険契約者とする保険期間1年の団体保険です。

保険である。保険金受取人は、原則として被保険者の遺族である。契約の際は、被保険者の健康状態に関する告知や、被保険者になることの同意が必要である。

2 法人契約の経理処理

1．法人契約の保険料 頻出

法人が支払う保険料は、原則として貯蓄性のない保険は損金に算入し、貯蓄性のある保険は資産に計上します。ただし保険の種類や契約形態によって異なります。

【法人契約（法人が支払う保険料）の経理処理の原則】

	保険金受取人	
	法　人	役員・従業員またはその遺族
<貯蓄性のあるもの> 終身保険・年金保険・養老保険※など	原則、資産計上	原則、損金算入
<貯蓄性のないもの> 定期保険※、医療保険など	原則、損金算入	原則、損金算入

＊ 損金とは、経費のこと

※ 定期保険と養老保険は上表と異なる場合がある（次の[1][2]参照）

[1]定期保険（2019年7月8日以降に契約）

●定期保険の経理処理（基本）

契約者	被保険者	保険金受取人	経理処理
法　人	役員・従業員	法　人	損金算入
		役員・従業員の遺族	損金算入

●定期保険等の保険料に相当多額の前払部分の保険料が含まれる場合

「相当多額の前払部分の保険料が含まれる」とは、保険期間が3年以上の定期保険のうち最高解約返戻率が50%を超える保険※で、経理処理は次のとおりです。

※ 法人が契約者、被保険者が役員・従業員の長期平準定期保険・逓増定期保険・第三分野の保険（医療保険・がん保険）など

プラスα 法人が、2019年7月7日以前に契約した長期平準定期保険、逓増定期保険などの一定要件を満たした長期契約の定期保険の保険料は、引き続き従来の

最高返戻率が50%を超える場合の経理処理

区　分 （最高解約返戻率）	経理処理		
50%超 70%以下	契約期間の4割まで　Ⓐ	契約期間3/4経過後　Ⓑ	
	40%　資産計上 60%　損金算入	資産計上額を取り崩して全額損金算入	
70%超 85%以下	契約期間の4割まで　Ⓐ	契約期間3/4経過後　Ⓑ	
	60%　資産計上 40%　損金算入	資産計上額を取り崩して全額損金算入	
85%超	当初10年間　Ⓐ	11年目以降　Ⓐ	最高解約返戻率期間の最終日を経過後　Ⓑ
	保険料×最高解約返戻率×90%資産計上 （残額、損金算入）	保険料×最高解約返戻率×70%資産計上 （残額、損金算入）	資産計上額を取り崩して全額損金算入

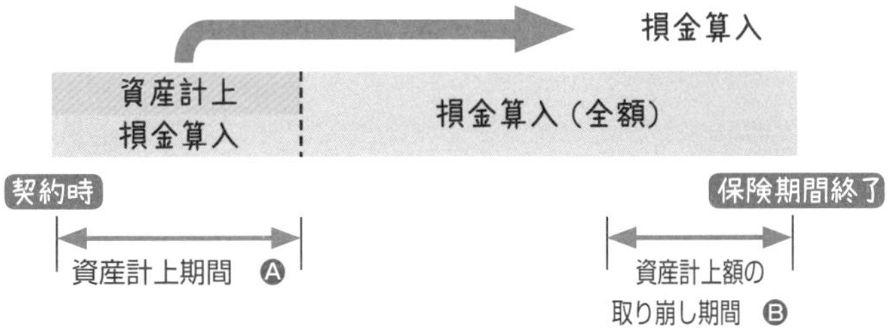

＊ ⒶⒷ以外の期間は、原則支払保険料は全額損金算入
＊ Ⓑは、支払保険料を全額損金算入するとともに、前半で資産計上していた額を取り崩し期間で案分して損金の額に算入するイメージ

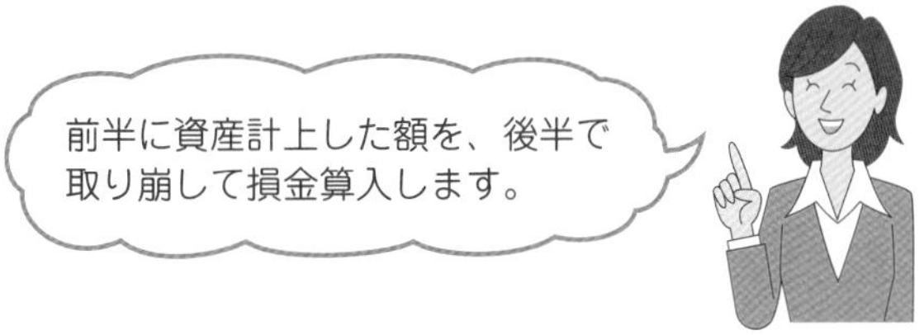

経理処理（現在の解約返戻率にもとづいた定期保険の経理処理とは異なる旧ルールの経理処理）が適用される。

②養老保険

養老保険は貯蓄性があり、法人が支払う保険料は資産に計上します。ただし、満期保険金受取人が法人で、死亡保険金受取人が従業員の遺族等である契約形態の養老保険を**ハーフタックスプラン**（福利厚生プラン）といい、法人が支払う保険料の**2分の1**は保険料積立金として資産計上し、**2分の1**は福利厚生費として損金算入することができます。

満期保険金受取人	死亡保険金受取人	経理処理
法　人	法　人	資産計上
役員・従業員	役員・従業員の遺族	損金算入
法　人	役員・従業員の遺族	〔2分の1〕 資産計上 〔2分の1〕 損金算入

2．保険金・解約返戻金などの経理処理　頻出

①保険金・解約返戻金の経理処理

死亡保険金・満期保険金を法人が受け取るときは、雑収入として**益金**《えききん》に算入します。入院給付金についても、法人が受け取るときには雑収入として**益金**に算入し、被保険者に見舞金として支給した場合、社会通念上妥当な金額であれば**福利厚生費**として損金算入できます。

【死亡保険金・満期保険金】

受取人	経理処理
法　人	雑収入として益金に算入 課税対象額＝受取保険金（＋積立配当金）－資産計上額
役員・従業員 またはその遺族	経理処理不要。ただし、資産計上している場合は雑損として損金算入処理が必要 ＊ みなし相続財産として生命保険の非課税枠が使える

【入院給付金】

受取人	経理処理
法　人	全額を雑収入として益金に算入
役員・従業員	経理処理不要。ただし、資産計上している場合は雑損として損金算入処理が必要

プラスα　法人契約の経理処理は、「契約者」は必ず「法人」となる。なお、「被保険者」が「役員・従業員の全員または従業員の特定者のみ」なのか、「受取人」が

一方、解約返戻金を法人が受け取る場合、**資産計上分**を取り崩して、解約返戻金との差額分を益金(もしくは損金)に算入します。

急な資金需要の発生で法人が契約者貸付制度を利用した場合、契約者貸付金は資産と負債に計上します。

借 方	貸 方
現預金(資産)	借入金(負債)

②配当金の経理処理

原則として、その年の事業年度の益金に算入しますが、全額が資産計上されている養老保険などの場合は、資産計上額から控除することができます。

確認しよう!

Q1 □□ 契約者(＝保険料負担者)が法人、被保険者が役員・従業員とする解約返戻金のない医療保険は、短期払いのものを除き、支払保険料の金額を損金に算入できる。

Q2 □□ 契約者(＝保険料負担者)が法人、被保険者が役員・従業員とする最高解約返戻率が48%の長期の定期保険の支払保険料の経理処理は、全額を損金に算入する。

Q3 □□ 契約者(＝保険料負担者)が法人、被保険者が役員・従業員、死亡保険金受取人が法人とする終身保険の支払保険料は、資産の額に算入することができる。

Q4 □□ 契約者(＝保険料負担者)が法人、被保険者が役員・従業員全員、死亡保険金受取人が従業員の遺族、満期保険金受取人が法人とする養老保険に加入することにより、法人は、その支払った保険料の全額を福利厚生費として損金の額に算入することができる。

Q5 □□ 契約者(＝保険料負担者)が法人、被保険者が役員・従業員、給付金受取人が法人とする医療保険で、法人が受け取った入院給付金は、雑収入として益金の額に算入する。

A1 ○ (⇒p.114)　**A2** ○ (⇒p.114)　**A3** ○ (⇒p.114)

A4 × (⇒p.116)　**A5** ○ (⇒p.116)

「法人または役員・従業員または役員・従業員の遺族」なのかによって経理処理の方法は異なる。

11 損害保険

頻出度 C　CHECK

ポイント

損害保険とはどのような保険なのか、生命保険との違いを押さえながら、全体を把握しましょう。とくに、損害保険の支払方法である**実損払い**は、生命保険との大きな違いで、問われやすい箇所です。さらに、損害保険の基本用語もしっかり理解しておきましょう。

1 損害保険とは

損害保険は、偶然な事故や災害の危険に対する万一の経済的な支出に備える保険で、自動車保険、火災保険、傷害保険、賠償責任保険が主な商品です。一般に生命保険の給付金が定額で支払われるのに対し、損害保険は実損払い(実際の損害額が支払われる)で支払われます。

1．損害保険の基本用語　頻出

〔再調達価額〕	事故によって失われた保険の目的と同等のものを新たに購入するのに必要な金額。新価ともいう
時価額	現時点での評価額。再調達価額から消耗分を控除した金額
保険価額	保険の対象物の実際の価格(損害の最高見積額)。原則は時価額
保険金額	契約で設定する金額(保険会社が支払う保険金の限度額)
〔保険金〕	損害に対して保険会社が支払う金銭のこと
〔一部〕保険	保険金額が保険価額に満たない場合のこと
〔超過〕保険	保険金額が保険価額を超えている場合のこと
実損てん補	保険金額を上限に、実際の損害額が支払われること
〔比例〕てん補	損害が生じたとき、保険金額が保険の対象物の価額に不足している場合に、その不足する割合に応じて保険金を削減して支払うこと
免　責	一定額以下の小損害について、自己負担するものとして設定する金額

プラスα　**損害保険料は、「大数の法則」「収支相等の原則」、「給付・反対給付均等の原則(公平の原則)」に基づき算出される。公平の原則とは、保険契約者が負担**

2日目●リスク管理

頻出度 A　CHECK

12 損害保険商品①

ポイント

保険商品の特徴を学習する前に、まずは損害保険の**保険料の構成**を確認します。火災保険は商品ごとの**補償内容**の特徴を理解し、一部保険・超過保険の違いや地震保険についても押さえておきましょう。

1 保険料の仕組み

損害保険も、生命保険と同じように**大数の法則**・**収支相当**の原則（87ページ）をもとに算出されますが、これに次の２つの基本原則が加わります。

- ●**給付**・反対給付均等の原則（それぞれの損害発生率に合った保険料を負担する）
- ●**利得禁止**の原則（保険金の受取で利益を得てはならない）

損害保険の保険料は、生命保険料と同じように一般的に純保険料と付加保険料で構成されています。なお、積立損害保険の場合はそのほかに積立保険料が加わります。

保険料の構成

損害保険料（営業保険料）

- 純保険料（予定損害率により算出）
  - 保険会社が支払う保険金に充てる
- 付加保険料（予定事業費率により算出）
  - 保険会社の運営費に充てる

2 火災保険

火災保険は、建物と家財などのさまざまなリスクに対して損害を補償する保険です。保険対象となる建物と家財などの損害に対して支払われる**損害**保険金と、その損害を補うために発生した費用に対する**費用**保険金が支払われます（地震・

する保険料と事故発生の際に支払われる保険金は、それぞれの事故発生リスクの大きさや発生確率に見合ったものでなければならないとする考え方である。

噴火・津波に起因する損害は、火災保険の**対象外**)。

1．保険種類 頻出

火災保険は保険の目的や補償内容によって種類が異なります。主な火災保険の種類は次のとおりです。

保険種類	対　象	特　徴
住宅火災保険 暗記	住宅・家財	火災、落雷、破裂・爆発、風・ひょう・雪災による損害を補償。盗難、水漏れ、水災などによる損害は対象外
普通火災保険	店舗・工場など	補償内容は住宅火災保険とほぼ同じ
住宅総合保険 暗記	住宅・家財	住宅火災保険で補償される損害のほかに、盗難、水漏れ、一定の水災、建物外部からの物体の落下・衝突、騒じょう※などによる損害も補償対象
店舗総合保険	店舗・併用住宅など	補償内容は住宅総合保険とほぼ同じ
団地保険	団地・マンション	住宅総合保険とほぼ同じ補償のほか、賠償責任補償や修理費用などの特約が付いている
長期総合保険	住宅・家財	補償内容は住宅総合保険とほぼ同じ積立型の火災保険。3年、5年、10年の保険期間がある

※ デモや学生運動などにともなう暴力行為・破壊行為

2．火災保険の契約 頻出

火災保険は、**建物**と**家財**を別々に契約します。

家財のうち、1個または1組の価額が30万円超の貴金属・宝石・絵画などを明記物件といい、契約時に別途明記する必要があります。

2022年10月以降、火災保険は最長10年から最長5年契約になりました。

保険対象の保険価額は、再調達価額(新価)と時価額の2つの基準があります。**再調達価額**は、建物・家財と同等のものを購入・建築するために必要な金額で、**時価額**は、再調達価額から経年劣化した分を差し引いた金額です。

プラスα **火災保険の保険料は、建物の評価額や構造、補償内容、保険期間によって算出される。なお、地震保険は保険会社によらず保険料率(保険金額に対する**

3．火災保険の支払額　暗記

保険金は、実損てん補（118ページ）が基本ですが、超過保険や一部保険の場合は下記になります。

	内　容	保険金の支払い
超過保険	保険価額＜保険金額 保険金額が保険価額を超える契約	実損てん補 保険価額を超える部分は支払われない
一部保険	保険価額＞保険金額 保険金額が保険価額より少ない契約	比例てん補 下記の計算式で算出される

火災保険では、契約時の保険金額が保険価額の80%以上かどうかで支払額の算出が異なります。

保険金額が保険価額の80%以上	実損てん補
保険金額が保険価額の80%未満	比例てん補 $\text{損害保険金額（支払われる保険金）} = \text{実際の損害額} \times \dfrac{\text{保険金額}}{\text{保険価額} \times 80\%}$

4．失火責任法　暗記

失火責任法では、軽過失による火災で隣家に損害を与えたとしても、失火者は隣家に対して損害賠償責任を負わなくてもよいことが定められています。

ただし、借家人が借家（賃貸住宅）を焼失させた場合は、家主に対して債務不履行責任※による損害賠償責任が生じます。

※ 契約によって約束した義務（借家を元の状態で返還する）が果たせない場合に負う責任

5．地震保険　頻出

火災保険では、地震・噴火・津波による火災などの損害については補償の対象外なので、地震保険に加入する必要があります。地震保険の特徴は次のとおりです。

保険料の割合のこと）は共通で、所在地、建物の構造、建築年数、耐震等級、耐震診断の有無などによって保険料に差が生じる。

●火災保険とセット（特約）で契約する　（単独での加入は不可）

●補償対象は、住宅（専用住宅・併用住宅など居住用建物）と住宅内の家財。
　１個または１組の価格が30万円を超える貴金属などは対象外

●保険金額は、火災保険（主契約）の保険金額の30～50%の範囲で決める。
　建物5,000万円、家財1,000万円が上限

●保険金は、４段階の損害の程度に応じて支払われる

4区分（改定後）2017年1月1日以後	
全損	100%
大半損	60%
小半損	30%
一部損	5%

＊ 2016年12月までの契約については、全損、半損、一部損の3区分になる

●保険料は、建物の**構造区分**と所在地によって決まる。
　同じ補償内容であれば、どの保険会社でも同じ

●保険料の割引制度が４種類あるが重複はできない。最大**50%**の割引
（建築年割引、耐震等級割引、免震建築物割引、耐震診断割引）

確認しよう！

Q1 □□ 火災保険では、地震もしくは噴火またはこれらによる津波を原因とする損害は、補償の対象とならない。

Q2 □□ 超過保険とは、保険金額が保険価額よりも大きい保険のことである。

Q3 □□ 地震保険の保険金額は、火災保険の保険金額の30～50%の範囲内で設定されるが、居住用建物については3,000万円、生活用動産（家財）については1,000万円が上限となる。

A1 ○ （⇒p.119、120）　**A2** ○ （⇒p.121）　**A3** × （⇒p.122）

プラスα　**自動車損害賠償保障法（自賠法）は、人身事故の際、被害者を守るために制定された法律であり、加害者が過失がないことを証明できない限り損害賠償責**

2日目●リスク管理

頻出度 A　CHECK

13 損害保険商品②

ポイント

自動車保険は自賠責保険と任意保険の関係について、**傷害保険**は商品による保障の対象範囲を理解しましょう。法人向けの**賠償責任保険**、**所得補償保険**についても押さえておきましょう。

1 自動車保険

自動車保険には、**強制**加入の自動車損害賠償責任保険（自賠責保険）と**任意**保険があり、自賠責保険ではカバーできない部分を補うのが任意保険です。

1．自動車損害賠償責任保険（自賠責保険）　頻出　暗記

自賠責保険は、自動車・原動機付自転車に加入が義務付けられた保険で、人身事故の被害者救済を目的としており、**対人**賠償事故に限定されます。

自賠責保険	被害者１名あたり ●死亡　3,000万円まで ●後遺障害　75万円～4,000万円（程度による） ●傷害　120万円（死亡・後遺障害別枠）

自賠責保険は、**被害者**のケガや死亡だけに賠償金が支払われます。一方、任意保険は、**車両**の破損や**自身**のケガも補償対象となります。

自賠責保険は、相手側の運転者・同乗者や歩行者などを補償します。単独事故による運転者自身のケガは対象外です。

任を負うことを定めている。そのため自賠責保険を強制加入とし、この法律の活用を支えている。

2．自動車保険（任意保険） 頻出

任意保険には、次ページにあるような損害賠償に備える**対人賠償**保険、対物賠償保険、物に備える**車両**保険、傷害に備える**人身傷害補償**保険や搭乗者傷害保険などがあります。

また、従来の自動車保険に加え、**リスク細分**型自動車保険※といい、車種、事故歴、運転者の年齢、使用目的、安全装置、年間走行距離など、さまざまな要因を細分化した保険もあります。

※ リスクの少ない運転者には、より安い保険料率を適用する保険

【自動車保険の任意保険の種類】

対　象	保険種類	補償内容
物	車両保険	自分の車の盗難・衝突・火災・台風・洪水などの偶然な事故による車両の損害額を補償。単独事故も対象（地震・噴火・津波は対象外）
人	自損事故保険	単独事故の運転者の損害
	無保険車傷害保険	十分な保険に加入していないなど、賠償資力が十分でない加害者から被った賠償額
	人身傷害（補償）保険 頻出	本人と同乗者が自動車事故により死傷した場合に、本人の過失の有無にかかわらず（示談の結果を待たずに）保険金額の範囲内で実際の損害額を補償
	搭乗者傷害保険	搭乗中の人が死傷した場合、死亡保険金や入院・通院保険金
賠　償	対人賠償保険	自動車事故で他人を死傷させ、法律上の賠償責任を負った場合に自賠責保険を超える金額を補償。 被害者救済の観点により、被害者1名あたりの保険金額の上限なし（無制限で契約可）。無免許運転・飲酒運転による事故も補償の対象 ＊ 本人や家族の死傷は補償の対象外
	対物賠償保険	自動車事故で他人のもの（財物）に損害を与え、法律上の賠償責任を負った場合に損害額を補償 ＊ 本人や家族の財物の損害は補償の対象外

プラスα　高齢化社会を背景にニーズが高まっているのが「介護費用保険」である。また、就業不能時の所得補償に備える「所得補償保険」や長期療養に備える

2 傷害保険

傷害保険は、急激かつ偶然な外来の事故によって、身体に傷害を負い死亡や入院をした場合などに保険金(通院・死亡・後遺障害など)が支払われる保険です。

1．保険の種類

傷害保険には、次のようなものがあります。

【主な傷害保険】

保険種類	補償内容
普通傷害保険 暗記	国内外・業務中・業務外を問わず日常生活における傷害を補償。 細菌性食中毒・熱中症・地震・噴火・津波は対象外
家族傷害保険	普通傷害保険と同じ補償が、1つの契約で家族全員が対象となる(本人または配偶者と生計を共にする同居の親族・別居の未婚の子含む)。保険料は本人(被保険者)の職種級別を基準に算出
交通事故傷害保険	国内外における交通事故および建物や交通乗用具の搭乗中、改札口の内側、道路通行中の事故
国内旅行傷害保険	国内旅行中の傷害を補償(家を出てから帰宅するまで)。 細菌性食中毒も対象
海外旅行傷害保険	海外旅行中の傷害を補償(家を出てから帰宅するまで)。 細菌性食中毒・地震・噴火・津波も対象

2．傷害保険の類似商品

傷害保険には、類似商品として所得補償保険・医療費用保険・介護費用保険があります(105ページ)。

3 賠償責任保険

賠償責任保険は、偶然な事故により、他人に法律上の賠償責任を負ったときに補償される保険です。個人向け、企業向けの賠償責任保険は、次のようなものがあります。

「医療費用保険」は、いずれもケガのみでなく、病気を原因とする場合も補償の対象となるという特徴がある。

1．個人向け賠償責任保険

保険種類	補償内容
〔個人賠償責任保険〕 頻出	日常生活における偶然な事故により、他人や他人の物に損害を与え、法律上の損害賠償責任を負ったときの補償。 １つの契約で家族全員が、補償対象となる（本人または配偶者と生計を共にする同居の親族・別居の未婚の子含む）。 預かり物･借り物、仕事の業務中、車の運転中の賠償事故は、対象外（自転車は対象）。 地震・噴火・津波による損害は、対象外
ゴルファー保険 スキー・スノーボード保険	ゴルフやスキーなど、レジャー・スポーツにおいて生じた偶然な事故により、他人の身体・財物に損害を与え、法律上の損害賠償責任を負うことによって被る損害。 また、自分自身が負ったケガや用品に対する損害

2．企業向け賠償責任保険 頻出 暗記

	保険種類	補償内容
賠償責任保険	生産物賠償責任保険 （PL保険）	製造・販売した製品の欠陥によって他人に損害をあたえた賠償責任を補償（リコール費用は対象外） 〈例〉旅館の食事で食中毒を出した・加湿器から出火しやけどを負わせた
	施設所有（管理）者 賠償責任保険	施設の管理不備や、その施設内外の仕事遂行中の偶然の事故による賠償責任を補償 〈例〉店内の積み荷が崩れて来客にケガを負わせた
	請負業者賠償責任保険	建築工事・土木工事の請負による仕事の遂行または遂行のための施設の使用・管理にともなって生じた偶然な事故
	受託者賠償責任保険	他人から受託した財物を管理中の、火災・盗難・取扱い上の不注意による損壊
その他	労働災害総合保険	労働者が政府労災保険の対象となる業務上の損害を被り、事業主が使用者として法律上の損害賠償責任を負担したときなどに保険金が支払われる ＊ 政府労災の上乗せ保険
	企業費用・利益総合保険 （利益保険）	火災・爆発等が起きたとき、喪失利益や収益減少防止費用や復旧までにかかった費用など

プラスα

火災など予期せぬ事故により店舗が損害を受け、営業が休止または阻害された場合の利益の減少等の休業損失を補償する保険として、利益保険（企業費

2日目●リスク管理

頻出度 A　CHECK

14 損害保険と経理処理

ポイント

　損害保険と経理処理に関する問題は学科試験、実技試験ともに頻出です。**個人契約**では、**地震保険料控除額の上限**と保険金受取の際に、課税か非課税かを覚えましょう。**法人契約**では、保険金受取人によって**経理処理が異なる**ことに注意しましょう。

1 保険料と税金

1．個人が支払う損害保険料　頻出

　1年間(1月1日～12月31日)に支払った地震保険の保険料は**地震保険料**控除の対象になり、所得税・住民税を軽減させることができます。

1地震保険料控除　暗記

所得税	地震保険料の全額(最高50,000円)
住民税	地震保険料×1／2(最高25,000円)

2経過措置の損害保険契約

　2006年度の改正で、従来の損害保険料控除は廃止されました。ただし一定の条件を満たす旧長期損害保険契約(保険期間10年以上で満期保険金があるなど)は、経過措置として地震保険料控除の対象にできます。

　地震保険料控除と経過措置の損害保険料控除を、あわせて適用する場合の控除額は、所得税で最高**50,000円**、住民税で最高**25,000円**です。

2．個人が受け取る保険金

　損害保険の保険金は、損失の補てんを目的とするため、原則、**非課税**です(所得税と住民税が課されない)。

用・利益総合保険)の他に店舗休業保険がある。支払われる保険金の算出法は異なるが、どちらも休業した場合の利益損失を補償する保険である。

【非課税となる保険金・給付金】 頻出

1．**損害**を補てんする保険金
（火災保険、自動車・車両保険など）
2．身体の**傷害**に対して支払われる保険金
（傷害保険、所得補償保険、人身傷害補償保険、医療費用保険など）
3．**損害賠償**に関する保険金
（対物賠償責任保険、対人賠償責任保険）

ただし、傷害保険などの死亡保険金、満期保険金、解約返戻金、年金として受け取る保険金は、生命保険と同じ扱いで**課税**されます。

【課税対象となる保険金・給付金】

1．**死亡**保険金
（傷害保険、人身傷害補償保険、自損事故保険など）
2．**満期**保険金、解約返戻金、年金給付
（積立傷害保険など）

2 個人事業主・法人契約と経理処理

1．個人事業主・法人が支払う損害保険料の経理処理

法人が支払う保険料は、原則、**損金**（必要経費）になります。ただし、満期返戻金がある積立型保険の積立部分の保険料は**資産**計上します（資産計上した積立保険料は、保険期間の経過に応じて損金処理を行う）。

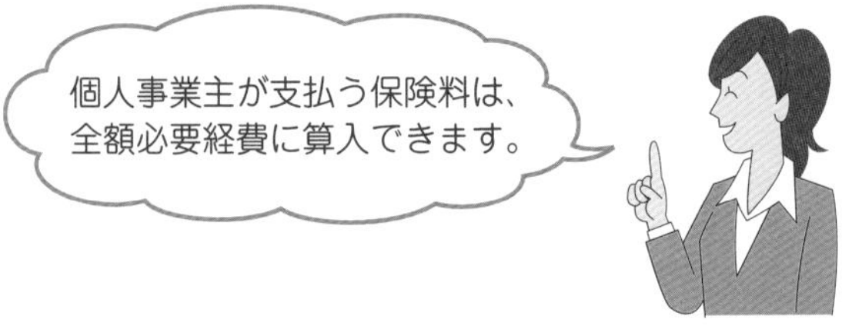

プラスα　**災害や事故で住宅や家財に生じた損害額を保険金や賠償金で補えない場合、雑損控除や災害減免法を適用できる。雑損控除は３年間にわたって所得控除**

2．個人事業主・法人契約の保険金の経理処理

法人が受け取る保険金は、原則として**益金**に、損害額は**損金**に算入します。

1 火災保険　頻出　暗記

火災保険の保険金と課税

対　象	個人事業主	法　人
建物・什器《じゅうき》	非課税 保険金額を上回る損失分は必要経費	益金（損害額は損金） 圧縮記帳可能
棚卸資産 （商品など）	事業収入 損失分は必要経費	益金（損害額は損金） 圧縮記帳不可
店舗休業保険 利益保険	事業収入	益金

建物などの資産が損害にあって保険金を受け取る場合、帳簿価額を超える金額（保険差益）に一時に課税されないよう、一定の条件のもとで将来に繰り延べることができます。

2 自動車保険

自動車保険の保険金と課税

保険金	個人事業主	法　人
車両保険	原則として事業収入	原則として益金 圧縮記帳可能
対人・対物賠償保険	非課税	経理処理なし
搭乗者傷害保険 人身傷害補償保険	個人契約と同じ	経理処理なし

を繰り越すことができる。また、災害減免法は税額控除であり、適用には1,000万円以下の所得制限がある。

3 傷害保険

損害保険の保険金と課税

保険金	個人事業主	法　人
傷害保険金 保険金受取人＝契約者	非課税	益金 見舞費用は損金
死亡保険金 保険金受取人＝契約者	事業所得 使用人に支払う死亡退職金等は必要経費	益金 死亡退職金等で支払った金額は損金算入

4 賠償責任保険

賠償責任保険の保険金と課税

対　象	個人事業主	法　人
身体傷害	非課税	益金（損害額は損金）
棚卸資産 （商品など）	事業所得 保険金額を上回る損失分は必要経費	益金（損害額は損金）
事業用資産 （店舗・什器など）	非課税 保険金額を上回る損失分は必要経費	益金（損害額は損金）

3．個人事業主・法人契約の満期返戻金

個人事業主の場合、個人の契約と同様に、満期返戻金は一時所得となります。

法人契約の場合、満期時に受け取った満期返戻金・配当金は**益金**となり、それまで資産計上していた積立保険料は損金に算入されます。つまり、その益金と損金の差額が、課税対象となります。

個人事業主	法　人
一時所得	益金

プラスα　**法人が賠償責任を負い、賠償責任保険の保険金を受け取った場合は益金となるが、被害者に損害賠償金を支払った場合は原則損金となる。**

2日目●リスク管理

一問一答 最終チェック

CHECK

２日目の学習が終わりました。ここで、この章のおさらいをしましょう。問題のすぐ下にある解答を赤シートでかくして、問題にチャレンジしてください。間違ったときは、必ず参照ページに戻って確認し、実力アップをめざしましょう！

□□□ **問1** ソルベンシー・マージン比率とは、保険会社の財務体質の健全性を示す指標で、300%以上が健全性の目安である。

解答1 ×　設問は間違い。200%以上が健全性の目安です。⇒p.83

□□□ **問2** 生命保険の付加保険料は、予定死亡率と予定事業費率をもとに算出される。

解答2 ×　設問は間違い。付加保険料は予定事業費率をもとに算出されます。純保険料は予定死亡率と予定利率をもとに算出されます。⇒p.87、88

□□□ **問3** 剰余金の利源となる利差益とは、実際の運用収入が予定利率による運用収入より大きい場合に生じる。

解答3 ○　設問のとおり。剰余金の３利源には、そのほか死差益と費差益があります。⇒p.88

□□□ **問4** 生命保険契約の申込書の提出と医師による診査を５月10日に行い、後日第１回目の保険料を払い込んだ場合、５月10日が責任開始期となる。

解答4 ×　設問は間違い。申込書の提出と告知（診査）と第１回目の保険料の払込みが、すべて完了した日が責任開始期となります。⇒p.90

□□□ **問5** 保険料の払込みを中止して、その時点の解約返戻金をもとに、保険金額を変えずに定期保険に変更する方法を、延長保険という。

解答5 ○　設問のとおり。一方、保険期間を変えずに従前の契約より保険金額が少ない同種類の保険か終身保険等に変更する方法を、払済保険といいます。⇒p.93

□□□ **問6** 終身保険に入院特約が付加されている場合、払済保険に変更したら入院特約は消滅する。

解答6 ○　設問のとおり。払済保険や延長保険に変更すると、付加されていた特約は消滅します。⇒p.93

□□□ **問7** 定期保険特約付終身保険とは、終身保険を主契約とし、定期保険を特約として付加した保険である。定期保険特約が更新型の場合、更新後の保険料は、更新時点の年齢・保険料率で計算される。

解答7 ○　設問のとおり。更新時点の年齢で再計算すると、通常は保険料が上がります。⇒p.97

□□□ **問8** 生命保険会社の有期年金保険は、年金受取期間をあらかじめ定め、被保険者の生死にかかわらず年金が支払われる。

解答8 × **設問は間違い。有期年金保険は、被保険者が生存している期間に限り年金が支払われます。⇒p.101**

□□□ **問9** 特定疾病保障保険は、特定の疾病で所定の状態と診断された場合、生前に死亡保険金と同額の保険金が支払われる。

解答9 ○ **設問のとおり。特定の疾病とは、がん・急性心筋梗塞・脳卒中の三大疾病をいいます。⇒p.106**

□□□ **問10** 2013年4月に契約した医療保険の保険料は、介護医療保険料控除の対象となり、最高5万円の所得控除が受けられる。

解答10 × **設問は間違い。介護医療保険料控除は、年間8万円超の保険料を支払った場合、最高4万円の所得控除が受けられます。⇒p.108**

□□□ **問11** 契約者A、被保険者B、受取人Cという契約で死亡保険金が受取人Cに支払われた場合、相続税の対象となる。

解答11 × **設問は間違い。契約者Aから受取人Cへの贈与となり、贈与税の対象となります。⇒p.109**

□□□ **問12** 住宅総合保険では、盗難、水漏れ、水災による損害は対象外である。

解答12 × **設問は間違い。盗難、水漏れ、一定の水災も対象となります。しかし、住宅火災保険では対象外です。⇒p.120**

□□□ **問13** 地震保険は単独での契約はできず、住宅火災保険、住宅総合保険などの火災保険に特約として付帯して契約する。

解答13 ○ **設問のとおり。主契約の30%～50%の範囲内で建物5,000万円、家財1,000万円が限度です。⇒p.121、122**

□□□ **問14** 対人賠償保険とは、交通事故により他人を死傷させて賠償責任を負い、自賠責保険で保険金が支払われない場合にのみ補償される保険である。

解答14 × **設問は間違い。自賠責保険の支払額を上回る部分を補償する保険です。⇒p.124**

□□□ **問15** 普通傷害保険では、細菌性食中毒は保険金支払いの対象外である。

解答15 ○ **設問のとおり。普通傷害保険では対象外ですが、国内・海外旅行傷害保険では支払対象となります。⇒p.125**

□□□ **問16** 地震保険料控除の控除額は、所得税の場合、地震保険料全額で上限5万円である。

解答16 ○ **設問のとおり。なお、住民税は上限25,000円です。⇒p.127**

3日目

金融資産運用

1. マーケット環境の理解
2. 貯蓄型金融商品
3. 債券①　仕組みと特徴
4. 債券②　利回り計算とリスク
5. 株式①　株式の仕組みと取引
6. 株式②　株式の指標
7. 投資信託①　仕組みと特徴
8. 投資信託②　分類
9. 外貨建て商品
10. 金融派生商品・その他の金融商品
11. ポートフォリオ
12. 金融商品の税金
13. セーフティネットと関連法規

1 マーケット環境の理解

頻出度 B　CHECK

ポイント

金融や経済活動を理解するためには、**国内総生産**、**経済成長率**などの**マーケット(経済市場)指標**や**変動要因**を押さえておくことがポイントです。景気や物価の関係性などとあわせて、マーケットの全体像を捉えていきましょう。

1 日本の主なマーケット指標　頻出　暗記

1．国内総生産(GDP)

GDPとは**国内**で一定期間内に生産された財やサービスの**付加価値**の合計で、**内閣府**が各四半期ごとに公表しています。我が国のGDPのうち、民間最終消費支出(個人消費)が約6割ともっとも大きな割合を占めています。

一国の経済を、生産面・支出面・分配面(所得面)からみると、どの面もGDPの金額としては一致するはずです。これを**三面等価の原則**といいます。

三面等価の原則

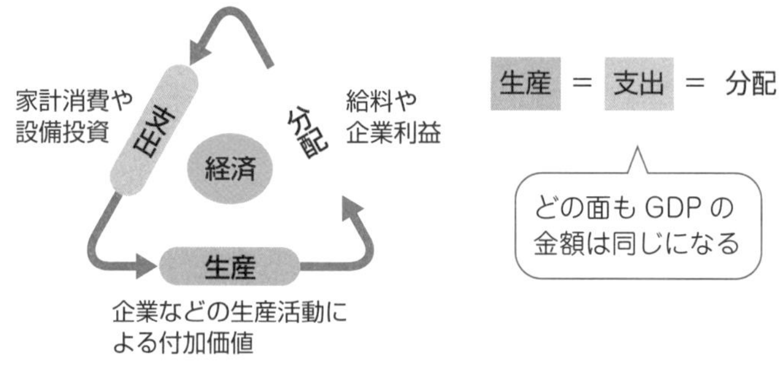

2．経済成長率

1つの国の経済が、一定期間の間にどの程度拡大したかをみる指標を、経済成長率といいます。経済成長率は、通常、GDPの伸び率で表されます。GDPの伸び率には、物価の影響を考慮した**実質成長率**と、物価の動きを考慮しない**名目成長率**がありますが、一般的には**実質成長率**を参考にします。

プラスα **企業間で取引される商品の取引価格の変動をみる企業物価指数は、原油価格などの商品市況や為替相場の動向などにも直接影響を受けやすいため、消費**

3．景気動向指数

生産、雇用などの経済活動状況を表すさまざまな指標の動きを統合して、景気の現状把握や将来の動向を予測するための指標で、**内閣府**が毎月公表しています。景気動向指数は、CI（コンポジット・インデックス）とDI（ディフュージョン・インデックス）があり、CIは、景気変動の**大きさ**やテンポ（量感）を測定することを主な目的とし、DIは、景気拡張の動きの各経済部門への**波及度合い**を測定することを主な目的としています。景気動向指数には、景気に先行して動く**先行指数**、景気と一緒に動く**一致指数**、景気に遅れて動く**遅行指数**の３つがあります。

先行系列	一致系列	遅行系列
新規求人数（除学卒） 新設住宅着工床面積 など	生産指数（鉱工業） 有効求人倍率（除学卒） など	家計消費支出 完全失業率（逆サイクル） など

4．日銀短観（全国企業短期経済観測調査）

企業経営者を対象に**景気の見通し**などについてアンケート調査を行い、年に４回公表（３・６・９・12月に調査）しているものを、日銀短観といいます。

中でも**業況判断DI**は、主要な企業が思い描く景気の実感を表しています。

5．物価をみる指標

物価の動きをみる指標として次の２つがあります。

企業物価指数	・企業間の取引における価格の動き ・日本銀行が毎月、調査して公表
消費者物価指数	・個人の家計が購入する財やサービスの価格の動き ・総務省が毎月、調査して公表

6．マネーストック統計

マネーストック（旧マネーサプライ）統計とは、金融部門から経済全体に供給されている**通貨の総量**を示した統計です。個人や企業、地方公共団体などの通貨保有主体（中央政府や金融機関を除く）の保有する**通貨量**の残高を集計したものです。

者物価指数よりも短期的に変動が大きくなる傾向があり、一般的に消費者物価指数の先行指標として使われることが多い。

2 金融市場・金融政策の基礎知識 頻出

1．金融市場

金融市場は、金融商品の満期までの期間が**1年未満の短期金融市場**と、**1年以上の長期金融市場**(株式・債券市場)があります。短期金融市場は、**金融機関のみ**が参加する**インターバンク市場**と、一般企業なども参加する**オープン市場**に分かれています。

- 金融市場
  - 短期金融市場（満期1年未満の市場）
    - インターバンク市場(金融機関のみ)
    - オープン市場(一般企業も参加)
  - 長期金融市場（満期1年以上の市場）
    - 株式市場・債券市場

2．金融政策

日本銀行が行う金融政策は、通貨や物価の安定、持続的な経済成長をめざしており、**預金(支払)準備率操作**や**公開市場操作**があります。

●**預金準備率**操作

日本銀行が、市中の金融機関に預金の一定割合を準備金として預入れを義務付けており、その割合を調整することで、貸出しの資金量を調整することができます。

●**公開市場**操作

日本銀行が、短期金融市場を通じて通貨量を調整します。

売りオペ：日本銀行保有の債券を民間銀行に売り、通貨を市場から吸収する。
市場から通貨が減少することで金融が引き締められ、金利が上昇する。

買いオペ：民間銀行保有の債券を日本銀行が買い、市場の通貨量を増加させる。
市場に通貨が出まわることで金融が緩和され、金利が低下する。

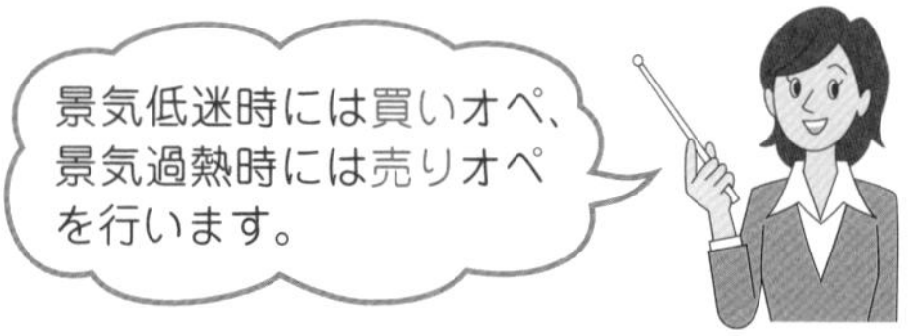

プラスα **日本銀行が預金準備率を引き下げると民間銀行の資金が増えるため、銀行が企業へ貸し出す資金が増える。企業が生産や販売活動に使える資金が増え**

3 マーケットの変動要因

マーケット（市場）の変動要因の１つである**金利**と、**景気**や**物価**・**株価**の関係は、お金の需要と供給のバランスから判断していく必要があります。

金利上昇と金利下降のメカニズム

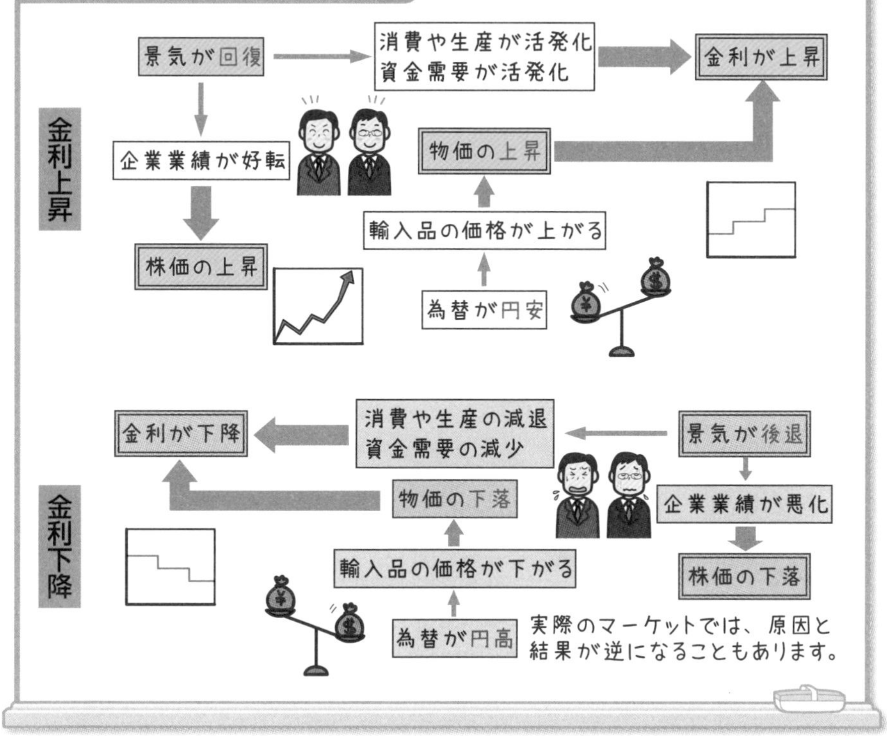

確認しよう！

Q1 国内総生産（GDP）は、一定期間内に生産された財やサービスの付加価値の総額を示すものであり、日本企業が外国で生産した付加価値も含まれる。

A1 ×（⇒p.134）

るため、一般的に景気は拡大する。逆に、預金準備率を引き上げると資金が減少し、一般的に景気は縮小する傾向となる。

2 貯蓄型金融商品

頻出度 B　CHECK

ポイント

単利と**複利**の２つの利息の付き方について、それぞれの計算方法を覚えましょう。**利回り計算**の仕組みも重要です。さらに、民間銀行が取り扱う預金や、ゆうちょ銀行･農協などが取り扱う貯金など、貯蓄型の金融商品の特徴を理解しましょう。

1 金利と利回り計算　計算

1．単利と複利

利息の付き方には**単利**と**複利**があります。**単利**は当初の元本に対して利息計算され、**複利**は利息を元本に足して再投資するものです。金利条件などが同じであれば、単利より複利、1年複利より半年複利のほうが元利合計が大きくなります。

> 単利　満期時元利合計＝元本×（1＋年利率×預入期間）

> 複利　満期時元利合計＝元本×（１＋年利率）^{n}※

※ １年複利の場合　　n＝年数
　半年複利の場合　　n＝年数×２　　年利率÷２
　１カ月複利の場合　n＝年数×12　　年利率÷12

年平均利回りは、一定期間で得られる利息が1年あたりではいくらになるか計算し、それを当初の預入元本で割ったものです。

$$\text{年平均利回り(\%)} = \frac{\text{一定期間の利息合計} \div \text{預入年数}}{\text{元本}} \times 100$$

プラスα　**預貯金の利子は、利子所得として源泉分離課税される。利子が付くごとに受け取る利払い型の商品は、利子を受け取るたびに課税されるが、満期時一括**

計算してみよう！

100万円を年利率3%で3年間預けた場合、3年後の元利合計はいくらになるか。（税金は考慮しない）

単利の場合

$$100\text{万円} \times (1 + 0.03 \times 3\text{年}) = 109\text{万円}$$

複利の場合

$$100\text{万円} \times (1 + 0.03)^{3\text{年}} = \text{約}109.27\text{万円}$$

$$\left(\begin{array}{ll} 1\text{年後} & 100\text{万円} \times (1 + 0.03) = \underline{103\text{万円}} \\ 2\text{年後} & \underline{103\text{万円}} \times (1 + 0.03) = \underline{106.09\text{万円}} \\ 3\text{年後} & \underline{106.09\text{万円}} \times (1 + 0.03) = \text{約}109.27\text{万円} \end{array}\right)$$

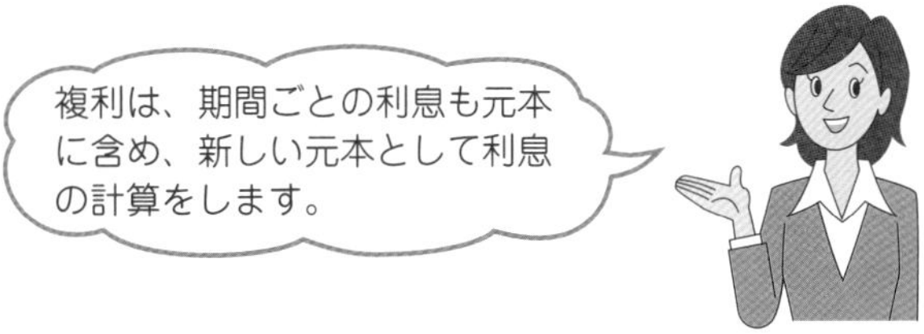

2．固定金利と変動金利

金利には、預入から満期まで金利が変わらない**固定金利**と、満期までの間に利率の見直しがある**変動金利**があります。

固定金利型金融商品	・当初取決めの適用利率が満期まで一定 ・金利低下局面で有利
変動金利型金融商品	・金利水準に応じて預入期間中適用利率を見直す ・金利上昇局面で有利

支払型の商品は、満期時に一括で課税される。他の条件が同じであれば、満期時一括課税型の商品のほうが元利合計の受取額は多くなる。

2 取扱い金融機関ごとの預貯金の種類と特徴

1．民間銀行

銀行、信用金庫、信用組合、農協等の民間金融機関の預貯金の種類と特徴は次のとおりです。

預貯金	特　徴
普通預金	変動金利、1円以上1円単位、半年ごと利払い、いつでも出し入れ可
総合口座	普通預金に定期預金等がセットされ、普通預金の残高が不足した場合、定期預金等を担保に自動融資が受けられる
貯蓄預金	一定の基準残高（10万円等）以上であれば、普通預金を上回る金利適用となるが、公共料金等の引落としには利用できない。変動金利
スーパー定期	固定金利、1カ月以上10年以内、預入3年以上は単利に加えて半年複利型（利用は個人のみ）も選択可
大口定期	固定金利、1,000万円以上1円単位、単利型のみ
期日指定定期預金	据置1年後は1カ月以上前の通知でペナルティなしで解約可。1円以上1円単位、1年複利、固定金利
変動金利定期預金	変動金利、1年以上3年以内とする銀行が多い。預入3年以上は単利に加えて半年複利型（利用は個人のみ）も選択可

2．ゆうちょ銀行

ゆうちょ銀行で利用できる貯金やその特徴は次のとおりです。

預貯金	特　徴
通常貯金	変動金利、1円以上1円単位、半年ごと利払い、いつでも出し入れ可
通常貯蓄貯金	一定の基準残高（10万円）以上であれば、通常貯金を上回る金利適用となるが、公共料金等の引落としには利用できない。変動金利
定期貯金	固定金利、1,000円以上1,000円単位の預入、1カ月以上5年以下、3年未満は単利、3年以上は半年複利
定額貯金	固定金利、半年複利（預入時にさかのぼって半年ごとに高い金利適用）、6カ月以上10年以内（自由満期）

＊ 1人あたりの貯蓄限度額は、通常貯金と定期性貯金でそれぞれ1,300万円（合計2,600万円）

プラスα　金融商品の性質として、安全性（元本や利息の支払いが保証されるかどうか）、換金性（必要なときにすぐに換金できるか）、利殖性（高い利回りや値上がり

3. 信託銀行

信託銀行で取り扱う主な商品には金銭信託があります。

預貯金	特　徴
金銭信託	変動金利、5,000円以上1円単位、据置方式は1年以上で満期日自由、積立方式は2年間据置必要、解約はいつでも可(解約手数料が必要)

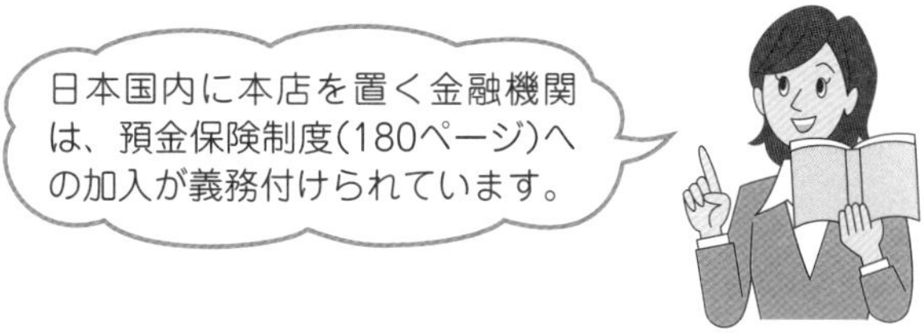

確認しよう!

Q1 同じ金利であれば、単利より複利、1年複利より半年複利のほうが元利合計は大きくなる。

Q2 元本100万円を年利1%の1年複利で2年間運用した場合の元利合計金額は、102万100円である(税金等は考慮しない)。

Q3 単利は、期間ごとの利息を元本に含め、新しい元本として利息の計算をする。

Q4 金利上昇が期待できる局面では、一般的に変動金利商品を選択するのが有利である。

Q5 貯蓄預金は普通預金と同様に、公共料金等の引き落としにも利用でき、一定の基準残高以上であれば普通預金を上回る金利が適用となる。

A1 ○ (⇒p.138)　**A2** ○ (⇒p.138)　**A3** × (⇒p.138)
A4 ○ (⇒p.139)　**A5** × (⇒p.140)

などが期待できるか)がある。この3つすべてを満たす金融商品はないため、その資金の目的や、使う時期などによって使い分けることが必要である。

3 債券① 仕組みと特徴

頻出度 **A**　CHECK

ポイント

金融商品の中で、**債券**という商品の特性や仕組み・ルールを理解することは、非常に重要です。試験では、**債券を発行するときの諸条件**が問われやすい箇所です。**債券の３種類の市場**の違いについても、押さえておきましょう。

1 債券の仕組み

債券とは、**発行元**(国・地方公共団体・企業など)が借入れを行うために市場で投資家に対して発行する**借用証書**のようなもので、**満期日**や**利息**がはじめから決められています。市場では満期日より前であっても、**時価で売却**することができます。

投資家が債券投資を行うときは、仲介する証券会社を通じて購入しますが、発行体(発行元)の信用リスクは直接投資家が負担することになります。このことを**直接金融**と呼んでいます。

2 債券の種類

債券を分類する場合、**発行体**・**利払い方法**・**募集方法**によって分けられます。

1．発行体による分類

国　債	政府(国)が発行する債券
地方債	都道府県、市町村などの地方公共団体が発行する債券
社　債	事業会社(民間企業)が発行する債券
金融債	金融機関が発行する債券

プラスα　**債券の多くは発行時から償還まで表面利率は変わらない(個人向け国債・変動10を除く)。割引債は利付債のように一定期間ごとに利子の支払いはないが、額面**

2．利払い方法による分類

利付債	毎年一定時期（1年ごと・半年ごと）に利子の支払いがある
割引債	利子の代わりに額面より低額で発行され、額面金額で償還される

3．新発債と既発債

新発債	新しく発行される債券
既発債	すでに発行され、市場で取引されている債券

4．募集方法による分類

公募債	広く公に募集される債券
縁故（私募）債	特定の投資家のみを対象に募集される債券

3　債券発行の諸条件

債券を発行する際には、いろいろな取り決め事があります。主に、次のような諸条件があります。

1．額面金額

債券の**購入単位**のことで、償還金額（満期日に償還される金額）を表します。

2．表面利率（クーポンレート）

額面金額に対する利息（クーポン）の割合を、**年利率**で表します。発行時に決められ、一部を除いて固定金利です。

（100円）よりも低い価格で発行され、償還時に額面（100円）で償還されるので、その差額が利息相当分となる。

3．発行価格

債券が**新規発行**されるときの価格で、必ずしも額面どおり発行されるわけではありません。額面（100円）あたりの価格で表します。

●オーバーパー発行⇒発行価格＞額面（100円）
（例）額面100円あたり102円で発行
●パー発行　⇒発行価格＝額面（100円）
（例）額面100円あたり100円で発行
●アンダーパー発行⇒発行価格＜額面（100円）
（例）額面100円あたり98円で発行

償還時に、オーバーパー発行の場合は償還差損、アンダーパー発行の場合は償還差益が生じます。

4．償還期限

債券記載の額面金額が、投資家に償還される期限（期日）です。

4 債券の市場

債券は発行後、時価に基づいて売買できる市場が開かれています。次の3種類に分類できます。

取引所市場	証券取引所に上場された債券の取扱いが行われている
店頭市場	証券取引所を介さず、金融機関と投資家が直接に相対《あいたい》で取引を行う市場で、債券取引の中心的な市場
業者間市場	証券会社や銀行などの金融機関同士で取引する市場

プラスα **債券の市場は株式の市場と異なり、取引所市場での取引は少なく、店頭市場での取引がもっとも多くなっている。店頭市場は証券会社と投資家との相対**

5 個人向け国債　頻出　暗記

個人向け国債とは、**個人**に限定して発行される国債で、中途換金時には国が買取りを保証している債券です。

	個人向け国債 変動10	個人向け国債 固定5	個人向け国債 固定3
償還期限	10年	5年	3年
金利の種類	変動金利(半年毎)	固定金利	固定金利
金利の決まり方	基準金利×0.66	基準金利－0.05%	基準金利－0.03%
金利の下限	0.05%		
利払い	半年毎(年2回)		
購入単位	最低1万円から1万円単位(額面100円につき100円)		
償還金額	額面100円につき100円(中途換金時も同じ)		
発行月	毎月(年12回)		
中途換金	発行から1年経過後であれば、中途換金可能		
中途換金時の調整額	直前2回分の各利子(税引前)相当額×0.79685		

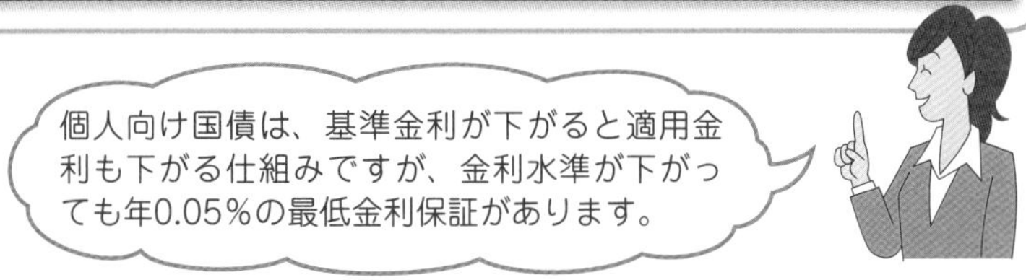

6 転換社債(転換社債型新株予約権付社債)

転換社債は、発行時に定められた転換価格で発行会社の株式に転換できる債券のことで、**債券としての安全性**と**株式としての収益性**を兼ね備えています。CB(コンバーチブル・ボンド)ともいわれます。

取引となっている。店頭市場で取引される既に流通している既発債は、同じ銘柄の債券であっても取引をする証券会社によって売買価格が異なる場合がある。

4 債券② 利回り計算とリスク

頻出度 A　CHECK

ポイント

債券の利回り計算は、出題頻度の高い項目です。**応募者利回り**、**最終利回り**、**所有期間利回り**、**直接利回り**のそれぞれの意味と違いを正確に理解しましょう。債券投資のリスクでは、金利変動と債券価格の関係が重要ポイントです。

1 債券と利回り計算　頻出　計算

債券の利回り計算では、所有期間の違いにより**応募者**利回り、**最終**利回り、**所有期間**利回りと**直接**利回りに分けられます。

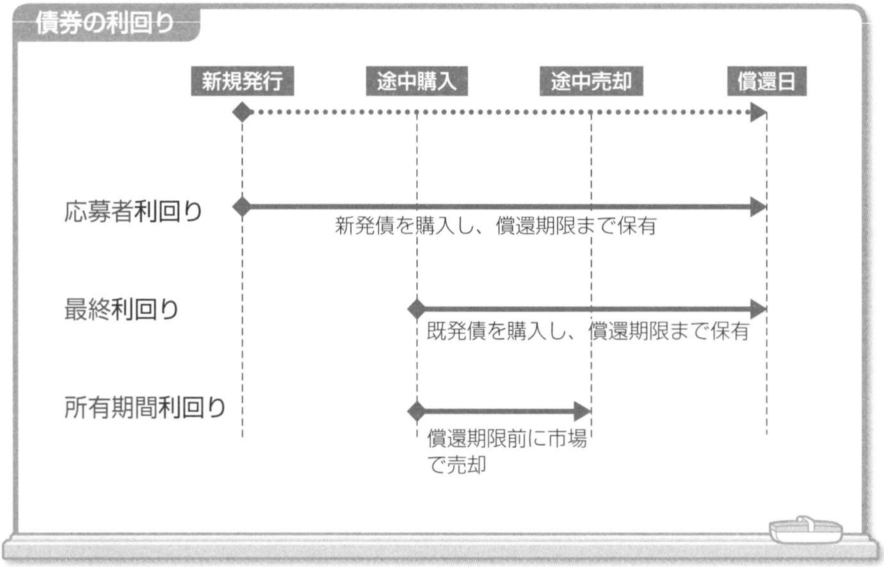

利回りとは、支払った投資額に対して、1年あたりの収益がどのくらいの割合になるかを表したものです。

プラスα　**他の条件が同じであれば、期間の短い債券よりも期間の長い債券のほうが、償還までの期間が長い分、不確実性が高まり金利変動リスクが高くなる。逆**

1．応募者利回り

新発債を購入し、償還期限まで保有した場合の利回りです。

$$\text{応募者利回り(\%)}=\frac{\text{表面利率}+\dfrac{\text{額面（100円）}-\text{発行価格}}{\text{償還年限}}}{\text{発行価格}}\times 100$$

2．最終利回り

既発債を購入し、償還期限まで保有した場合の利回りです。

$$\text{最終利回り(\%)}=\frac{\text{表面利率}+\dfrac{\text{額面（100円）}-\text{購入価格}}{\text{残存期間}}}{\text{購入価格}}\times 100$$

3．所有期間利回り

償還期限前に市場で売却した場合の利回りです。

$$\text{所有期間利回り(\%)}=\frac{\text{表面利率}+\dfrac{\text{売却価格}-\text{購入価格}}{\text{所有期間}}}{\text{購入価格}}\times 100$$

4．直接利回り

購入金額に対して、年率どれだけの利息が得られるかを計る尺度です。

$$\text{直接利回り(\%)}=\frac{\text{表面利率}}{\text{購入価格}}\times 100$$

に期間の短い債券のほうが金利変動リスクは低い。また他の条件が同じであれば、表面利率が低いほど価格変動幅が大きく、表面利率が高いほど価格変動幅は小さい。

2 債券投資のリスク 頻出

債券投資を行ううえで気を付けたいリスクには、**金利変動リスク**、**信用リスク**、**流動性リスク**、**カントリーリスク**、**途中償還リスク**などがあります。

1．金利変動リスク

債券発行（購入）時の金利に比べて、途中売却しようとしたときの**金利が上昇していれば**債券価格は下落し、逆に**金利が低下していれば**債券価格は上昇します。債券投資では、金利と債券価格は常に**反比例の関係**にあります。

2．信用リスク

信用リスクは「**デフォルトリスク**」とも呼ばれ、債券の発行元の破綻などにより元本の全部または一部が戻らなくなるリスクです。「**債務不履行リスク**」ともいわれます。そのため、債券発行元の信用リスクを外側からみる尺度として、**格付け会社**などの基準を使う場合が一般的です。

S＆P（スタンダード・アンド・プアーズ）社の格付け一例

投資適格債	ＡＡＡ（トリプルエー）	：確実性は最高ランク
投資適格債	ＡＡ（ダブルエー）	：確実性はきわめて高い
投資適格債	Ａ（シングルエー）	：確実性は高い
投資適格債	ＢＢＢ（トリプルビー）	：現在十分な確実性だが、将来は……
投機的債券	ＢＢ（ダブルビー）	：将来確実性は不安定

格付けが高いほど安全。価格は高く利回りは低くなる

格付けが低いほど価格は安く、利回りは高くなる

格付けとは、債券発行元の元利金支払いの確実性などを専門の格付け会社が評価し、「AAA」などの記号で表したものです。

プラスα　**発行体が同じ債券であっても、発行された時期や利率、満期までの期間がどの程度あるかなどによって格付けは異なる。また、いったん取得した格付け**

3．流動性リスク

保有している債券が、市場などの影響により売買できなかったり、すぐに現金化できなかったりするリスクを指しています。

4．カントリーリスク

債券を発行している国が抱えている政治的・経済的・社会的なリスクを示しています。内政の情勢や対外債務、外貨準備高などを勘案して、総合的な判断が行われることが大切です。

5．途中償還リスク

満期期限より前に途中償還された場合、当初の予定利回りを割り込んだりして、想定した利息が得られなくなるリスクを指しています。

確認しよう！

Q1 債券の「応募者利回り」とは、購入金額に対して、どれだけの利息が得られるかをみる利回りである。

Q2 表面利率（クーポンレート）3%、残存期間4年の固定利付債権を額面100円あたり102円で購入した場合の最終利回り（年率・単利）は、2.45%である（税金は考慮せず、小数点以下第3位を四捨五入）。

Q3 市場金利が上昇すると債券価格は上昇し、市場金利が低下すると債券価格は下落する。

Q4 一般に格付けの高い債券ほど利回りも高く、格付けの低い債券ほど利回りも低い。

Q5 ある債券の信用リスク（デフォルトリスク）が高まると、一般にその債券の価格は下落し、利回りは上昇する。

A1 ×（⇒p.147）　**A2** ○（⇒p.147）　**A3** ×（⇒p.148）

A4 ×（⇒p.148）　**A5** ○（⇒p.148）

は、償還まで変わらないというわけではなく、発行体の返済能力などが変化するとそれによって見直されるため、随時確認する必要がある。

5 株式① 株式の仕組みと取引

頻出度 A　CHECK

ポイント

企業が市場から資金を調達する手段としては、**株式**も**債券**と同じですが、株式には債券のような**満期償還**がありません。その代わり株式市場でいつでも時価で売買することができます。株主の立場から、株式投資の基礎的な要点を押さえていきましょう。

1 株式の仕組み

株式会社は、事業を行うための資金を広く一般から**出資者**を募って集めます。このときの出資を証明するために発行するものが「株券」です。

株を発行して集めたお金は、銀行からの借入れや債券のように返済する義務はありません。そのため、株式会社に出資した資金は戻ってきませんが、株券は市場で自由に売買することができます。売買する際の値段はその時の**需給関係**などにより変わります。

【一般的な株価の変動要因】

企業業績の回復期待	株式の価値が高くなると考えられる	株価上昇↑
企業業績の後退不安	株式の価値が低くなると考えられる	株価下落↓

株式市場への資金流入	需給が好転	株価上昇↑
株式市場から資金流出	需給が悪化	株価下落↓

金利低下	資金調達コスト(金利負担)の低下 預貯金・債券などから株式への資金シフト	株価上昇↑
金利上昇	資金調達コスト(金利負担)の上昇 株式から預貯金・債券などへの資金シフト	株価下落↓

また為替は、一般に円安になると輸出している企業にとって株価上昇要因(輸入企業には下落要因)となり、円高は輸入している企業にとって株価上昇要因(輸出企業には下落要因)となります。

プラスα **配当金を受け取るためには、各企業が定めた権利確定日に株主名簿に登録されている必要がある。そのためには権利付き最終日(権利確定日の2営業日前)**

1．株主の権利

その企業の株主になると、次の**3つの権利**をもつことになります。

①**経営参加権**＝持ち株数に応じて、株主総会に参加し議決権を行使できる権利
②**利益配当請求権**＝利益の還元である配当金を受けられる権利
③**残余財産分配請求権**＝解散のときに、余った財産の分配を受けられる権利

2．株主の経済的利益

株主には次に掲げる経済的な利益が発生します。

①**配当金**＝企業活動の結果、利益に応じて**配当金**が得られる
②**売買益**＝株式を売買したときに、買った値段より高く売れれば、**売買益**が得られる
③**株主優待**＝企業が株主に対して、物やサービスの提供を行う

＊ 配当金が支払われるかどうかは各企業の判断であり、あらかじめ決まっていない

2　株式の市場

日本の証券取引所には、東京証券取引所のほか、名古屋証券取引所、札幌証券取引所、福岡証券取引所があります。東京証券取引所には、「**プライム**市場」「**スタンダード**市場」「**グロース**市場」の3つの市場があります。

3　株式の取引

株式の取引を行う場合は、さまざまなルールがあります。次の点に留意しましょう。

1．取引単位

株式の取引単位は、通常「1単元100株」で、単元の整数倍で取引が行われます。一般に、**1単元**に**1議決権**が付与されます。

までに買う必要がある。権利付き最終日の翌日は、その期の配当金を受け取る権利がなくなる権利落ち日となる。

1単元に満たない株式を**単元未満株**といい、議決権の行使など一部の権利が認められていません。一般的には、発行企業に**買取請求**して資金化しますが、ネット証券の中には単元未満株の売買ができるところもあります。

2．株式累積投資(るいとう)

単元未満の株数でも**株式累積投資**(るいとう)を行えば、毎月一定金額の投資で、定期的に株式を購入することができます。証券会社指定の銘柄から選択できます。

3．株式ミニ投資(ミニ株)

通常の１単元の取引単位の、**10分の１**で株式取引ができるものです。証券会社指定の銘柄から選択できます。

4．株式の種類

与えられる権利の内容により、次の3種類に分けられます。

①**普通株**：株主の権利に何の制限もない株式を指す

②**優先株**：普通株と比べて、配当などで優先的な取扱いを受ける。自己資本強化などで発行されることがある

③**劣後株**《れつご》：普通株と比べて、配当などで劣後的な取扱いを受ける。既存株主に不利益を与えないよう、経営者などに発行される

5．注文の方法

株式を注文する場合、値段を指定する**指値**《さしね》**注文**と指定せずに注文を出す**成行**《なりゆき》**注文**があります。この2つの注文では、**指値より成行が優先**します。**指値**注文の中でも、売るときは値段の低いほうが、買うときは値段の高いほうが優先します。これを**価格優先の原則**といいます。

同じ価格で注文が出された場合は、先に出された注文が優先します。これを**時間優先の原則**といいます。

プラスα **指値注文は、買い注文の場合指定した値段以下で買うことができ、売り注文の場合指定した値段以上で売ることができるが、必ず売買が成立するとは限**

6．売買代金

株式を買ったり売ったりする場合には、**委託手数料**がかかります。

購入代金＝約定代金＋委託手数料＋消費税
売却代金＝約定代金－（委託手数料＋消費税）

7．株式の受け渡し

原則として普通取引では、約定日（売買の成立日）を含めて**3営業日目**に受渡しが行われます。

8．特別口座

株券の電子化移行時に、証券保管振替機構に預託されなかった株式等について、発行会社が**特別口座**を開設し、株式名義人の保有記録をもつことになりました。取引に一定の制限があります。

9．信用取引

証券会社が顧客に、信用を供与して行う取引を指します。顧客が証券会社に**保証金**を預けたうえで、買付代金の貸付けをしたり、売付株券の借入れを行ったりすることで、自己資金の何倍もの売買取引が可能になります。

確認しよう！

Q1 □□ 上場株式の売買において、普通取引は約定日の翌営業日に決済が行われる。

A1 ×（⇒p.153）

らない。成行注文の場合は、どんな値段でも注文を出した時点の値段で売買を行うため、ほとんどの場合売買は成立するが、思わぬ値段で売買されることもある。

6　株式②　株式の指標

頻出度 A　CHECK

株式には**市場全体の動きをみる指標**や、**個別の銘柄の状況をみる指標**があります。それぞれの代表的な指標を押さえておきましょう。特に、個別の株式を比較・評価する投資指標は、計算できるようにしておくことが重要です。

1　株式の相場指標　頻出　暗記

日々、個々の株価が変動する中で、相場全体を捉えて株式市場の値動きをみていくためには、次に掲げるような相場指標の理解が不可欠になってきます。

1．日経平均株価（日経225）

東京証券取引所**プライム市場上場銘柄**のうち、各業種の中から代表的な225銘柄を選び、権利落ちや銘柄入替があっても連続性を失わないように工夫された**修正平均株価**です。一般的に、値がさ株等の影響を受けやすくなります。

2．東証株価指数（TOPIX《トピックス》）

原則として、東京証券取引所東証株価指数採用銘柄（東証市場再編に伴い、東証一部全銘柄より変更）の時価総額を、**加《か》重《じゅう》平均**した指数です。1968年1月4日時点を100として、現在の時価総額を表しています。一般的に、大型株の影響を受けやすくなっています。

3．JPX日経インデックス400

東京証券取引所のプライム市場、スタンダード市場、グロース市場に上場している銘柄の中から選定した400銘柄を対象とした時価総額指数です。資本の効率的活用や投資者を意識した経営観点など、**グローバルな投資基準**に求められる諸条件を満たした「投資家にとって投資魅力の高い会社」で構成され、2013年8月30日時点を10,000として創設されました。

プラスα　**株価指数を算出する方法として、単純に株価を平均する「単純平均型」と、単純平均に株式数の重み（ウエイト）を加味して計算する「加重平均型」がある。**

4．単純平均株価

上場している銘柄の1株あたりの株価を合計して、**銘柄数**で割って平均を算出します。市場全体の株価平均を表しますが、株価の修正分まで反映していないため、過去からの連続性がありません。

5．売買高（出来高）

売買高（出来高）は、**売買が成立した株数**を表しています。売買の合計ではなく、売り買いを一対として売買高（出来高）を数えます。たとえば、売り100株、買い100株で取引きが成立すると、売買高は100株です。

6．売買代金

売買が成立したときの価格（約定価格）に、売買高（出来高）を掛けて算出したもので、**金額ベース**で売買の成立を表しています。

7．時価総額

上場している各銘柄の終値に、各発行済株式数を掛けて算出したもので、該当する市場での財産的な価値を表しています。

8．アメリカの主な株価指標

NYダウ工業株30種平均	アメリカを代表する30銘柄を対象とした修正平均株価
S&P500	アメリカの主要な500銘柄を対象とした時価総額指数
ナスダック総合指数	ナスダック市場に上場している全銘柄を対象とした時価総額指数

2　株式の投資指標　頻出　計算

株式投資を行うには、その株式の置かれている市場全体の理解にとどまらず、個別株式の判断材料として、銘柄ごとに評価できる指標が大切になってきます。

日経平均株価のような修正平均株価は単純平均型に、東証株価指数は時価総額を加味した加重平均型に分類される。

次に掲げる5つの指標は、株式投資での代表的な投資指標といえます。

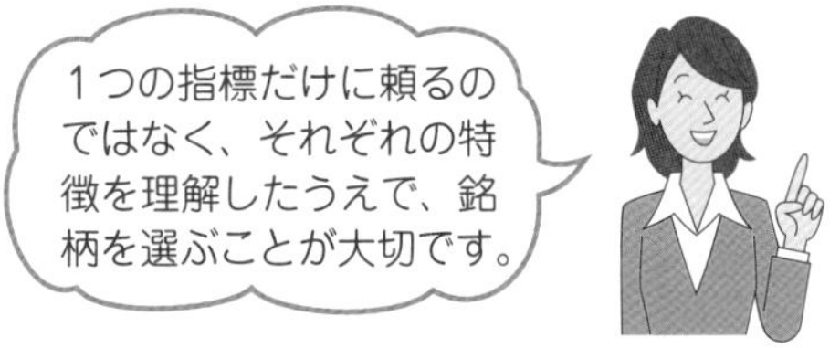

1．PER《ピーイーアール》（株価収益率）

株価が1株あたりの利益の何倍になっているのかをみる尺度で、企業の収益力に着目しています。一般的に同業他社や過去の数値との比較で、PERが低いと株価は**割安**、高いと**割高**と判断されます。

$$\mathrm{PER}(\text{倍})=\frac{\text{株　価}}{\text{1株あたり純利益}}$$

2．PBR《ピービーアール》（株価純資産倍率）

株価が1株あたりの純資産の何倍まで買われているかをみる尺度で、企業の純資産価値（簿価）に着目しています。一般的に同業他社や過去の数値との比較で、PBRが低いと株価は**割安**、高いと**割高**と判断されます。

$$\mathrm{PBR}(\text{倍})=\frac{\text{株　価}}{\text{1株あたり純資産}}$$

3．ROE《アールオーイー》（自己資本利益率）

自己資本を使ってどのくらいの利益をあげたのかをみる尺度で、一般的に、ROEが高いほどその企業の収益性が**高く**、投資価値が**高い**といえます。

$$\mathrm{ROE}(\%)=\frac{\text{当期純利益}}{\text{自己資本}}\times 100$$

プラスα　1株あたり純利益（EPS＝Earnings Per Share）は、その会社の税引後の利益（純利益）を発行済み株式総数で割って求める。また、1株あたり純資産

4．配当利回り

投資金額に対する年間に受け取る配当金の割合で、1株あたりの配当金を株価で割って求めます。

$$\text{配当利回り(\%)} = \frac{\text{1株あたり年間配当金}}{\text{株　価}} \times 100$$

5．配当性向

利益のうち、どのくらいを配当に振り向けたかを計る投資尺度です。

$$\text{配当性向(\%)} = \frac{\text{(1株あたり)配当金}}{\text{(1株あたり)純利益}} \times 100$$

計算してみよう！

下記の〈A社のデータ〉に基づいて計算したA社株式のPER（株価収益率）は（　①　）、配当利回りは（　②　）である。

〈A社のデータ〉

株価	1株あたり配当金	1株あたり純利益	1株あたり純資産
800円	40円	80円	720円

①$\text{PER(株価収益率)} = \dfrac{\text{株　価}}{\text{1株あたり純利益}}$　で求められるため、

株価800円÷1株あたり純利益80円＝**10**となり、PERは**10**倍

②$\text{配当利回り} = \dfrac{\text{1株あたり年間配当金}}{\text{株　価}} \times 100$　で求められるため、

1株あたり年間配当金40円÷株価800円×100＝**5**　となり、

配当利回りは**5**％

（BPS＝Book-value Per Share）は、その会社の純資産を発行済み株式総数で割って求める。一般的にPBRは下げ相場時の下値の目処に使われる。

7 投資信託① 仕組みと特徴

頻出度 A　CHECK

ポイント

投資信託(=ファンド)とは、**投資の専門家**が、複数の投資家から集めた**資金を管理・運用**し、その儲けを**投資家に分配・還元**する仕組みをいいます。専門家に対しては手数料が発生します。さまざまな特徴や決まりごとがあるので、基礎的な要点をみていきましょう。

1 投資信託の仕組みと特徴

1. 契約型投資信託

契約型投資信託は、**委託者**(下図①)である投資信託委託会社が、販売窓口となる証券会社や銀行等の**販売会社**(下図②)を通じて、**受益者**である投資家(下図③)から資金を集め、株式や債券の市場に投資します(投資信託委託会社が、投資家に直接販売する場合もある)。

委託者は受託者である**信託銀行**(下図④)と**信託契約**を結び、**運用の指図**を行います。集められた資金は**分別管理**された信託財産として、**受託者**が管理します。

契約型投資信託の仕組み

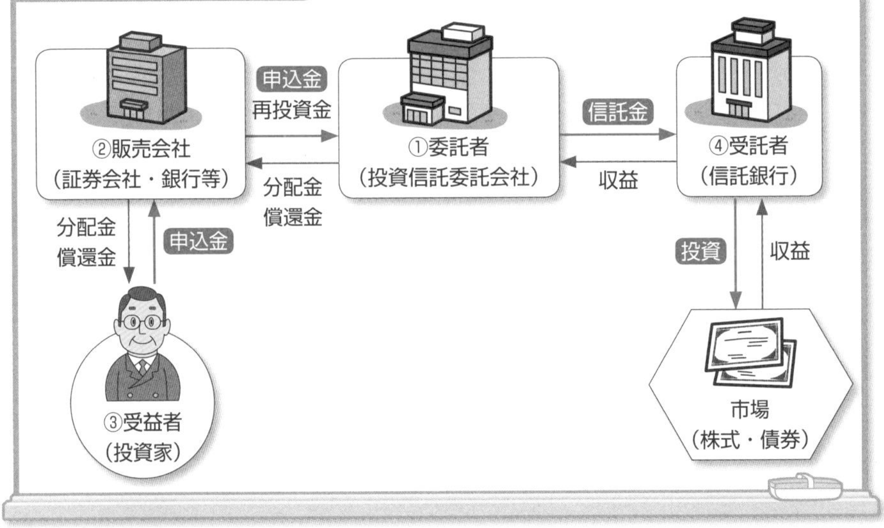

プラスα **純資産総額は、投資信託に組み入れられている株式や債券を時価評価し、株式の配当金や債券の利息を加え、未払金や運用に必要なコストを差し引いて**

2．会社型投資信託

会社型投資信託は、有価証券や不動産などの資産への投資を目的とする**会社（投資法人）**を設立し、投資家はその会社の発行する**投資証券（投資口）**を取得することによって、運用益を配当として受け取る投資信託です。

3．投資信託のディスクロージャー

投資家が公平な投資判断を行ううえで、投資信託の基礎的な情報を開示することがディスクロージャーです。その代表的な資料に、**目論見書《もくろみしょ》**と**運用報告書**があります。いずれも**投資信託委託会社**に作成が義務付けられています。

目論見書	投資信託の説明書のようなもので、その投資信託の概要や特色、リスクなどの留意事項、運用実績などが記載されている。投資家がファンドを購入すると同時に交付が必要な交付目論見書と、投資家から請求があれば直ちに交付しなければならない請求目論見書がある
運用報告書	運用の経過や今後の運用方針、組み入れた有価証券の明細など、投資情報として必要な内容を投資家に開示する文書。作成を義務付けられた投資信託委託会社が、原則決算日を迎えるたびに作成する
トータルリターン通知制度	販売会社は投資家に対し、年1回以上トータルリターン（総合的な損益状況）を通知することが義務付けられている（2014年12月以降に取得した株式投資信託、外国投資信託が対象）

2　投資信託の価額

投資信託の価額には、基準価額、解約価額、買取価額があります。

基準価額	1口あたりの信託財産時価を指す。ファンドを購入する時点の時価額に相当し、投資信託の購入、換金の場合にはこの基準価額をもとに購入代金、解約価額、買取価額が計算される
解約価額	投資家が信託財産の解約を請求するときの約定価格。解約時に、ペナルティコストである信託財産留保額を差し引く場合がある
買取価額	投資家が金融機関に買取を請求し、換金するときの約定価格（解約請求時と同じ）

求める。投資信託の運用資産の規模を表している。この純資産総額を受益権口数で割って、1口あたりの金額を表したものを基準価額という。

3 投資信託にかかる費用（コスト）

投資信託は、運用や販売にプロフェッショナルな機関が携わるために、いくつかの段階で費用（コスト）が発生します。主なものは次の３つです。

１．購入時（販売・申込）手数料

投資家がファンドの購入にあたって、**販売会社**に支払う手数料を指します。通常は、購入金額の１％～３％程度に消費税を加算したうえで、申込金額から差し引いて徴収します。同一のファンドでも販売会社によって手数料の異なる場合があります。ファンドによっては、無手数料（ノーロード）タイプもあります。

２．運用管理費用（信託報酬）

ファンドの**管理**・**運営**に対する費用として、運用期間中ずっと徴収されるコストです。販売会社・投資信託委託会社・信託銀行で取り決めた割合に応じて、信託財産から日々徴収されますが、表示は年換算の％で示します。

運用成果にかかわらず発生し、一般的に**公社債**投資信託よりは**株式**投資信託のほうが、**パッシブ**型（162ページ）よりは**アクティブ**型（163ページ）のほうが高めに設定されています。

３．信託財産留保額

ファンドを解約する場合、そのファンドを持ち続けている**投資家**との不公平を解消するために設けられたコストです。

解約代金を捻出するための有価証券の売買コストを、解約とは関係のないそのファンドの**受益者**に負担させることは不利益を被ることである、といった観点から設定されました。解約した投資家から徴収したコストはファンドの中に戻されて、基準価額・収益分配金に反映されています。信託財産留保額の設定をしていないファンドもあります。

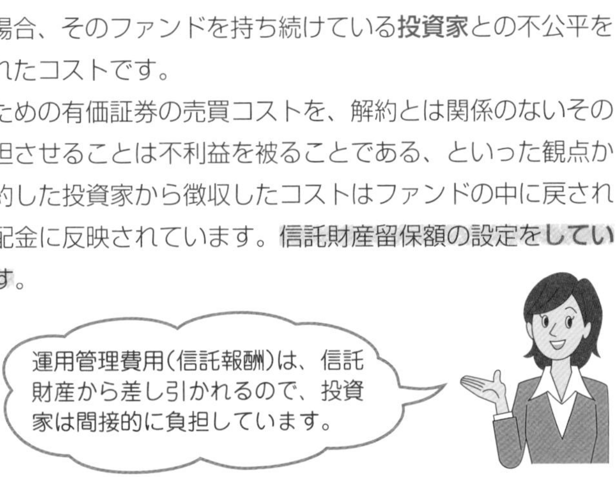

プラスα　**追加型株式投資信託を保有する受益者の元本は、個別元本方式で算出する。受益者ごとの個別元本は、新規募集による購入では設定時の基準価額となり、**

3日目●金融資産運用

頻出度 A　CHECK

8 投資信託②　分類

ポイント

投資信託は、投資対象や運用スタイルの違いで分類することができます。**公社債投資信託**では、**中期国債ファンド**や**MMF**などの商品の特徴を理解しましょう。株式投資信託では、**パッシブ運用**や**アクティブ運用**などの、運用スタイルの違いを確認しましょう。

1 投資信託の分類

1．募集方法による分類

①公募投資信託

不特定かつ多数（50名以上）の投資家に対して、申込みの募集を行う投資信託です。一般的に投資信託といえば公募投信を指します。

②私募投資信託

特定でかつ少数（50名未満の個人または適格機関投資家のみ）の投資家に対して、申込みの募集を行う投資信託です。

2．投資対象による分類

①公社債投資信託

一切、**株式を組み入れないで**、国債・地方債・社債などを中心に運用を行っていきます。代表的なものに、MRF・MMF・中期国債ファンド・長期公社債投信があります。

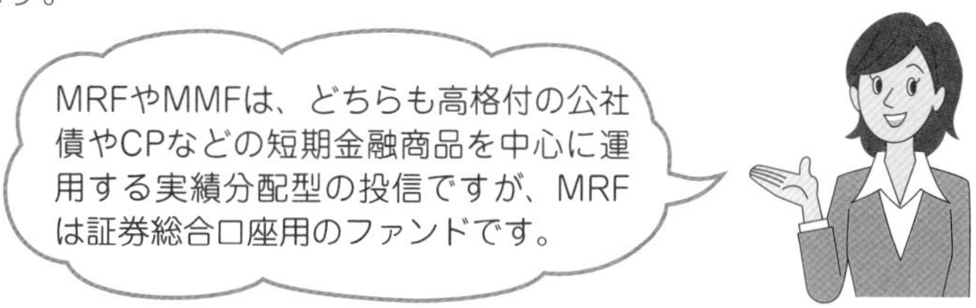

②株式投資信託

運用対象に株式を組み入れることのできる投資信託です。株式だけでなく、債券も組み入れて運用できます。特徴のある投資信託には、業種別や投資テーマ別、

追加設定時の購入では購入時の基準価額となるが、同じファンドの複数回にわたる売買では、移動平均法による計算で個別元本を求める。

中小型株中心のものや海外の一地域に絞り込んだものなど、多岐にわたる種類のものがあります。

3．追加設定による分類

1 単位型投資信託

あらかじめ信託期間の定め（満期）があり、運用が始まってからは追加購入（設定）ができません。一般的には、ファンドを設定する募集開始から一定期間は、解約ができない**クローズド期間**があります。

2 追加型投資信託

運用が始まったあと、いつでも時価で追加購入でき、いつでも売却できます。いつでも換金できる投資信託を**オープンエンド型**と呼んでいます。

4．運用スタイルによる分類

1 パッシブ運用

目標とする**ベンチマーク**（運用の目標となる指標）の値動きに**連動すること**をめざす運用手法です。

たとえば、日本株式を投資対象とするファンドでは、日経平均株価（日経225）や東証株価指数（TOPIX）に連動することを目標とする**インデックスファンド**（インデックス運用）は、**パッシブ運用**の代表的なものです。

パッシブ運用の仕組み

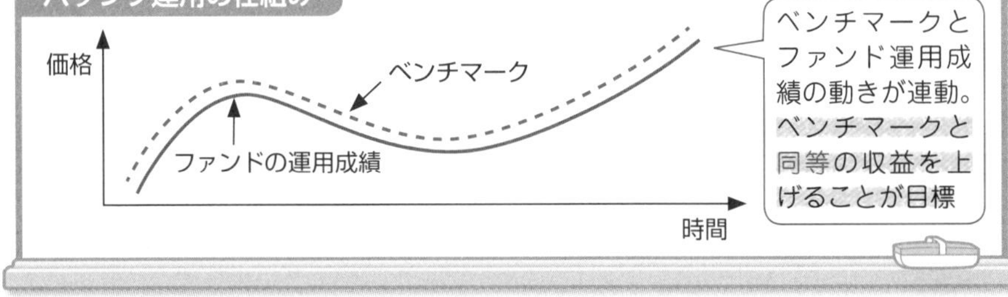

プラスα 投資信託評価機関には、☆マークなどの誰にでもわかりやすい方法で評価を明示するところ、定量評価（パフォーマンス比較等）によって追加型株式投資

2アクティブ運用

ファンドマネージャー(運用指図責任者)が独自の運用方針を決め、組み入れる銘柄を工夫して、設定したベンチマーク以上の運用成績をめざす運用です。実績分配が基本なので、いつもベンチマーク以上の成績になるとは限りません。

アクティブ運用の仕組み

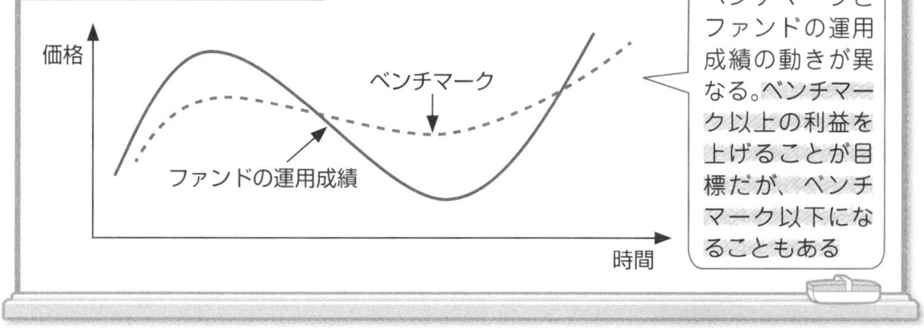

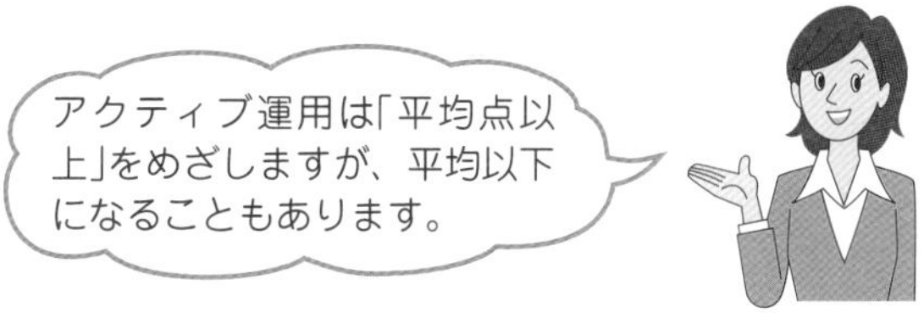

アクティブ運用の中の特徴的な運用方法には、次のような種類があります。

【アクティブ運用の種類】

バリュー投資(割安株)	企業の現在の業績や利益水準からみて、株価が割安な状態に置かれている銘柄に投資する手法。PERやPBRが同業他社と比べて低かったり、配当利回りが高かったりする銘柄を選んで投資している
グロース投資(成長株)	企業の成長性に着目し、将来の売上高や市場平均以上の利益水準が期待できる銘柄に投資する手法。PERやPBRが同業他社と比べて高かったり、配当利回りが低かったりする銘柄になる傾向が高い
トップダウン・アプローチ	経済・社会・政治などを取り巻く環境の分析から、業種別や国・地域別の組入れ比率を決め、その比率の中で組入れ銘柄を選んで投資する手法
ボトムアップ・アプローチ	個別企業の訪問リサーチや企業別IR(業績等の公表)などで、投資魅力のある銘柄を選び出し、ポートフォリオを構築していく投資手法

信託を中心に評価をするところがあるが、評価は過去の運用結果を評価したものに過ぎず、必ずしも評価の高いファンドが未来の収益も優れているわけではない。

5．上場投資信託(ETF)

上場投資信託(ETF)は、**特定の相場指標**に連動するように設定された投資信託で、証券取引所に上場されているものです。日経平均株価(日経225)や東証株価指数(TOPIX)などの代表的な株価指数に連動するものが中心になっていますが、日本株のほか、外国株や不動産投資信託(REIT)、商品などの指標に連動するものもあります。

一般の投資信託とは異なり、

①**立会時間中**であればいつでも時価で売買できる
②指値・成行注文ができる
③信用取引が可能
④購入時や売却時に**委託手数料**がかかる
⑤相対的に**信託報酬**が低い

などの特徴があります。

6．不動産投資信託(REIT)

投資家から集めた資金を土地や賃貸ビル、マンションなどの**不動産**に投資して、その**不動産**から発生する賃貸料などを利潤として還元していく投資信託です。不動産投資信託(REIT)には、**会社**型(投資法人)と**契約**型(投資信託)の２つがあります。

会社型(投資法人)とは、投資を目的とする法人を設立し、投資家から集めた資金を**投資信託委託業者**に委託して運用する不動産投資信託で、上場不動産投資信託(J-REIT)は**会社**型です。

また、一般の投資信託とは異なり、

①**立会時間中**であればいつでも時価で売買できる
②指値・成行注文ができる
③信用取引が可能
④購入時や売却時に**委託手数料**がかかる

などの特徴があります。

プラスα

その他の特徴的な投資信託として、上記のほかに、相場が上昇したときに利益が出るように設定されたブル型ファンドや、相場が下落したときに利益が

7．その他の特徴的な投資信託

投資信託の中には、前述の分類に収まらないいくつかの特徴をもったタイプもあります。代表的な投資信託をみていきましょう。

1ライフサイクル型ファンド

１つのファンドで**複数**の投資対象(国内外の株・債券)を設定し、運用のニーズに合わせて資産配分割合を調整できるタイプのファンドで、**固定アロケーション型**と**ターゲット・イヤー型**があります。

①固定アロケーション型

組入れ比率の違う複数のファンドを設定し、**安定型**・**安定成長型**・**積極型**などのタイプに分けて、投資家が自らのライフプランに従ってタイプの違うファンドを選べるようになっています。

株式比率の異なるタイプのイメージ

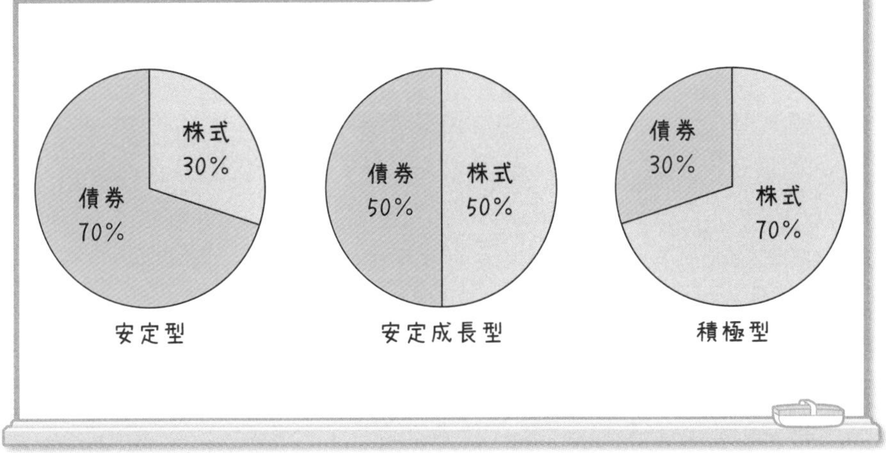

②ターゲット・イヤー型

一定の年次をターゲットにして、**資産配分比率**を自動的に安定志向へ変化させる仕組みをもったファンドです。固定アロケーション型のようにファンドの乗り換えが不要です。

2ファンド・オブ・ファンズ

複数の投資信託への投資を目的とする投資信託で、**投資信託**を買う投資信託といえます。個別の有価証券への投資はできません。

出るように設定されたベア型ファンドもある。雄牛(ブル)の角が上に向かっていることから上昇、熊(ベア)が前足を振り下ろす姿から下落を表している。

9 外貨建て商品

頻出度 **B**　CHECK

外貨建ての金融商品を利用する際には、その金融商品自体の特徴以外に**外国為替の仕組み**を理解しておくことが必要です。円と海外の通貨を交換する際の**為替レート**の基本的な用語と、どんな場合に為替差損益が生じるかなどを確認しましょう。

1 外貨建て商品の特徴

外貨建ての金融商品を購入する際は、円を外貨へ換えて購入することになります。その際に円と外貨を交換することを**外国為替**《がいこくかわせ》といい、交換するレートを**為替レート**といいます。外貨建ての金融商品では、その商品自体の収益以外に**為替レート**が変動することで収益や損失が出ることがあります。これを**為替リスク**といいます。

1ドルを150円として10ドル購入した場合

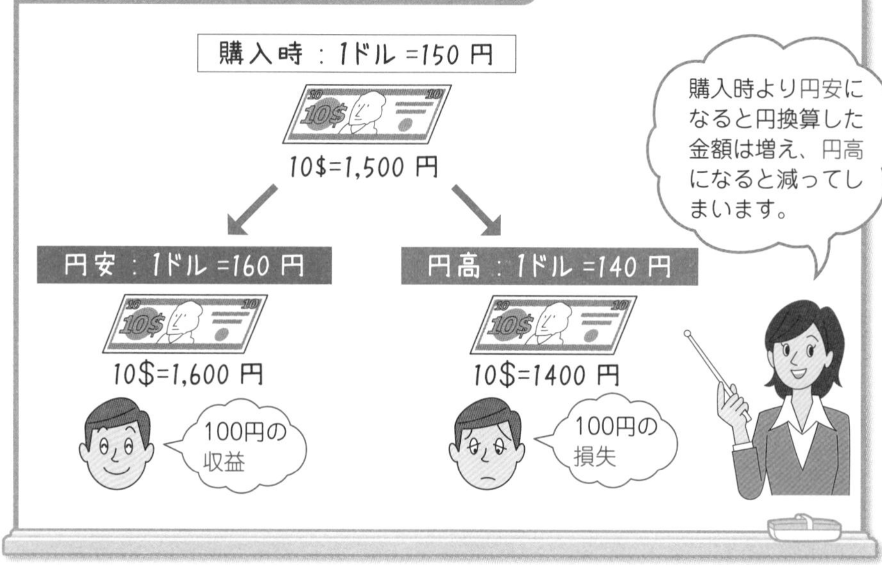

プラスα 一定の期日にその時の為替相場の状況とは関係なく、あらかじめ予約した条件で為替の取引をすることを為替先物予約という。為替変動によるリスクを

2 一般的な為替レート変動要因

通貨が売られる要因（円安）	通貨が買われる要因（円高）
景気悪化	景気拡大
貿易赤字拡大	貿易黒字拡大
金利低下	金利上昇
政局の混乱	政局安定
財政赤字拡大	財政安定

為替相場は、1つの要因だけで決定されるということはなく、このほかにも複数の要因が絡み合って変動していきます。

3 為替レート

1．為替レートの種類

円と外貨を交換する際の為替レートには、いくつかの種類があります。

【為替レートの種類】

種　類	内　容	例
TTS（対顧客電信売相場）	円を外貨に換えるときのレート TTMに手数料を加えたレート	1ドル=151円 （TTMに手数料1円を加える）
TTM（仲値）	銀行間の取引レート	1ドル=150円
TTB（対顧客電信買相場）	外貨を円に換えるときのレート TTMから手数料を引いたレート	1ドル=149円 （TTMから手数料1円を差し引く）

回避するために行う。為替先物予約を付けた場合の為替差益は、20.315%の源泉分離課税となる。

2．外貨建て商品の利回り計算 計算

外貨建ての金融商品で運用した場合の利回りの計算は、次のように行います。

預入時の条件

- 米ドル建ての1年定期預金に1,000ドルを預け入れる
- 金利3%
- 預入時のTTS　1ドル=150円

①円での投資金額を計算する

150円×1,000ドル=150,000円

②1年後の外貨建てでの税引き後元利合計を計算する

1,000ドル+(1,000ドル×3%)×0.79685※≒1,023.90ドル

※ 20.315%課税の場合、×0.79685とする

③満期時のTTBで円換算する

TTB　1ドル=149円　の場合

149円×1,023.90ドル≒152,561円

④投資金額に対しての利回りを計算する

(152,561円−150,000円)÷150,000円×100≒**1.707%**

＊ 復興特別所得税を含む

4 外貨預金

外貨で行う預金を**外貨預金**といい、円預金と同様に普通預金、定期預金などがあります。米ドルやユーロなどさまざまな通貨のものがあります。

	外貨普通預金	外貨定期預金
預入単位	通常1通貨単位から預入れ可	金融機関によって異なる
金　利	変動金利	固定金利
元　本	外貨ベースで元本確保	
税　金	マル優(179ページ)利用不可。 利子は利子所得として20.315%源泉分離課税。 元本部分の為替差益は雑所得として総合課税	
預金保険制度	対象外	

＊ 復興特別所得税を含む

プラスα　**外国債券・外貨建てMMFの譲渡益(売却益)は、2016年1月以降、20.315%の申告分離課税(2015年12月まで非課税)となった。償還差益も同様(2015**

5 外国株式

外国籍の株式会社が発行する株式です。外国株式の取引をする場合は、**外国証券取引口座**を開設する必要があります。取引の方法には次の3つがあります。

国内委託取引	国内の取引所に上場されている外国株式を売買
国内店頭取引	証券会社と相対で売買。海外市場の株価を基準とする
外国取引	証券会社の取り次ぎで海外の取引所で売買

6 外国債券

債券の発行元、通貨、発行場所の**いずれかが海外**である債券を、外国債券といいます。

【外国債券の種類】

外貨建て外債	払込み、利払い、償還がすべて外貨建てで行われる債券。 日本国内で外国の発行体が発行する外貨建ての債券をショーグン債という
円建て外債	円建てで発行される外国債券。 日本国内で外国の発行体が発行する円建ての債券をサムライ債という
二重通貨債	払込み、利払い、償還が異なる2種類の通貨で行われる債券。 払込みと利払いが円、償還が外貨の債券をデュアルカレンシー債、払込みと償還が円、利払いが外貨の債券をリバースデュアルカレンシー債という

7 外貨建てMMF

外貨建てMMFは、海外の高格付け債やCP(コマーシャルペーパー)を中心に運用される外国投資信託の1種です。

【外貨建てMMFの特徴】

分　配	実績分配で日々収益分配が行われ、月末には1カ月分まとめて再投資
元本保証	なし
解　約	いつでもペナルティなしで解約可

年までの総合課税)で、外貨で決済する場合も為替差益を含めて計算される。また、株式等との損益通算や売却損(償還損)の繰越しが可能となった。

10 金融派生商品・その他の金融商品

頻出度 C　CHECK

ポイント

金融派生商品にはさまざまなものがありますが、主に問われるのは**先物取引**、**オプション取引**、**スワップ取引**の３つです。それぞれの基本的な仕組みと特徴を理解しましょう。**コール・オプション**、**プット・オプション**などの用語も覚えましょう。

1 金融派生商品 頻出

金融派生商品とは株式や債券、為替など従来ある金融商品から、リスクを回避するために派生して生まれてきた商品です。主に3つの取引があります。

1．先物取引

ある商品を、将来の一定期日または一定期間内に、**あらかじめ決められた価格で売買するという契約をする取引**を、**先物取引**といいます。先物取引には、将来の価格変動のリスクを回避するために行われる**ヘッジ取引**などがあります。

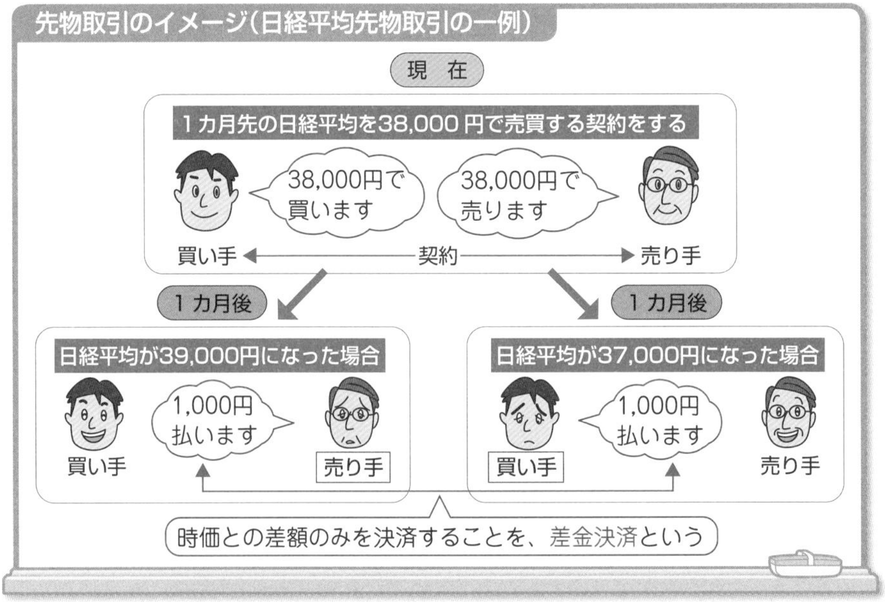

プラスα　**先物取引は取引所取引で、日経平均株価先物取引、TOPIX先物取引などの株価指数の先物取引や、長期国債先物取引などの債券先物取引などがある。**

2．オプション取引

ある商品を一定の期日までに一定の金額で「買う権利」や「売る権利」を売買する取引を、**オプション取引**といいます。買う権利を**コール・オプション**、売る権利を**プット・オプション**、権利の料金（オプション料金）を**プレミアム**といいます。

オプションの買い手は、相場が予想どおり動かなかった場合、権利を放棄して支払ったプレミアムのみに**損失を限定**することができますが、オプションの売り手は、買い手の権利行使に応じる義務があるため、相場の動きによって損失に**限度はありません**。

コール・オプション（買う権利）の売買の例

現　在　日経平均：38,000円　プレミアム：500円　権利行使価格：38,500円

買い手
プレミアム500円を支払い、日経平均を38,500円で買う権利を得る

売り手
プレミアム500円を受け取り、日経平均を38,500円で売る義務を負う

日経平均が40,000円になった場合

買い手
権利を行使して38,500円で日経平均を買い40,000円で市場で売ると利益が出る

売り手
市場で40,000円の日経平均を38,500円で売る義務があるため損失が生じる

日経平均が36,000円になった場合

買い手
権利を放棄して、支払ったプレミアム500円が損失となる（損失は500円に限定）

売り手
プレミアム500円が利益となる
（利益は500円に限定）

買い手は権利を行使するか放棄するか、自由に選択できる

期日前に反対売買を行い、差金決済することができる。先物取引と同じような取引で先渡取引もあるが、店頭取引で期日決済となる。

3．スワップ取引

スワップは交換の意味で使われますが、現在価値が同じキャッシュフローを**交換する取引**を指します。代表的な取引に、同じ通貨で変動金利と固定金利を交換して金利部分のみを受け渡しする**金利スワップ**や、米ドルと日本円というように異なる通貨建ての債務を交換する**通貨スワップ**などがあります。

4．その他の金融商品

その他の金融商品には、次のようなものがあります。

預貯金	特　徴
金地金	金の現物取引「ゴールド・バー」「金の延べ棒」。1kg、500g、100g単位など 「有事の金」として国際的な取引が可能
金貨	「投資用金貨」＝主に投資用として鋳造される。「収集用金貨」＝国王の即位やオリンピック開催などを記念して鋳造される
純金積立	毎月一定金額を口座から引き落とし、その月の平均価格で購入
抵当証券	不動産を担保に抵当権を設定し、一般投資家に販売する有価証券

貴金属関連は、一部の銀行、証券会社、貴金属商など、抵当証券は、抵当証券会社で取り扱います。

確認しよう！

Q1 □□ オプション取引において、特定の商品を将来の一定期日にあらかじめ決められた価格（権利行使価格）で買う権利のことをプット・オプションという。

Q2 □□ コール・オプションの買い手は、原資産の市場価格が権利行使価格よりも値下がりした場合、その権利を放棄することができる。

A1 ×（⇒p.171）　**A2** ○（⇒p.171）

プラスα 金は、それそのものに価値がある商品としてインフレに強く、とくに有事の際に人気があるという特徴がある。国際的には、1トロイオンス（約31.1035g）あた

11 ポートフォリオ

頻出度 C　CHECK

ポートフォリオ運用とは何か、目的や効果など基礎的な考え方が問われます。**リスクとリターン**の定義や、**分散投資の手法**、**相関係数**の基本的な考え方などを理解しましょう。

1 ポートフォリオ運用

ポートフォリオとは、金融商品の組み合わせや、資産の分散を指す言葉です。ポートフォリオ運用では、異なる金融商品や資産を組み合わせることで**リスクを低減**させて、**運用の効率化**を図るという目的があります。

1．リスクとリターン

金融商品に投資した結果を**リターン**といいます。投資した結果のリターンはプラスの場合もマイナスの場合もあります。一方、投資した結果得られるリターンが予測できない不確実性を**リスク**といいます。リターンのぶれ幅が大きい場合をリスクが高い、ぶれ幅が小さい場合をリスクが低いといいます。

リスクとリターンのイメージ

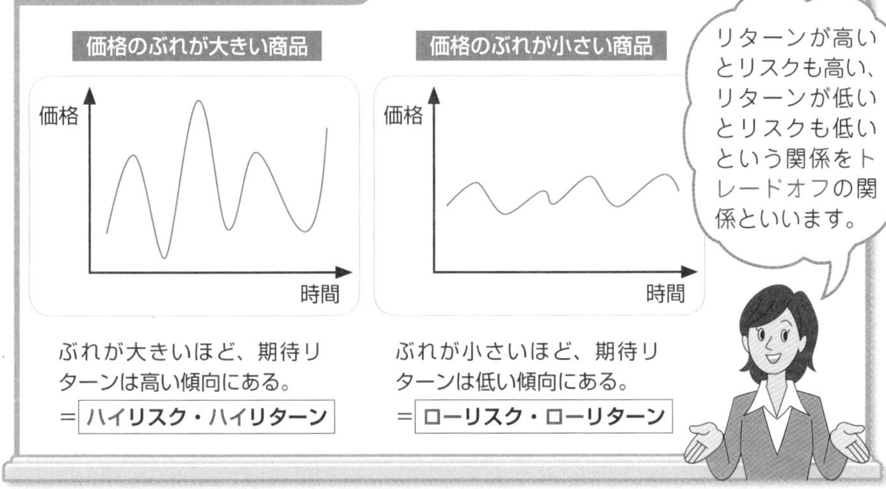

りのドル建て価格で取引されており、国内では１グラムあたりの円建て価格で取引されている。そのため、金の国内価格は、為替が円高になると下落し、円安になると上昇する。

2. リスクの種類

金融商品の主なリスクの種類は、以下のとおりです。

信用リスク	金融機関や投資先が破綻して元本が減少する
金利変動リスク	市場金利が変動して資産価値が変動する
価格変動リスク	株価などが変動して資産価値が変動する
為替変動リスク	為替が変動して資産価値が変動する

3. 分散投資

リスクを軽減するためには、以下のような分散投資が有効とされます。

投資対象の分散	株式や債券などを、1銘柄ではなく、複数の銘柄に分散する銘柄分散や、国内株式市場や海外債券市場といった異なる資産クラスに分散する資産分散という考え方がある
投資タイミングの分散	一時期に投資すると高値で購入するリスクがあるが、投資時期を分けることで価格変動のリスクを軽減。代表的な方法で、定期的に継続して一定額ずつ購入していくドルコスト平均法がある

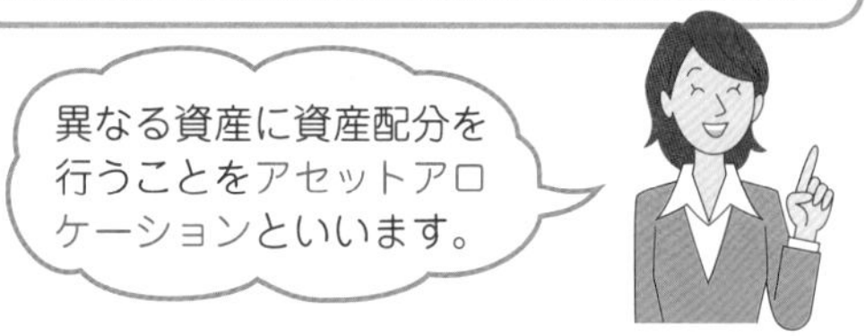

4. 相関係数

2つの資産の間で、値動き等の相関関係の強さを表す指標を**相関係数**といいます。**相関係数**は－1から1までの数値で表され、－1に近づくほど、リスクの軽減が期待できます。

相関係数＝－1	負の完全相関。まったく逆方向へ値動きする
相関係数＝0	無相関。値動きにまったく連動性がない
相関係数＝1	正の完全相関。まったく同じ方向へ値動きする

プラスα **投資をした結果得られる収益を、事前に予想するための指標を期待収益率といい、将来に実現できるであろう収益と、その確率を仮定して予想される投**

3日目●金融資産運用

頻出度 B　CHECK

12 金融商品の税金

預貯金や株式、債券、投資信託などの各金融商品の収益が**どの所得区分で課税**されるのか確認しましょう。**非課税貯蓄制度**の基本的な仕組みと適用される金融商品を押さえることも重要です。

1 預貯金など

預貯金の利息や金銭信託(ヒット含む)の収益分配金などは、原則、**利子所得**として**20.315%の源泉分離課税**となっています。

＊ 復興特別所得税を含む

2 債　券

2016年1月から債券にかかる税制が変更となり、上場株式と同様の取扱いになりました(金融所得課税の一体化)。

		所得区分	税　率
利付債	利　子	源泉徴収後申告不要 または申告分離課税を選択	20.315% (所得税15.315%・住民税5%)
	償還差益	譲渡所得として申告分離課税	
	売却益		
割引債	償還差益	譲渡所得として申告分離課税	
	売却益		

＊ 復興特別所得税を含む

3 株　式

株式投資で得られる収益には、配当金(**インカム**ゲイン)と売却益(**キャピタル**ゲイン)があります。それぞれの課税関係は次ページのとおりです。

資収益率を、加重平均して求める。期待収益に対する実際の収益のばらつき(リスク)の大きさを計るものとして、分散や標準偏差が使われる。

【配当金と売却益の課税関係】

	課税方法	税　率
配当金	配当金支払時に源泉徴収される。原則、確定申告が必要だが、申告不要を選択することもできる。申告する場合は、総合課税のほかに申告分離課税を選択することも可能	20.315% （所得税15.315%・住民税5%）
売却益	上場株式等の譲渡所得として申告分離課税。 特定口座で源泉徴収ありを選択していると、申告不要とすることができる	

＊ 復興特別所得税を含む

4 投資信託

投資信託の収益には、分配金と解約益・譲渡益・償還差益があります。

1．公社債投資信託の課税

2016年1月から公社債投信の収益分配金などは、税制上「上場株式等」と同様の取扱いになりました（金融所得課税の一体化）。

	課税方法	税　率
分配金	源泉徴収後申告不要 または申告分離課税を選択	20.315% （所得税15.315%・住民税5%）
解約益・償還差益	譲渡所得として申告分離課税	

＊ 復興特別所得税を含む

2．株式投資信託の課税

株式投資信託の課税は、以下のようになります。

	課税方法	税　率
収益分配金	値上がり益に相当する普通分配金は配当所得として源泉徴収される。 元本の払戻しに相当する元本払戻金（特別分配金）は非課税	20.315% （所得税15.315%・住民税5%）
解約益・譲渡益・償還差益	譲渡所得として申告分離課税	

＊ 復興特別所得税を含む

プラスα　**特定口座とは、投資家の負担を軽減するために設けられた制度で、１つの証券会社で１つの口座を開設できる。特定口座で取引している上場株式等の譲**

5 少額投資非課税制度（NISA）　頻出　暗記

株式や株式投資信託など一定の金融商品について、配当所得や譲渡所得が非課税となる制度です。

1．NISAの概要

【2024年以降　NISA（つみたて投資枠と成長投資枠）】　改正

	つみたて投資枠　（併用可）	成長投資枠
年間投資枠	120万円（積立投資）	240万円
非課税保有期間	無期限化	
非課税保有限度額	1,800万円※1（うち成長投資枠1,200万円）	
口座開設期間	恒久化	
投資対象商品	要件を満たした投資信託等（つみたてNISA対象商品と同様）	上場株式・投資信託※2等
対象年齢	18歳以上	

※1 翌年以降に枠の再利用が可能
※2 信託期間20年未満、高レバレッジ型・毎月分配型など除く

【2023年まで　つみたてNISAと一般NISA】

	つみたてNISA　（選択制）	一般NISA
年間投資枠	40万円（積立投資）	120万円
非課税保有期間	最長20年間※1	最長5年間※1
口座開設期間	2023年まで	
投資対象商品	要件を満たした投資信託等	上場株式・投資信託等
対象年齢	18歳以上	

※1 途中売却可。ただし、売却した枠の再利用不可
＊ 0歳～17歳を対象とするジュニアNISA（年間投資枠：80万円）は2023年で廃止されたが、18歳になるまで非課税で保有できる

渡益については、証券会社が損益の計算を行い、特定口座年間取引報告書を作成し、これに基づいて確定申告することができる。

2. NISAの特徴と留意点

①特定口座・一般口座で保有しているものをNISAに移管できない

証券会社などの口座（特定口座、一般口座）で保有している上場株式や株式投資信託等をNISA口座に移すことはできません。

②未使用枠の翌年以降の繰越不可

その年の非課税枠を上限額まで使い切らなかった場合、その年の未使用分を翌年以降へ繰り越して使用することはできません。

③損益通算できない

NISA口座で売却することにより生じた損失は、同じNISA口座や一般口座・特定口座で保有する他の上場株式等の配当金等や譲渡益と**通算**できません。また、確定申告で翌年以降に**損失を繰り越すことも**できません。

④配当金を非課税で受け取るには株式数比例配分方式を選択

NISA口座で購入した上場株式の配当金やETF、REITの分配金の受け取りを非課税扱いとするには、「証券会社の取引口座で受け取る（**株式数比例配分方式**）」を選択する必要があります。

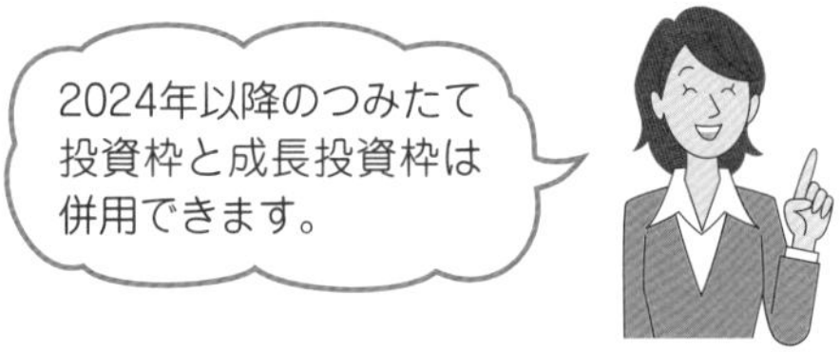

●2023年までに投資したNISAはどうなるの？

2023年末までに一般NISA・つみたてNISAで投資した商品は、2024年からのNISA口座とは別枠で非課税措置が適用されます。また、2024年以降のNISA口座へロールオーバー（非課税期間終了後、一定の手続きのもと、翌年の非課税枠に移管して利用）することはできません（つみたてNISAにはもともとロールオーバーの仕組みはありません）。

プラスα 一般NISAは、上場している株式、ETF（上場投資信託）、REIT（不動産投資信託）や株式投資信託等が対象となる。預金や国債、社債、MRFやMMFな

6 財形貯蓄制度

財形貯蓄制度とは、企業の従業員などが給与天引きで貯蓄できる制度で、一般財形貯蓄、財形住宅貯蓄、財形年金貯蓄の3種類があります。このうち**財形住宅貯蓄**と**財形年金貯蓄**は、一定の条件を満たすと利子等が非課税で貯蓄できます。

	財形住宅貯蓄	財形年金貯蓄
非課税の条件	契約時に55歳未満の勤労者であること、1人1契約、5年以上の定期的積立て	
	住宅取得または増改築の費用に充当すること	60歳以降で5年以上20年以下の年金給付とする、年金支払開始前の据置は5年以内
非課税限度額	財形住宅貯蓄と財形年金貯蓄を合算して元利合計550万円(保険型は払込保険料で550万円)	

7 障害者等の非課税貯蓄制度(マル優)

身体障害者など一定の方は、非課税で貯蓄できる制度があります。

	マル優	特別マル優
対象者	身体障害者手帳の交付を受けている人や障害年金を受けている人、遺族年金や寡婦年金を受けている妻など、一定の要件を満たす人	
対象商品	預貯金、ヒット、金銭信託、利付国債	利付国債 公募地方債
限度額	元本350万円までの利子	額面金額350万円までの利子

確認しよう!

Q1 投資信託の収益分配金のうち、元本払戻金(特別分配金)は、配当所得として20.315%が源泉徴収される。

Q2 NISAのつみたて投資枠と成長投資枠は、同一年中において併用して利用することができる。

A1 ×　(⇒p.176)　**A2** ○　(⇒p.177)

どの公社債投資信託は対象外である。なお、つみたてNISAは一定の要件を満たした投資信託とETFに限定されている。

13 セーフティネットと関連法規

頻出度 C　CHECK

ポイント

消費者を守るための制度や法律にはさまざまなものがあります。**預金保険制度**や**日本投資者保護基金**などのセーフティネット、**金融サービス提供法**や**消費者契約法**などの関連法規は重要です。それぞれの目的や適用範囲、効果などを整理して覚えましょう。

1 セーフティネット

1．預金保険制度

預金保険制度とは、金融機関が破綻した場合に、一定範囲内の預金を保護し、信用秩序を維持していくための制度です。日本国内に本店を置く金融機関は、**預金保険制度**に加入が義務付けられ、破綻に備えます。金融機関が破綻した場合、預金者１人あたり１金融機関につき元本**1,000**万円までとその利息が保護されます。ただし、**決済用預金**(無利息、要求払い、決済可)は**全額保護**されます。

【保護対象の商品】

預金保険制度の 対象となる商品	普通預金・定期預金・当座預金・別段預金・通知預金 貯蓄預金・定期積金・元本補てん契約のある金銭信託 金融債(保護預かり専用の商品)など
預金保険制度の 対象とならない商品	外貨預金・譲渡性預金(CD)・元本補てん契約のない金銭信託・金融債(保護預かり以外・募集債)・抵当証券

2．日本投資者保護基金

投資家が預け入れた金銭や有価証券等は分別管理(証券会社の資産と投資家の預かり資産を分けて管理すること)がなされていますが、投資家保護のため、証券会社が破綻した場合でも確実に返還できるように設けられたのが、日本投資者保護基金です。１人あたりの補償限度額は**1,000万円**です。

プラスα

犯罪による収益の移転の防止を図る犯罪収益移転防止法では、金融機関に対して本人確認を義務付けている。口座を開設して取引を始める際や、現金で

2　関連法規

1．消費者契約法

消費者契約法では、事業者の不正な行為により消費者に重要な事項を誤認させたり、困惑させたりした場合には、その契約を**取り消す**ことができると定めています。また、消費者の利益を不当に害する一定の条項があれば、該当する一部の条項、または契約すべてを無効とすることができます。

【消費者契約法の特徴】

適用対象	・消費者と事業者の間で交わされる契約全般 ・個人が保護される
適用される場合	・重要事項に関して誤認させた場合 ・不退去、監禁など消費者を困惑させる行為をした場合 ・消費者に一方的に不利益な契約条項がある場合
法律の効果	・契約を取り消すことができる ・一方的に不利益な契約条項は無効となる

2．金融サービス提供法

金融機関などの金融商品販売業者が、顧客に対して説明すべき**重要事項**の説明を怠って、顧客が損害を被った場合、業者は**損害賠償責任**を負うことになります。この場合の損害額は、**元本欠損額**(払い込んだ額より、受け取った額が少ない場合の差額)と推定されます。

【金融サービス提供法の特徴】

適用対象	・金融商品にかかる契約 ・個人および事業者(プロを除く)が保護される
適用される場合	以下の重要事項の説明義務に違反した場合 ・元本欠損を生ずるおそれの有無とその要因 ・権利行使期間の制限等
法律の効果	元本の欠損額を損害として損害賠償請求することができる

200万円を超える大口取引を行う場合、10万円を超える現金を送金するときなどは、公的な書類により氏名、住所、生年月日を確認する本人確認が必要となる。

3．金融商品取引法

有価証券の発行や**金融商品**等の取引を公正にし、**有価証券**の流通を円滑にするなどの目的で制定されました。金融商品取引法での主な規制のポイントは、次の4つです。

金融商品取引法の規制の4つのポイント

適合性の原則	業者は顧客の知識、経験、財産の状況および契約の締結目的に照らして、投資者保護の観点から不適切な勧誘を行ってはならない
広告の規制	業者は取引内容の広告を行う場合、リスクや手数料の明示、顧客にとって不利益な事項の開示などに留意して、わかりやすい大きな文字で明記しなければならない
契約締結前書面の事前交付義務	業者は契約締結しようとするときは、事前に商号・氏名・住所・登録番号などを明示した書面を、顧客に交付しなければならない
特定投資家制度	投資家を特定投資家（機関投資家、国、日本銀行など）と一般投資家（アマチュア、個人）に分類し、特定投資家には規制の一部除外が認められている

4．金融ADR（金融分野における裁判外紛争解決制度）

金融ADRとは、**金融機関**と**利用者**の間のトラブルを、**裁判**以外の方法で解決を図る制度です。金融ADR制度において、内閣総理大臣が指定する**指定紛争解決機関**には、全国銀行協会、生命保険協会、**日本損害保険協会**、証券・金融商品あっせん相談センターなどがあります。

確認しよう！

Q1 □□ 預金保険制度の対象金融機関に預け入れた決済用預金は、預金金額の多寡にかかわらず、全額が預金保険制度の保護の対象となる。

A1 ○ （⇒p.180）

プラスα 金融サービス提供法の対象商品は、預貯金、投資信託、保険、商品ファンド、FX取引など。商品先物取引、ゴルフ会員権、レジャー会員権などは対象外である。

3日目●金融資産運用

一問一答 最終チェック

CHECK

3日目の学習が終わりました。ここで、この章のおさらいをしましょう。問題のすぐ下にある解答を赤シートでかくして、問題にチャレンジしてください。間違ったときは、必ず参照ページに戻って確認し、実力アップをめざしましょう！

□□□ **問1** 経済成長率は、通常、実質成長率で判断される。

解答1 ○ 設問のとおり。GDPには、物価の影響を考慮した実質成長率と、考慮しない名目成長率があります。⇒p.134

□□□ **問2** 景気動向指数は、生産や雇用など景気に敏感な指標を統合することによって景気の現状を把握するために作成される指標で、内閣府が毎月公表している。

解答2 ○ 設問のとおり。先行指数、一致指数、遅行指数の3つがあります。⇒p.135

□□□ **問3** 債券が新規発行される際の発行価格が額面金額よりも高い場合を、パー発行という。

解答3 × 設問は間違い。発行価格＞額面（100円）の場合を、オーバーパー発行といいます。この場合、償還時に償還差損が生じます。⇒p.144

□□□ **問4** 個人向け国債は、金利の下限が年0.05%とされ、購入単価は最低1万円から1万円単位である。

解答4 ○ 設問のとおり。個人向け国債は金利水準が下がっても下限金利が年0.05%とされ、最低1万円から1万円単位で購入できます。⇒p.145

□□□ **問5** 既に市場で取引されている債券を購入し、償還期限まで保有した場合の利回りを所有期間利回りという。

解答5 × 設問は間違い。上記の説明は、最終利回りのことです。所有期間利回りは、償還期限前に売却した場合の利回りです。⇒p.147

□□□ **問6** 格付けがBB以上の債券を、一般的に投資適格債という。

解答6 × 設問は間違い。一般的に投資適格債といわれるのは、BBB以上の債券です。⇒p.148

□□□ **問7** 単元株とは、銘柄ごとに決められている最低売買単位であり、通常は1単元につき1議決権が与えられる。

解答7 ○ 設問のとおり。1単元100株など、ひとかたまりの株式をいいます。1単元につき、1議決権が与えられます。⇒p.151

□□□ **問8** 株式の売買で値段を指定して注文する方法を、指値注文という。

解答8 ○ 設問のとおり。値段の指定をせずに注文を出す方法は、成行注文です。⇒p.152

□□□ **問9** 日経平均株価とは東証プライム市場上場銘柄の時価総額を加重平均した指数である。

解答9 ✕ 設問は間違い。日経平均株価とは、東証プライム市場上場銘柄のうち225銘柄を選び、権利落ちや銘柄入れ替えがあっても連続性を失わないようにされた修正平均株価です。⇒p.154

□□□ **問10** PERは、株価を1株あたりの純資産で割って求められる。

解答10 ✕ 設問は間違い。PERは、株価を1株あたりの純利益で割って求めます。⇒p.156

□□□ **問11** 投資信託の基準価額は純資産総額を受益権総口数で割って求める。

解答11 ○ 設問のとおり。基準価額とは、信託財産の1口あたりの時価です。⇒p.159

□□□ **問12** 公社債投資信託は、株式を一切組み入れないで運用を行う。

解答12 ○ 設問のとおり。MRF、長期公社債投信、MMF、中期国債ファンドがあります。⇒p.161

□□□ **問13** 目標とするベンチマークの値動きに連動することをめざす運用スタイルをパッシブ運用という。

解答13 ○ 設問のとおり。ベンチマークを上回ることをめざすスタイルを、アクティブ運用といいます。⇒p.162

□□□ **問14** 外貨定期預金の元本部分の為替差益は、非課税となる。

解答14 ✕ 設問は間違い。雑所得として総合課税となります。⇒p.168

□□□ **問15** オプション取引とは、将来の一定期日または一定期間内にあらかじめ決められた価格で売買するという契約をする取引である。

解答15 ✕ 設問は間違い。上記の説明は、先物取引。オプション取引は、買う権利や売る権利を売買する取引です。⇒p.170、171

□□□ **問16** 株式投資信託の分配金には、普通分配金と元本払戻金（特別分配金）がある。

解答16 ○ 設問のとおり。普通分配金は課税されますが、元本払戻金（特別分配金）は非課税です。⇒p.176

□□□ **問17** つみたて投資枠の非課税投資枠は毎年40万円、非課税期間は投資した年から最長20年間である。

解答17 ✕ 設問は間違い。上記はつみたてNISAの説明です。2024年からのつみたて投資枠は毎年120万円、非課税期間は無期限です。⇒p.177

□□□ **問18** 日本国内に本店を置く銀行の外貨預金は、預金保険制度の対象となる。

解答18 ✕ 設問は間違い。外貨預金は対象外です。⇒p.180

4日目

タックス プランニング

1 我が国の税制

頻出度 C

CHECK

ポイント

税金には、どこに納めるか、誰がどのように納めるのかなどによって、いろいろな分類方法があります。ここでは、**税金の種類と特徴**を正しく理解することがポイントとなります。また、税金に関する基本的な用語も正しく覚えましょう。

1 税金の種類

税金にはさまざまな種類があり、どこに納めるのか、どのように納めるのかによって分けられます。

1．どこに納めるか

国へ納める税金を**国税**、地方公共団体へ納める税金を**地方税**といいます。地方税には都道府県へ納める都道府県税と、区市町村へ納める区市町村税があります。

税金 → 国　国税

税金 → 地方公共団体　地方税 ｛道府県税(都民税含む)／市町村民税(特別区民税含む)｝

2．誰が納めるか

税金を負担する人と実際に納める人が同じ税金を**直接税**といい、異なる場合を**間接税**といいます。

直接税：税金を負担する人 → 国・地方公共団体

間接税：税金を負担する人 → 税金を納める人 → 国・地方公共団体

プラスα　税額を負担する人を「担税者」といい、実際に納税を行う義務がある人を「納税義務者」という。また、課税の対象となる者や行為などを「課税対象」とい

【主な税金の種類】 暗記

国　税	直接税　→　所得税、法人税、相続税、贈与税　など 間接税　→　消費税、たばこ税、印紙税　など
地方税	直接税　→　道府県民税、市町村民税、固定資産税、不動産取得税、事業税　など 間接税　→　地方消費税、道府県たばこ税、市町村たばこ税　など

3. 税額の決まり方による分類

税額を確定する方法には、納税する者が自分で所得や納める税額を計算して申告する方式(**申告納税方式**)と、国や地方公共団体が納める税額を決定し、書面などで納税者に通知する方式(**賦課《ふか》課税方式**)があります。

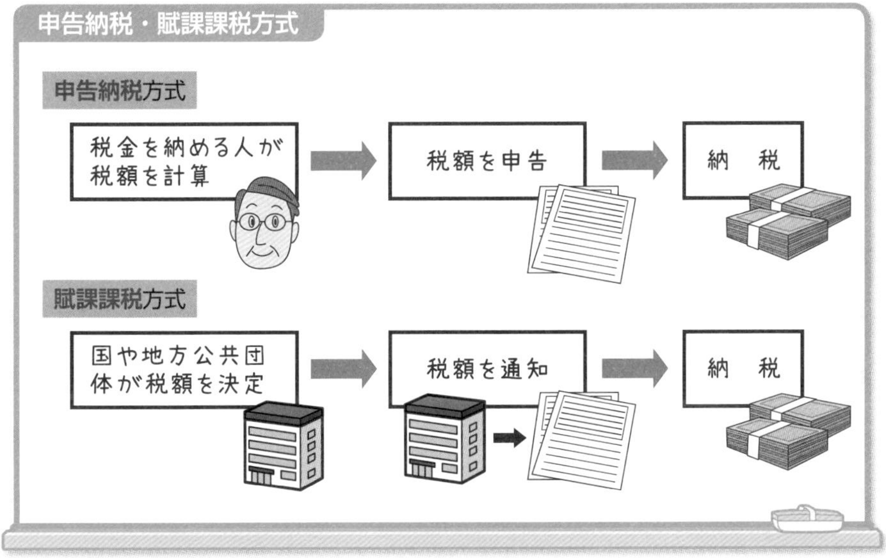

4. 税率の種類

課税される対象を金額などで表し、税額を計算する際に基礎とする金額を、**課税標準**といいます。この課税標準に適用される比率が、税率です。課税標準が高くなるにつれて税率が高くなる方式の税率を「**累進《るいしん》税率**」といい、課税標準の金額が多いか少ないかにかかわらず同じ税率を適用する方式を「**比例税率**」といいます。

い、この課税対象を金額などで表し、税率を適用する際の基礎とされる額を「課税標準」という。

2 所得税の仕組み

頻出度 A　CHECK

ポイント

所得税の仕組みを理解するために、まずは**収入と所得の違い**を確認しましょう。また、何に対する税金か、誰がどのように納めるか、所得税のかからない所得は何かなど、**所得税の基本的な仕組み**を確認しましょう。

1 所得税の基礎

1．所得とは

所得税は個人が得た所得に対する税金です。ここでいう所得とは、個人が1年間に得られた収入から、その収入を得るために必要となった経費を差し引いた金額、いわゆる「儲け（利益）」のことを指します。

所得のイメージ例

個人商店を営むAさん。1年間の売上が800万円、必要経費が300万円のケース

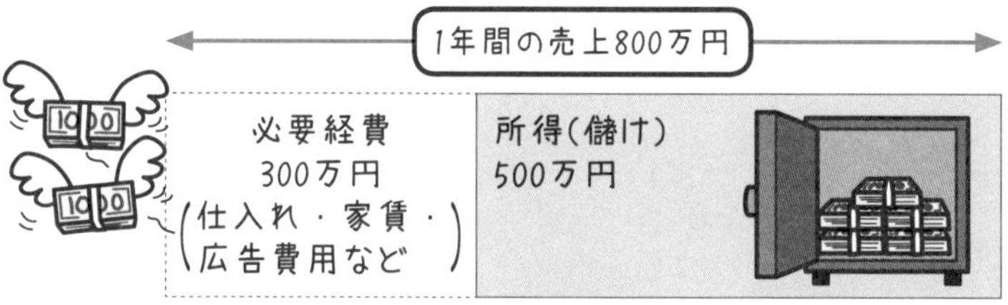

2．所得税の原則

所得税を計算する際には、以下のような原則があります。

所得を得た個人ごとへ課税されます。	➡	個人単位課税
1月1日～12月31日までの1暦年の所得に対して課税されます。	➡	暦年単位課税
負担できる能力に応じて課税されます。	➡	応能負担

プラスα **所得を計算する際には、その年に収入すべきことが確定した金額を収入とする。そのため、実際に収入があった場合のみでなく、確定した金額でまだ未**

3．納税義務者

所得税は、名義が誰かということにかかわらず、**実質的にその所得を得た個人に課税されます**。その人がどこで生活しているかなどによって、納税義務の範囲が異なります。

対象者	課税される所得
居住者※1	すべての所得
居住者のうち非永住者※2	国内で生じた所得 国外で生じた所得のうち、日本で支払われた所得と、外国から送金された所得
非居住者	国内で生じた所得

日本に住んでいる人のほとんどが、居住者に該当する

※1 国内に住所があるか、現在まで引き続いて1年以上居所がある
※2 居住者のうち、日本国籍がなく、過去10年間のうち、5年以下の期間しか国内に住所または居所がない場合

4．所得税が非課税となるもの　暗記

個人が得た所得の中でも、以下の所得は所得税が課税されません。

- 障害者などが預け入れた預貯金などで、一定の金額までに対する利息
- **出張**および**転勤**の旅費で**通常必要**なもの
- 通勤手当（月額**15**万円まで）
- **生活用動産**を譲渡して得た所得
- 公的年金のうち**障害・遺族給付**
- 雇用保険から支給される**失業給付**
- 生活保護の給付
- **宝くじの当せん金**
- 慰謝料
- 損害賠償金　など

収となっている金額も、収入として含んで計算する。また、収入には金銭のみでなく、金銭以外の経済的利益や権利なども含まれる。

5．所得税の計算の流れ　頻出

所得税を計算するまでには、いくつかのステップがあります。その計算の流れは、以下のようになります。

STEP 1　10種類の所得に分ける

1年間で得られた収入をその性質などによって10種類に分類し、それぞれの収入から必要経費を差し引いて所得を計算します。

利子所得	配当所得
不動産所得	事業所得
給与所得	譲渡所得
一時所得	雑所得
山林所得	退職所得

STEP 2　各所得での損益を通算する

STEP 1で計算した各所得のうち、一定の所得で赤字が出た場合、その他の所得の黒字と差引きして損益を通算します。これを損益通算といいます。

不動産所得（赤字）　給与所得（黒字）

黒字から赤字を差引き

STEP 3　前年から繰り越した赤字を控除する

損益通算しても引ききれない損失は、翌年以降3年間にわたって繰り越すことができます（純損失の繰越控除）。繰り越された損失がある場合は、この損失を差し引きます。

前年の赤字　本年の黒字

前年の赤字を本年の黒字から差引き

STEP 4　所得を合算する（課税標準の計算）

他の所得と合算して税率を適用する総合課税の所得と、他の所得と分けて税率を適用する分離課税の所得に分け、総合課税される所得金額を合算します。

総合課税（総所得金額）

利子所得※	配当所得
不動産所得	事業所得
給与所得	雑所得
一時所得	譲渡所得（一部）

※源泉分離課税の対象とならないもの

分離課税

山林所得	退職所得
	譲渡所得（一部）

プラスα　**譲渡所得の金額は、譲渡した資産の種類によって、土地・建物・株式等以外の譲渡所得と株式等の譲渡所得と土地・建物等の譲渡所得に分けられる。こ**

STEP5　所得控除を差し引く（課税所得の計算）

その人の担税力やその年の支出の状況などで税額を調整する「所得控除」を差し引きます。
まず、総合課税となる総所得金額から差し引き、引ききれない所得控除がある場合は、分離課税となる所得から控除します。

総合課税（総所得金額）　－　所得控除
↓ 引ききれないときは
分離課税の所得　－　所得控除

STEP6　税率を適用する

総合課税される総所得金額には「超過累進税率」を適用し、分離課税される課税所得にはそれぞれの税率を適用し税額を計算します。

STEP7　税額控除を差し引く

STEP６で計算された税額から「税額控除」を差し引きます。さらに、源泉徴収された額や予定納税で納めた額があれば、それを差し引いた額が納付する税額となります。

確認しよう！

Q1　所得税は、世帯ごとに課税される。

Q2　個人が得た所得でも、雇用保険から支給される失業給付は非課税である。

Q3　退職所得は、他の所得と合算して税率を適用する総合課税である。

Q4　所得税の計算の流れの中で、所得控除とは、算出された所得税額から直接差し引く控除である。

A1　×（⇒p.188）　**A2**　○（⇒p.189）　**A3**　×（⇒p.190）
A4　×（⇒p.191）

のうち、土地・建物・株式等以外の譲渡所得は総合課税となるが、株式等と土地・建物等の譲渡所得は分離課税となる。

頻出度 A　CHECK

3 10種類の所得①

ポイント

個人の所得は10種類に区分されます。どのような収入がどの所得に該当するかを整理して覚えましょう。とくに**利子所得**と**配当所得**など似ているものは要注意です。また**事業所得**や**不動産所得**では必要経費の考え方も重要となります。

1 利子所得

1．利子所得となるもの

預貯金の利子や**国債・地方債**など**公社債**の利子は、利子所得となります。また、**公社債**投資信託（MMF、MRFなど）の収益分配金も、利子所得となります。

【利子所得と間違えやすい所得の例】

- 割引債の償還差益　⇒　2016年以後に発行のものは**譲渡**所得（2015年以前に発行のものは雑所得）
- 友人、知人などへの貸付金に対する利子　⇒　**雑**所得
- 株式投資信託の収益分配　⇒　**配当**所得
- 抵当証券の利息、定期積金の給付補てん金　⇒　**雑**所得

2．利子所得の計算方法

利子や収益分配等の収入金額が、そのまま利子所得となります。

利子所得の金額＝収入金額

3．課税の方法

国内において支払われる利子等は、受け取る際に**20.315％**（所得税15.315％＊・住民税**5％**）が差し引かれます。収入が支払われる際に、税金を差し引くことを**源泉徴収**といいます。2016年以後、居住者等が支払いを受ける一定の公社債等の利子等については**申告分離課税**、または**申告不要**を選択できます。

＊ 復興特別所得税を含む

プラスα　**その年に上場株式等を売却して損失が出た場合には、配当所得や2016年以後に支払いを受ける公社債等の利子等と通算することができるようになった。**

2 配当所得

1．配当所得の範囲

株式投資をした際などに、その法人から受け取る配当金は配当所得となります。また、**証券投資信託（公社債投資信託以外）**の収益分配も、配当所得となります。

2．配当所得の計算方法

利子所得と同様に基本的には**必要経費**はありません。ただし、株式などを取得する際に借入れをした場合などは、その借入金の利子は必要経費となります。

配当所得の金額＝収入金額－株式などを取得するための借入金の利子

3．課税の方法

1原則

配当所得は、その他の所得と合算して税率を適用する**総合課税**が原則です。ただし、配当等が支払われる際には、一定の所得税等が源泉徴収されます。源泉徴収された税金に過不足が生じる場合は、**確定申告**により精算されます。

一定の上場株式等の配当、公募株式投資信託の収益分配の源泉徴収税率
20.315%（所得税15.315%・住民税5%）

＊ 復興特別所得税を含む

2その他

申告分離課税や**申告不要**制度を選択することもできます。ただし、いずれを選択しても配当控除は受けられません。なお、申告する配当は、その全額を総合課税か申告分離課税のどちらかに統一しなければなりません。

申告不要	上場株式等の配当金は金額にかかわらず選択可。源泉徴収で課税が完了
申告分離課税	確定申告の際、総合課税とはせず、分離して課税。 税率　所得税15.315%・住民税5%

＊ 復興特別所得税を含む
＊ 少額投資非課税制度については、177ページ参照

ただし、この損益通算ができるのは、申告分離課税を選択した配当等に限られる。また、その年に引ききれない損失が残る場合は、翌年以降3年間繰り越すこともできる。

3 事業所得

1．事業所得の範囲

継続的に対価を得て行う事業(製造業、卸売業、小売業、サービス業など)から得た所得を、事業所得といいます。

【事業所得と間違えやすい所得の例】

- 不動産貸付業　⇒　**不動産**所得
- 事業用の固定資産を譲渡した場合の収入　⇒　**譲渡**所得
- 作家以外の者が得た原稿収入　⇒　**雑**所得

2．事業所得の計算方法

事業所得は、その収入を得るためにかかった必要経費を差し引いて求めます。

事業所得の金額＝総収入金額－必要経費

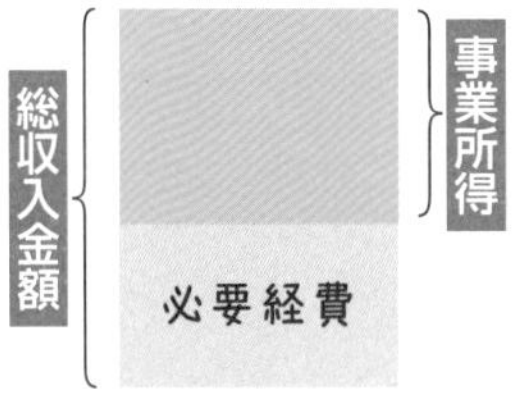

＜必要経費の例＞
売上原価、製造原価、給与・賃金、地代・家賃、減価償却費、業務や事業用資産に対して払う税金(固定資産税、自動車税、印紙税など)、事業に関する交際費　など

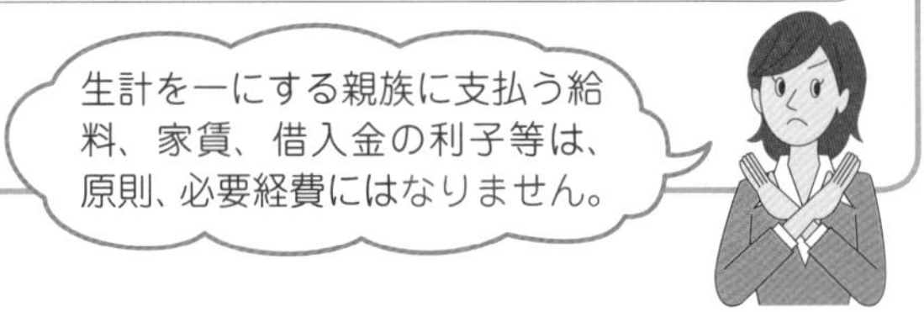

3．減《げん》価《か》償却《しょうきゃく》 頻出

建物や機械装置等は、時の経過によってその価値が年々減少していきます。このような資産は、通常、購入した際に全額必要経費とするのではなく、価値の減少分を、使用できる期間に応じて必要経費としていきます(土地や原則として取得価額が1点100万円以上の美術品などは減価償却資産とはならない)。

1減価償却の方法

減価償却の方法には次の2つがあります。どちらかを選択できますが、税務署

プラスα 不動産所得の計算上、敷金・礼金のうち、入居者に返還しないものは収入となるが、返還を要するものは収入としない。家賃や地代、更新料について、

への届出がない場合は、原則として**定額法**となります。

定額法	毎年均等額を償却費とする
定率法	毎年一定の割合で減額するように計算する

＊ 1998年4月1日以降取得の建物は、定額法のみとなる
＊ 2016年4月1日以後に取得する建物附属設備及び構築物は定額法のみとなる

2少額な資産の減価償却

少額減価償却資産	取得価額10万円未満または使用可能期間1年未満 業務の用に供した年に取得した金額を、必要経費に算入可
一括償却資産	取得価額20万円未満 各事業年度ごとに取得価額を合計して、その合計額を3分の1ずつ償却

＊ 対象資産から貸付の用(主要な事業として行われるものを除く)に供したものは除外

4．事業所得の課税方法

事業所得は、他の所得と合算し**総合課税**となります。

4　不動産所得

1．不動産所得の範囲

不動産の貸付け、不動産の上に存する**権利**の貸付け、**船舶**または**航空機**の貸付けによる所得を不動産所得といいます。具体的には、アパートを賃貸して得る賃料や、その際に受け取る権利金、礼金、更新料、月極駐車場の賃料などです。

【不動産所得と間違えやすい所得の例】 頻出

- ●食事を提供する下宿、社宅の賃料　⇒　**事業**所得
- ●時間貸し駐車場の収入　⇒　**事業**所得または**雑**所得
- ●土地を賃貸する場合の権利金の額が時価の50%を超える場合　⇒　**譲渡**所得

支払日が決められている場合はその支払日が収入のあった日となり、実際には受け取っていない場合でも収入に計上する。

2．不動産所得の計算方法

不動産所得は、賃料などの総収入金額から、その収入を得るためにかかった**必要経費**を差し引いて求めます。

> 不動産所得の金額＝総収入金額－必要経費

【必要経費の例】

- ●賃貸している土地・建物の固定資産税、修繕費、火災保険料
- ●土地・建物を取得するための借入金の利子
- ●賃貸用地・建物の取得に伴う登録免許税、不動産取得税
- ●減価償却費
- ●立退料　など

3．課税方法

不動産所得は他の所得と合算し、**総合課税**となります。

5　給与所得

1．給与所得の範囲

給料、賃金、賞与などを、給与所得といいます。給与所得には、勤務先から**無利子**で金銭の貸付けを受けた場合などの経済的利益や、**現物支給**の給与等も含みます。

2．給与所得の計算方法　計算

給与所得の計算では、実際に必要経費がいくらかかったかではなく、みなし経費とされる**給与所得控除額**を差し引きます。

1計算式

> 給与所得の金額＝収入金額－給与所得控除額

プラスα 所得金額調整控除の対象となるのは、①本人が特別障害者、②23歳未満の扶養親族を有する、③特別障害である同一生計配偶者または扶養親族を有す

【給与所得控除額の速算表】

(A)給与の収入金額	給与所得控除額
180万円以下	(A)×40%－10万円 55万円に満たない場合は55万円
180万円超　360万円以下	(A)×30%＋　8万円
360万円超　660万円以下	(A)×20%＋　44万円
660万円超　850万円以下	(A)×10%＋ 110万円
850万円超	195万円(上限)

＊ 一定の条件を満たす者については所得金額調整控除(下記プラスα参照)が行われる

例

年収800万円の会社員の給与所得は、いくらか。

給与所得控除額＝800万円×10%＋110万円＝190万円
給与所得＝800万円－190万円＝610万円

2特定支出

こんな場合に	特定支出の金額がその年中の給与所得控除額の2分の1の金額を超える場合には、その超える部分の額(一定の支出の場合は65万円限度)を給与所得控除額に加算することができる
対象となる支出	通勤費、転勤にともなう転居費用、研修費、資格取得費用、帰宅旅費、職務の遂行に直接必要な弁護士・公認会計士・税理士・弁理士などの資格取得費 職務に必要となる図書の購入費、衣服費、交際費

3．課税方法

給与所得は他の所得と合算し**総合課税**となり、原則、**確定申告**が必要です。ただし、会社が給与を支払うつど、所得税を**源泉徴収**し、年末に過不足を精算する手続き(**年末調整**)を行うため、通常は給与所得のみの場合、一定の場合を除き確定申告をする必要はありません。

る、のいずれかに該当する人と、給与所得控除後の給与等の金額と公的年金等に係る雑所得の金額が合計10万円を超える給与所得者である。

4日目●タックスプランニング

4 10種類の所得②

頻出度 A　CHECK

ポイント

一時所得、**雑所得**、**退職所得**では所得の計算方法が重要です。とくに退職所得の計算は頻出問題です。退職所得や**退職所得控除額の計算式**は必ず覚えましょう。また、譲渡所得は譲渡する資産によって所得の計算方法が異なるので注意しましょう。

1 譲渡所得

1．譲渡所得の範囲

資産を譲渡した場合の所得を、譲渡所得といいます。

【譲渡所得と間違えやすい所得の例】 頻出

- 商品・製品等の棚卸資産の譲渡　⇒　**事業**所得
- 山林の譲渡　⇒　**山林**所得
- 営利を目的として継続的に行われる資産の譲渡　⇒　**事業**所得または**雑**所得

2．譲渡所得の区分

譲渡所得は、土地・建物・株式以外の譲渡、株式等の譲渡、土地・建物等の譲渡の3つの区分に分けられます。それぞれ、所得金額の計算や課税方法が異なります。

土地・建物・株式以外の譲渡	取得の日から譲渡した日までの期間	5年以下	総合課税(短期譲渡)
		5年超	総合課税(長期譲渡)
株式等の譲渡			分離課税
土地・建物等の譲渡	取得の日から譲渡した日の属する年の1月1日までの期間	5年以下	分離課税(短期譲渡)
		5年超	分離課税(長期譲渡)

プラスα 土地・建物・株式等以外の資産を譲渡し、同じ年に短期の譲渡と長期の譲渡がある場合の特別控除(50万円)は、まず、短期譲渡所得から差し引き、引

3．譲渡所得の計算方法

3つに区分された譲渡所得の計算方法は、次のとおりです。

①土地・建物・株式以外の一般の資産の譲渡

総収入金額－(取得費＋譲渡費用)－特別控除額(最高50万円)

②株式等の譲渡

総収入金額－(取得費＋譲渡費用＋負債利子)

③土地・建物等の譲渡

総収入金額－(取得費＋譲渡費用)－特別控除額

4．課税方法

課税方法は、次のとおりです。

①土地・建物・株式以外の一般の資産の譲渡

長期譲渡は所得金額の**2分の1**を、短期譲渡は所得金額そのものを他の所得と合算して**総合課税**されます。

②株式等の譲渡

譲渡所得の金額に対して、20.315%（所得税15.315%・住民税5%）の税率で、**申告分離課税**されます。

＊ 復興特別所得税を含む

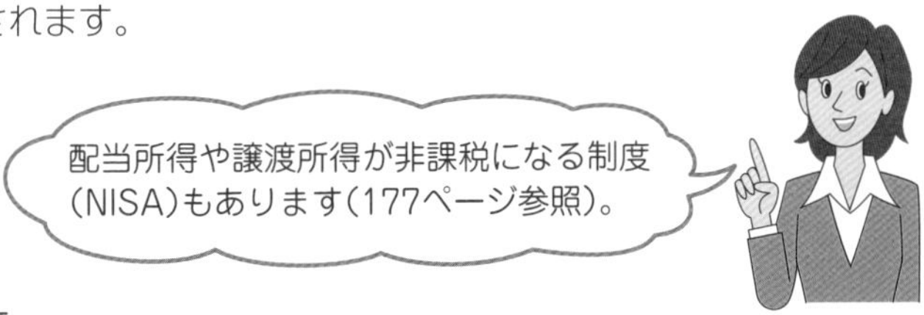

③土地・建物等の譲渡

短期譲渡は39.63%（所得税30.63%・住民税9%）、長期譲渡は20.315%(所得税15.315%・住民税5%)の税率で**申告分離課税**されます。

＊ 復興特別所得税を含む

きれない額がある場合、その残りの額を長期譲渡所得より控除する。また、総合課税される際には、長期譲渡所得の2分の1が他の所得と合算される。

2 一時所得　頻出

1．一時所得の範囲

その他の所得に該当しない所得で、営利を目的としない**一時的な所得**を一時所得といいます。生命保険や損害保険の**満期金**などが該当します。

2．一時所得の計算方法

一時所得の金額は、次のように求められます。

> 一時所得の金額＝総収入金額－収入を得るために支出した金額－特別控除額（最高50万円）

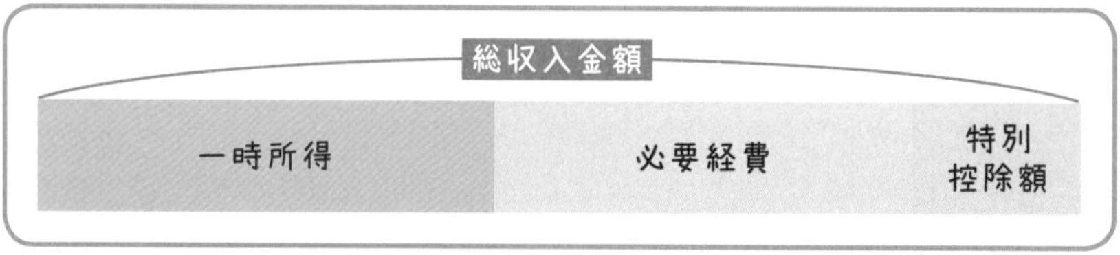

3．課税方法

一時所得は他の所得と合算され、総合課税となります。

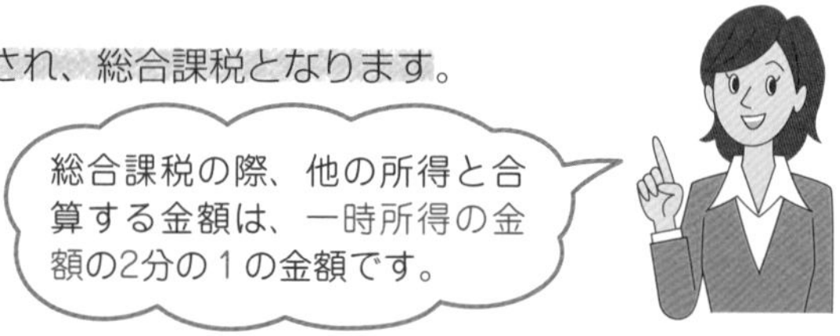

3 雑所得

1．雑所得の範囲

他の9種類の所得のいずれにも該当しない所得は、雑所得となります。**公的年金**や**企業年金**から受け取る**老齢給付**や、原稿料、講演料などが該当します。

プラスα　一時所得と総合長期譲渡所得は、50万円の特別控除を行ったあと、２分の１の金額にする前の金額を損益通算し、その後に残った金額を２分の１とし

2．雑所得の計算方法

雑所得は、公的年金等と公的年金等以外に分けて、以下のように計算されます。

A　公的年金等の所得＝公的年金等の収入金額－公的年金等控除額

＋

B　公的年金等以外の所得＝公的年金等以外の総収入金額－必要経費

＝

雑　所　得

総収入金額

雑所得	公的年金等控除額または必要経費

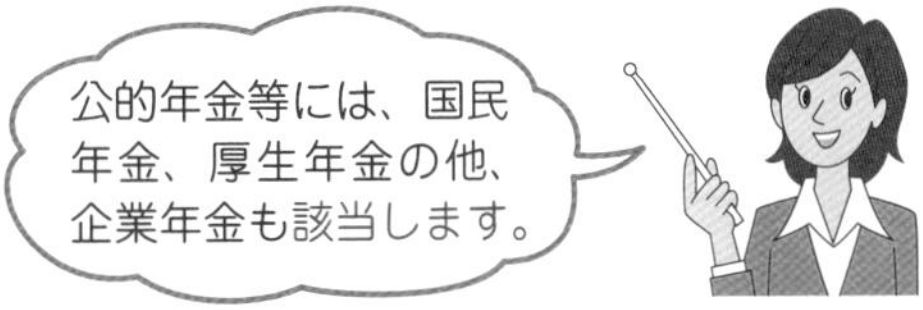

【公的年金等控除額】

年金受給者の年齢	公的年金等の収入金額	公的年金等控除額
65歳以上	330万円未満	110万円
	330万円以上　410万円未満	収入金額×25%＋27.5万円
	410万円以上　770万円未満	収入金額×15%＋68.5万円
	770万円以上1,000万円未満	収入金額×5%＋145.5万円
	1,000万円以上	195.5万円
65歳未満	130万円未満	60万円
	130万円以上　410万円未満	収入金額×25%＋27.5万円
	410万円以上　770万円未満	収入金額×15%＋68.5万円
	770万円以上1,000万円未満	収入金額×5%＋145.5万円
	1,000万円以上	195.5万円

＊ 上記は公的年金などに係る雑所得以外の合計所得金額が1,000万円以下の場合。1,000万円を超える場合はさらに一定額の引下げがある

3．課税方法

雑所得は、原則、他の所得と合算して**総合課税**となります。

て他の所得と合算する。退職所得は２分の１の金額にしたあと、山林所得は50万円の特別控除後の金額が損益通算の対象となる。

4 退職所得

1．退職所得の範囲

退職したときに一時に受け取る**退職手当**、**一時恩給**などは、退職所得となります。企業年金（確定給付企業年金、確定拠出年金等）を、**年金**ではなく**一時金**で受け取った場合も含まれます。

2．退職所得の計算方法

退職所得は、収入金額から**勤続年数**に応じた**退職所得控除額**を差し引いた金額を**2**分の**1**にした金額です。ただし、2022年分以後は、勤続年数５年以下の短期退職手当等は、その収入金額から退職所得控除額を差し引いた残額のうち300万円を超える部分は２分の１とはされません。

退職所得の金額＝（収入金額－退職所得控除額）×１／２※

※ 勤続5年以下の役員等については2分の1としない

【退職所得控除額】 暗記 計算

勤続年数※	退職所得控除額
20年以下	40万円×勤続年数（最低80万円）
20年超	800万円＋70万円×（勤続年数－20年）

※ １年未満の端数がある場合は、1年に切り上げて計算

プラスα **退職金が支給される際には所得税と住民税が源泉徴収されるため、原則、確定申告の必要はない。ただし、「退職所得の受給に関する申告書」を提出して**

3．課税方法

退職所得は、他の所得とは切り離して**分離課税**されます。税率は、総合課税と同じ**超過累進税率**が適用されます。

5 山林所得

1．山林所得の範囲

山林の**伐採**または**譲渡**した場合の所得を、山林所得といいます。ただし、その山林の保有期間が**5年**以下の場合は、**事業**所得または**雑**所得となります。

2．山林所得の計算方法

山林所得の金額は、以下のように求めます。

山林所得の金額＝総収入金額－必要経費－特別控除額(最高50万円)

3．課税方法

山林所得は、他の所得とは切り離して**分離課税**されます。

確認しよう！

Q1 商品・製品等の棚卸資産を譲渡した場合の所得は、譲渡所得である。

Q2 公的年金や企業年金から受け取る老齢給付や原稿料、講演料などは一時所得として課税される。

Q3 退職所得には、企業年金を一時金で受け取った場合の金額も含まれる。

Q4 山林所得の課税方法は、他の所得と合算して、総合課税となる。

A1 ×（⇒p.198）　**A2** ×（⇒p.200）　**A3** ○（⇒p.202）
A4 ×（⇒p.203）

いない場合は、退職金支給額の20.42％が一律で源泉徴収されるため、引かれすぎた税金を戻すためには、確定申告が必要となる。

頻出度 A　CHECK

5 損益通算

ポイント

10種類に分けた所得を計算したあとは、第2段階として赤字が出た所得と、黒字になった所得で損益を差し引きする**損益通算**を行います。ただし、すべての所得の赤字が通算できるわけではないため、**損益通算できる**損失とできない損失をしっかりと確認しましょう。

1 損益通算の仕組み

赤字となった所得と、黒字となった所得の損益を**差し引き**することを、損益通算といいます。10種類の所得のうち、一定の所得の損失は他の所得の黒字と損益通算ができます。

1．損益通算できる損失　頻出

以下の所得での損失が、損益通算の対象となります。

●**不動産**所得　●**事業**所得
●**山林**所得　●**譲渡**所得

それぞれの頭文字をとって、「ふ・じ・さん・じょう」と覚えましょう。

2．損益通算の対象とならない損失

不動産所得、**事業**所得、**山林**所得、**譲渡**所得の中でも、以下のものは損益通算することができません。

●土地・建物等の譲渡損失 （一定の要件を満たす居住用財産を除く） ●生活に**通常必要でない資産**の譲渡にかかる損失 ●株式等の譲渡損失（申告分離課税した配当所得などとは損益通算できる）	➡ これらの譲渡所得は同じ所得の中での内部通算はできます(上場株式と非上場株式の譲渡損益は不可)が、他の所得との損益通算はできません。
●非課税所得の計算上生じた所得	➡ そもそも非課税とされる生活用動産を譲渡した場合の損失は、損益通算できません。

プラスα　**損益通算を行ったあとに残った所得が総合課税の場合、他の所得と合算して総所得金額を計算する。このとき、総合課税される長期譲渡所得と一時所得**

- 個人に対して、資産を低額譲渡したことによる損失
- 不動産所得の損失のうち、**土地等の取得に要した負債利子**

➡ 損益通算できません。

土地等の取得に要した負債利子の扱い

総収入金額が500万円、必要経費の合計が700万円（うち土地の負債利子が100万円）の場合。

収入		必要経費		赤字
500万円	－	700万円	＝	200万円

200万円の損失が出ているが、土地の負債利子が100万円あるので、損益通算できるのは100万円のみ

3．損益通算の順序

まず、**経常**所得グループと**一時**所得グループに分け、それぞれのグループ内で損益を通算します。その後、**経常**所得グループと**一時**所得グループでの通算を行い、最後に**山林**所得、**退職**所得との通算を行います。

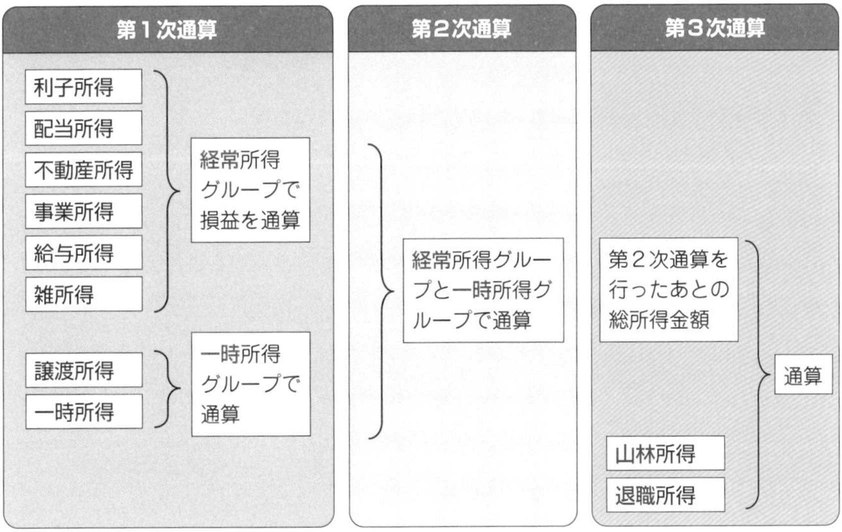

については、それぞれの金額の2分の1に相当する金額を他の所得と合算する。損益通算後に分離課税される所得が残った場合は、それぞれ単独で所得金額を計算する。

2 損失の繰越控除《くりこしこうじょ》

1．純損失の繰越控除

損益通算しても引ききれない損失を、純損失といいます。この純損失は翌年以後**3年間**※にわたり、損失を繰り越すことができます。

※ 特定非常災害に係る損失について、一定のものは5年間

条件	
	●**青色申告**を選択していた年に生じた損失 ●**青色申告書**を申告期限内に提出 ●翌年以後も引き続き**確定申告**をする

2．雑損失の繰越控除

所得金額から**雑損控除**を引いても引ききれない場合の損失を雑損失といい、翌年以後**3年間**※にわたり、損失を繰り越すことができます。

※ 特定非常災害による損失は5年間

条件	
	●**確定申告書**を期限内に提出 ●翌年以降も引き続き**確定申告**をする

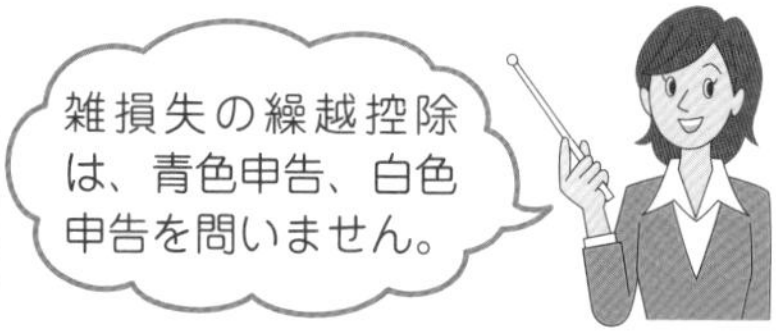

3．上場株式等の譲渡損失の損益通算と繰越控除

上場株式等の配当や公社債等の利子等について**申告分離課税**を選択した場合、その年に上場株式を売却して生じた譲渡損失と損益通算ができます。

損益通算の結果、引ききれない損失については、翌年以降**3年間**にわたり損失を繰り越すことができます。

4．居住用財産の譲渡損失の損益通算と繰越控除

土地・建物等の譲渡損失は損益通算の対象とはなりませんが、一定の**居住用財産**を譲渡して損失が生じた場合には、損益通算の対象となります(204ページ)。

損益通算の結果、引ききれない損失については、翌年以降**3年間**にわたり損失を繰り越すことができます。

プラスα **青色申告を選択している者は、純損失の全額を繰り越して控除できる。白色申告者の場合、繰越控除ができるのは、変動所得の損失、事業用資産の災害**

4日目●タックスプランニング

6 所得控除①　物的控除

頻出度 A

CHECK

ポイント

所得控除は**人的控除**と**物的控除**に分かれます。そのうち特定の支出などに対して配慮される控除を物的控除といいます。中でも**医療費控除**は対象となる医療費や計算の方法を確認しましょう。

1 所得控除とは　計算

所得税は、**担税力**(188ページ)に合わせて税金を負担する原則があります。同じ収入でも**家族**がたくさんいる人や、**医療費**がたくさんかかったり、**災害**などで損害を受けた年などは、税金を負担することが難しくなることがあります。

そのような家族の状況やその年の支出の状況などで**税負担**を**調整**する費用を、所得控除といいます。所得控除には人的控除と物的控除がありますが、ここでは物的控除について説明しています。

所得控除のイメージ

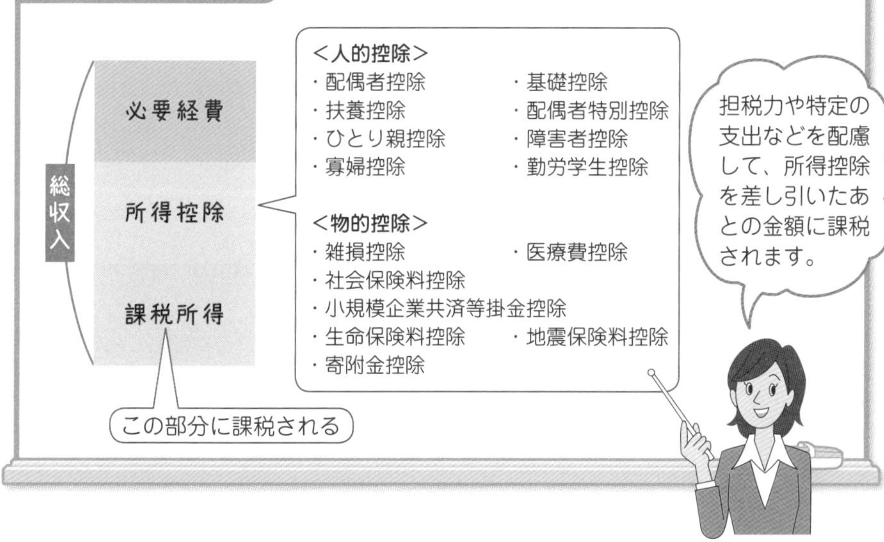

損失に限られる。居住用財産の買換え等の場合の譲渡損失、特定居住用財産の譲渡損失については青色申告か白色申告かに限らず適用できる。

2 雑損控除

災害、盗難、横領等によって、住宅・家財等、生活に**通常必要な資産**に損害を受けた場合に控除が受けられます。

こんな場合に	いくら
本人または生計を一にする親族(総所得金額等48万円以下の者)が保有する資産(生活に通常必要なもの)が災害、盗難、横領等で損害を受けた場合	次の①、②のうち多いほうの金額まで ①差引損失額－総所得金額等の合計額×10% ②差引損失額のうち災害関連支出の金額－5万円

3 医療費控除 頻出

一定の医療費を支払った場合に、控除が受けられます。

こんな場合に	いくら
本人または生計を一にする親族(所得要件なし)の医療費を1年間に一定額以上支払った場合、実際の支払いを行った年に控除される	控除額＝(医療費－給付金等で補てんされる金額)－10万円※ ※ 総所得金額が200万円未満の場合には、総所得金額×5%相当額

対象となる医療費は次のとおりです。

- 診療費、治療費、入院の**食事**代、**妊婦**の定期検診
- **通院**にかかる交通費(タクシー代は通常対象外)
- 医薬品の購入費
- 健康診断で**重大な疾病**が見つかり、**治療を開始**した場合の健康診断の費用

美容整形のための費用や、疾病が発見されなかった場合の健康診断費用は対象外です。

プラスα **資産を紛失した場合、詐欺の被害にあった場合、また、1つの値段が30万円を超える貴金属などの損害の場合は、雑損控除の対象外。また、災害で住宅**

医療費控除の計算例

Aさんの1年間に支払った医療費の総額は50万円である。入院した際に、加入していた生命保険から、10万円の給付金を受け取った。この場合、医療費控除額はいくらになるか(Aさんの総所得金額は、200万円以上とする)。

医療費控除額＝(50万円－10万円)－10万円=30万円

<セルフメディケーション税制>

一定の健康診断等を受けている個人が、自己または自己と生計を一にする配偶者や親族に係る**税制対象医薬品**を購入した場合に、その額の合計が年間で**12,000**円を超える部分の金額(**88,000**円を限度)をその年分の総所得金額から控除することができます。この特例は2017年1月1日から2026年12月31日までに購入したものが対象です。

なお、従来の医療費控除とセルフメディケーション税制を併用することはできません。

4　社会保険料控除

社会保険料を支払った場合に控除が受けられます。

こんな場合に	いくら
本人または本人と生計を一にする親族の社会保険料(健康保険、国民健康保険、介護保険、厚生年金、国民年金、雇用保険等)を支払った場合	支払った社会保険料全額

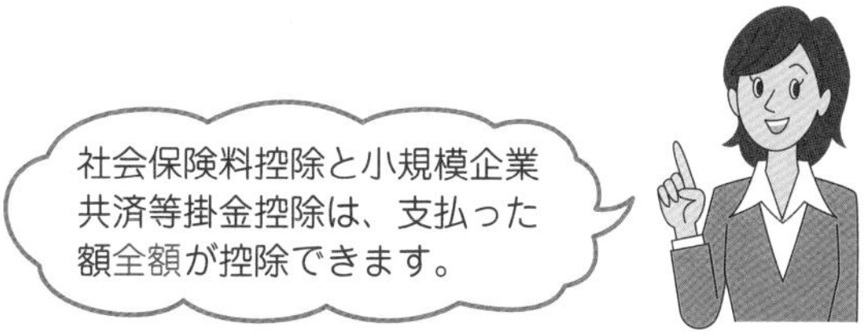

や家財の損害があった場合の救済措置として災害減免法があるが、この災害減免法と雑損控除は、どちらか一方のみしか適用できない。

5 小規模企業共済等掛金控除

小規模企業共済等の掛金を支払った場合に控除が受けられます。

こんな場合に	いくら
納税者本人が小規模企業共済の掛金、確定拠出年金の加入者掛金を支払った場合	支払った掛金全額

6 生命保険料控除

一定の生命保険料を支払った場合に控除されます。

1．一般の生命保険料控除

こんな場合に	いくら
受取人のすべてを納税者本人や配偶者その他の親族とする生命保険契約の保険料を支払った場合。 ただし、保険期間が５年未満で一定のものは除く	2011年以前に契約した保険 1年間の支払保険料が10万円超の場合は5万円 2012年以後に契約した保険 １年間の支払保険料が８万円超の場合は4万円

2．個人年金保険料控除

こんな場合に	いくら
次の要件にあてはまる個人年金の保険料を支払った場合 ・年金の受取人が保険料等の支払者またはその配偶者 ・掛金の払込期間が10年以上 ・年金の支払いが60歳以降で10年以上の期間、または終身 ただし、保険期間が５年未満で一定のものは除く	2011年以前に契約した保険 １年間の支払保険料が10万円超の場合は5万円 2012年以後に契約した保険 １年間の支払保険料が８万円超の場合は4万円

プラスα 2012年以降の契約と、2011年以前の契約の生命保険の双方で保険料控除の適用を受ける場合、それぞれの契約年に合わせて控除額を計算するが、双方

3. 介護医療保険料控除

2012年1月1日以降に契約した介護保険または医療保険の支払保険料について、一般の生命保険料控除とは別枠で、介護医療保険料控除が適用されます。

控除額は、1年間の支払保険料が8万円超の場合は、4万円となります。

＊ 上記3つの控除について、支払保険料が年間8万円(10万円)以下の場合は、108ページの保険料控除額速算表を参照

7 地震保険料控除

一定の地震保険料を支払った場合に控除が受けられます。

こんな場合に	いくら
居住者が保有する居住用家屋・生活用動産を保険の目的とする地震保険契約の保険料等を支払った場合	支払った保険料の全額(最高5万円)

8 寄附金控除

一定の寄附金を支払った場合に控除が受けられます。

こんな場合に	いくら
2,000円を超える特定寄附金を支払った場合	(〔特定寄附金として支出した金額〕か、〔総所得金額等の合計額×40%〕のうちいずれか低い金額)－2,000円

【対象となる寄附金の例】

- 国または地方公共団体への寄附
- 財務大臣が指定した公益法人等への寄附
- 政治資金規正法等の規定に該当する政党などへの寄附
- NPO法人への寄附のうち、一定の要件を満たすもの

の金額を合計して年間4万円が限度となる。また、2011年以前契約の保険に特約を付加した場合、途中付加した保険料については2012年以降の計算方法となる。

7 所得控除② 人的控除

頻出度 A

CHECK

ポイント

人的控除には、**障害者控除やひとり親控除**、**寡婦控除**、**扶養控除**、**配偶者控除**、**配偶者特別控除**などがあります。それぞれの控除額や、対象となる人の要件等を確認しましょう。中でも配偶者控除と配偶者特別控除の対象者の違いは、整理して覚えましょう。

1 障害者控除

次の条件を満たす場合、控除が受けられます。

こんな場合に	いくら
納税者本人や控除対象配偶者および扶養親族が障害者に該当する場合	障害者１人につき27万円 （同居特別障害者の場合75万円、特別障害者の場合40万円）

2 ひとり親控除・寡婦控除

次の条件を満たす場合、控除が受けられます。

【ひとり親控除】

こんな場合に（すべてを満たす場合）	いくら
・現に婚姻をしていない、または配偶者の生死があきらかでない一定の人 ・本人の合計所得金額が500万円以下 ・生計を一にする子（総所得金額が48万円以下）がある	35万円

【寡婦控除】

こんな場合に	いくら
上記のひとり親に該当せず、以下の①②のいずれかを満たす人 ①夫と離婚した後、婚姻をしておらず扶養親族がいる人で、合計所得金額が500万円以下 ②夫と死別した後、婚姻をしていない、または夫の生死が明らかでない一定の人で、合計所得金額が500万円以下	27万円

＊ いずれも事実上の婚姻関係と同様と認められる一定の人がいる場合は対象とならない

プラスα

同居している場合には明らかに独立した生活を営んでいるとされる場合を除き「生計を一にする」として取り扱われるが、必ずしも同居が要件ではない。

3 勤労学生控除

納税者本人が勤労学生に該当する場合、控除が受けられます。

こんな場合に	いくら
納税者本人が、大学・高等専門学校・高等学校・専修学校・各種学校の生徒等で以下の収入の条件を満たす場合 〈収入の条件〉 合計所得金額が75万円以下で自己の勤労によらない所得が10万円以下	27万円

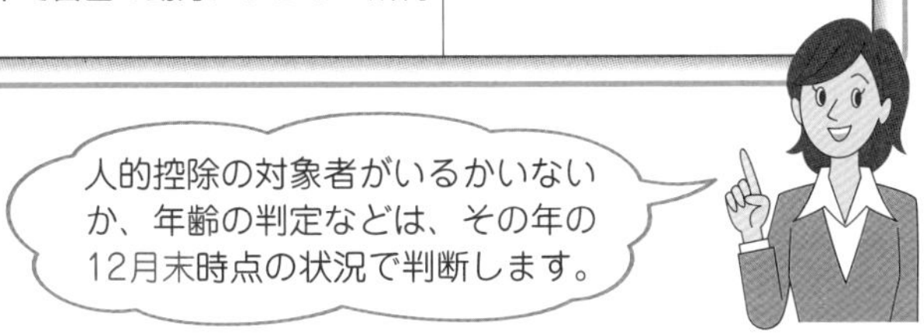

4 扶養控除 頻出

一定の扶養親族がいる場合、控除が受けられます。

こんな場合に	いくら		
納税者と生計を一にし、合計所得金額が48万円以下の親族がいる場合	扶養親族	(23歳以上70歳未満)	38万円
		(16歳以上19歳未満)	38万円
	特定扶養親族	(19歳以上23歳未満)	63万円
	老人扶養親族	(70歳以上)	48万円
	同居老親等	(直系尊属である老人扶養親族)	58万円

5 配偶者控除 頻出

条件を満たす配偶者がいる場合、控除が受けられます。

こんな場合に	いくら	
納税者本人の合計所得金額が1,000万円以下で、納税者と生計を一にする合計所得金額が48万円以下の配偶者がいる場合	(納税者本人の合計所得金額)	
	900万円以下	38万円(48万円)
	900万円超950万円以下	26万円(32万円)
	950万円超1,000万円以下	13万円(16万円)
	＊(　)内は老人控除対象配偶者の場合	

勤務や学校へ通う都合上別居している場合でも、休みの日は同居していたり、常に生活費や学費などの送金が行われていたりする場合は「生計を一にする」と認められる。

6 配偶者特別控除

配偶者控除の対象とならない配偶者で、一定の配偶者がいる場合、控除が受けられます。配偶者控除と配偶者特別控除が、同時に適用となることはありません。

こんな場合に	いくら
納税者と生計を一にし、合計所得金額が48万円超133万円以下の配偶者がいる場合。ただし、納税者本人の合計所得金額が1,000万円以下であること	下表参照

【配偶者特別控除額】

配偶者の合計所得金額	納税者本人の合計所得金額		
	900万円以下	900万円超 950万円以下	950万円超 1,000万円以下
48万円超　95万円以下	38万円	26万円	13万円
95万円超　100万円以下	36万円	24万円	12万円
100万円超　105万円以下	31万円	21万円	11万円
105万円超　110万円以下	26万円	18万円	9万円
110万円超　115万円以下	21万円	14万円	7万円
115万円超　120万円以下	16万円	11万円	6万円
120万円超　125万円以下	11万円	8万円	4万円
125万円超　130万円以下	6万円	4万円	2万円
130万円超　133万円以下	3万円	2万円	1万円

7 基礎控除

合計所得金額が2,500万円以下の納税者の所得より、以下の金額が控除されます。

合計所得金額	控除額
2,400万円以下	48万円
2,400万円超　2,450万円以下	32万円
2,450万円超　2,500万円以下	16万円
2,500万円超	0万円

プラスα

配偶者や扶養親族が、事業専従者控除や青色事業専従者給与の規定の適用を受けている場合、配偶者控除・配偶者特別控除・扶養控除の適用は受けられ

4日目●タックスプランニング

頻出度 A　CHECK

8 税額の計算

ポイント

所得控除を適用したあとの課税所得に税率を適用して、所得税額の計算を行います。税率は**総合課税**と**分離課税**では異なります。また、税率を適用して算出した税額から控除される「税額控除」のうち、**配当控除**や**住宅ローン控除**については重要項目です。

1 所得税率　計算

総合課税となる総所得金額から所得控除を差し引いた課税総所得金額には、**超過累進税率**が適用されます。また、分離課税となる課税所得については、それぞれの税率が適用されて税額が計算されます。

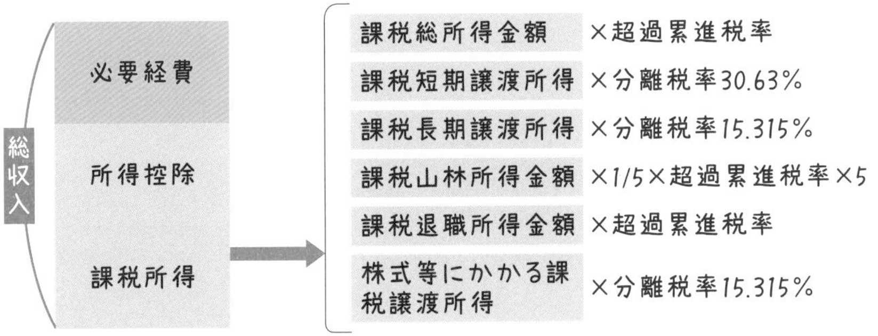

【所得税の速算表(超過累進税率)】

課税総所得金額		税　率	控除額
	195万円以下	5%	0円
195万円超	330万円以下	10%	97,500円
330万円超	695万円以下	20%	427,500円
695万円超	900万円以下	23%	636,000円
900万円超	1,800万円以下	33%	1,536,000円
1,800万円超	4,000万円以下	40%	2,796,000円
4,000万円超		45%	4,796,000円

ない。事業専従者とは15歳以上でもっぱら事業に従事する配偶者や親族が該当し、白色申告の事業専従者控除、青色事業専従者給与の適用が受けられる。

給与所得者の所得税の計算例

会社員Aさんの2024年分の所得税の金額はいくらか（復興特別所得税を含まず）。

Aさんの2024年分の給与収入　600万円（この他の所得はないものとする）

適用可能な所得控除

基礎控除　48万円　　配偶者控除　38万円　　社会保険料控除　90万円

必要経費（給与所得控除）	➡ 600万円×20%＋44万円＝164万円
所得控除	➡ 48万円+38万円+90万円＝176万円
課税所得	➡ 600万円－164万円－176万円＝260万円

所得税額　＝　260万円　×　10%　－　97,500円　＝　162,500円

2 税額控除とは

算出された税額から一定の金額を差し引くことができる制度を、**税額控除**といいます。税額控除には、二重に税金が課税されることを避ける目的や、政策的な配慮があります。

総収入：必要経費／所得控除／課税所得

課税所得　×　税率　＝　税額　－　税額控除

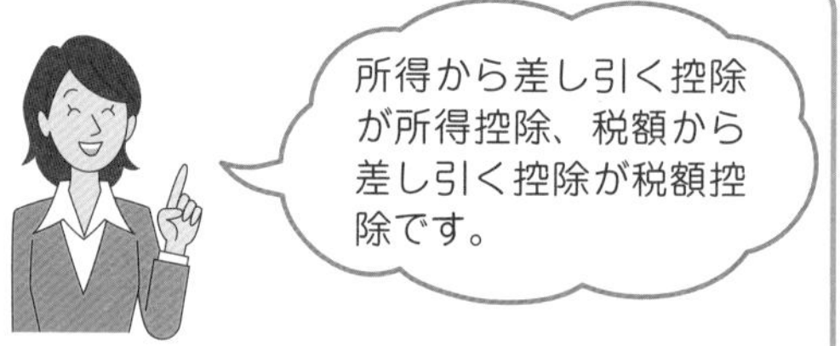

プラスα　確定申告不要制度や申告分離課税を選択した配当については、配当控除の適用を受けることができない。また、確定申告をしている配当等でも外国法人

3 配当控除

企業が得た利益から、法人税を負担したあとの剰余金で支払われる配当金に対してさらに課税すると、法人税と所得税を二重に課税することになるという考え方から、配当所得がある場合は、**配当控除**を受けることができます。

【配当控除の金額】

課税総所得金額	配当控除額
1,000万円以下	配当所得金額×10%
1,000万円超	配当控除の額＝①×10%＋②×5% ①配当所得の金額－(課税所得金額－1,000万円)※ ②配当所得の金額－①

※ 計算結果がマイナスの場合、0とする

確定申告をして総合課税を選択している場合に、適用が受けられます。

4 外国税額控除

居住者は所得が生じた場合は国内外問わず、**すべての所得**に対して所得税が課税されます。このとき、国外で生じた所得について外国の所得税に相当する税金が課税されると、日本とその外国で二重に所得税がかかることになります。このように二重課税となることを調整するために、その**外国**の所得税額を一定の金額を限度として所得税の額から差し引くことができます。

居住者に係る外国税額控除の金額は、控除対象となる外国所得税額が一定の控除限度額に満たない場合は、控除対象外国所得税額の額となります。

から受け取る配当等、基金利息、上場不動産投資信託(J－REIT)の配当などは、配当控除の適用は受けられない。

5 住宅借入金等特別控除 頻出

自分の居住する住宅を**新築または取得**したり、**増改築**したりした場合には、一定の条件を満たすと住宅借入金等特別控除を受けることができます。

1．主な適用要件

住宅の要件	・床面積$50m^2$以上※で床面積の２分の１以上が自己の居住用の新築住宅を購入した場合 ・中古住宅の場合は、一定の耐震基準を満たすこと ・自己の所有家屋の増改築で、工事費用100万円超、総額の２分の１以上が居住用の増改築等の費用であること
住宅ローンの要件	金融機関からの借入れで償還期間10年以上 （親族からの借入れ、勤務先からの基準金利未満の借入金は対象外）
その他	・取得日から6カ月以内に入居し、控除を受ける年の12月31日まで引き続き居住していること ・居住した年とその前後の2年ずつの5年間と新築住宅に居住した年から３年目に従前の住宅を譲渡した場合に居住用財産の譲渡の特例、居住用財産の買換え・交換の特例等の特例を適用されていないこと ・その年の合計所得金額が2,000万円以下の場合に適用 ・住宅の新築や取得とともに取得するその住宅の敷地のための借入金等も含まれる

※ 2024年までに建築確認を受けた新築住宅に限り、合計所得金額が1,000万円以下の場合$40m^2$以上

住宅借入金等特別控除の適用を受けるには、確定申告をする必要がありますが、年末調整で申告・納税が完了する会社員の場合、2年目以降は年末調整で適用が受けられます。

2．控除額 改正

1控除額

年末の住宅ローン残高に対して、一定の率の金額が控除されます。

プラスα 住宅借入金等特別控除の控除額が所得税額から引ききれない金額がある場合、翌年度分の住民税から控除される。2022年から2025年までに入居の場

＜認定住宅＞

	居住年	借入限度額	控除率	控除期間
認定住宅	2024年	4,500万円(子育て特例対象の個人は5,000万円)	0.7%	13年
	2025年	4,500万円		
ZEH※水準省エネ住宅	2024年	3,500万円(子育て特例対象の個人は4,500万円)		
	2025年	3,500万円		
省エネ基準適合住宅	2024年	3,000万円(子育て特例対象の個人は4,000万円)		
	2025年	3,000万円		

※ ZEH(ゼッチ)は、「Net Zero Energy House」の略

＊ 中古住宅の場合は、年末ローン残高の限度額は3,000万円、控除期間は10年となる

＊ 子育て特例対象の個人とは、夫婦のいずれかが40歳未満の者、または19歳未満の扶養親族がある者

＜一般住宅＞

2023年までに建築確認を受けた新築住宅と、中古住宅については以下のとおり

居住年	年末ローン残高の限度額	控除率	控除期間
2024年・2025年	2,000万円	0.7%	10年

2 転勤で転居した場合

転勤等のやむを得ない事情により転居して、その住宅に居住しなくなった場合は、住宅借入金等特別控除の適用が**受けられません**。

ただし、転勤から戻り再入居した場合は、**再入居後**の控除期間について適用されます。一度も控除の適用を受けることなく転居した場合も、再入居以後の控除期間について控除の適用を受けることができます。

6 認定住宅の新築等をした場合の特別税額控除

認定長期優良住宅、認定低炭素住宅、特定エネルギー消費性能向上住宅を取得または新築した場合、一定の要件のもとで標準的な性能強化費用相当額の10%を控除することができます。その年に控除できない部分は翌年に繰り越すことも可能です。

合、当該年分の所得税の課税所得金額等の5%（最高9.75万円）を限度に、翌年度分の個人住民税から控除される。

7 住宅改修にかかわる特別控除 改正

一定の**バリアフリー**改修工事や**省エネ**改修工事(＋耐久性向上改修工事)、三世代同居対応の改修工事を行った場合や、**耐震**改修工事(＋耐久性向上改修工事)を行った場合に受けられる税額控除もあります。

また、対象となる改修工事が拡充され、子育て特例対象の個人が、一定の子育て対応改修工事をして、2024年4月1日～2024年12月31日までの間に居住の用に供した場合も、税額控除が受けられます※。バリアフリー改修工事や省エネ改修工事などの特定の増改築を行った場合の税額控除と住宅借入金等特別控除の要件を同時に満たす場合は、いずれかを選択します。

※ 予算上限に達した時点で終了

確認しよう！

Q1 年収800万円、課税総所得金額450万円の場合の所得税額はいくらか(復興特別所得税を含まず)。

Q2 税額控除とは、算出された税額から差し引くことができる控除で、直接的に税額の減少につながる。

Q3 課税総所得金額980万円、このうち配当所得金額50万円の場合の配当控除額はいくらか。

Q4 住宅借入金等特別控除は、その年の合計所得金額が2,000万円を超える場合、適用できない。

Q5 住宅借入金等特別控除の適用を受けることができる住宅ローンは、金融機関からの借入で、返済期間が15年以上である。

Q6 住宅借入金等特別控除は、原則として床面積50m^2以上で、そのすべてが自己の居住用の新築住宅を購入した場合に限り適用される。

A1 450万円×20%−427,500円≒ 472,500円 (⇒p.215)

A2 ○ (⇒p.216)

A3 50万円×10%＝ 50,000円 (⇒p.217)

A4 ○ (⇒p.218)　**A5** × (⇒p.218)　**A6** × (⇒p.218)

プラスα 住宅借入金等特別控除の適用が受けられる住宅ローンは、償還期間が10年以上であることが必要である。そのため、期間短縮型の繰上げ返済を行い、

9 所得税の申告と納付

頻出度 B　CHECK

ポイント

確定申告の基本的な仕組みは重要です。とくに会社員の**確定申告**や**源泉徴収票**の見方については、よく問われます。また、事業所得や不動産所得がある人などが利用できる**青色申告制度**では、どのようなメリットがあるのかも確認しましょう。

1 確定申告

納税義務のある者が、自身で納める税金の額を計算・確定し、税務署へ届け出て納税を行うことを、確定申告といいます。

1．所得税の確定申告

1月1日から12月31日までの1年間の所得を計算し、納めるべき所得税額がある場合は、原則、確定申告が必要です。所得税の確定申告の時期は、**翌年2月16日から3月15日**です（還付申告の場合は1月1日より可）。ただし、その年中の公的年金等の収入金額が400万円以下でその他の所得の金額が20万円以下の者は、確定申告をする必要はありません。

納付するべき税額がある場合は、申告期限の**3月15日**までに納付を行います。

【確定申告のスケジュール】

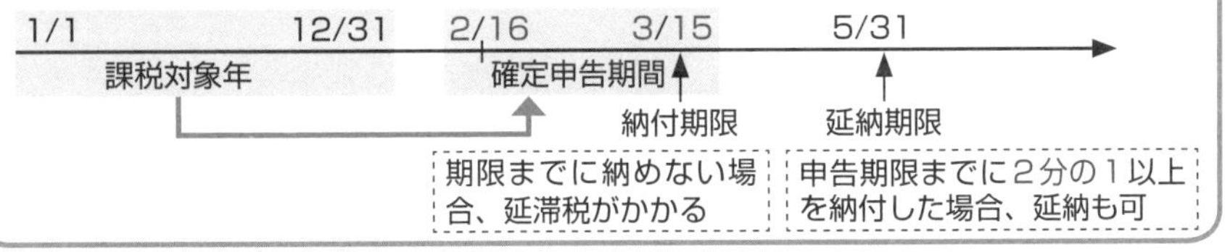

2．修正申告と更正の請求

確定申告後に申告納付した額に誤りがあった場合などは、以下のように訂正することができます。

〔修正申告〕	申告納付した税額が少なかったり、還付税額が多すぎたりした場合など
〔更正の請求〕	申告納付した税額が多すぎた場合など

償還期間が短縮されて返済開始からの期間が10年未満となった場合は、それ以降の年において住宅借入金等特別控除の適用を受けることはできない。

3．給与所得者の確定申告　暗記

会社員は会社が行う**年末調整**によって所得税額の精算が行われるため、通常は確定申告の必要はありません。ただし、次のような場合は確定申告が必要です。

- 2つ以上の会社から給与を受けており、年末調整を受けていない給与等と給与所得以外の所得の合計が**20万円**超
- 給与収入の金額が**2,000万円**超
- 給与所得・退職所得以外の所得の合計額が**20万円**超

2　源泉徴収制度

1．源泉徴収とは

所得を支払う者が、一定の税額をその所得から**天引き**して国に納めることを、源泉徴収制度といいます。

【源泉徴収が行われるものの例】

- 預貯金や公社債の利子
- 上場株式の配当金
- 給与・退職金・公的年金等の老齢給付

2．給与所得者の源泉徴収と年末調整

会社が社員に給与を支払う際は、源泉徴収税額表により求めた税額が源泉徴収されます。この源泉徴収税額表は、年間を通して給与の額に変動がないものとして簡略化されています。また、扶養親族の数などは考慮されていますが、考慮されていない所得控除もあるため、その年1年間に給与から源泉徴収された所得税の合計額は、その人が納めるべき税額と必ずしも**一致しません**。この税額を**一致**させる手続きを年末調整といいます。

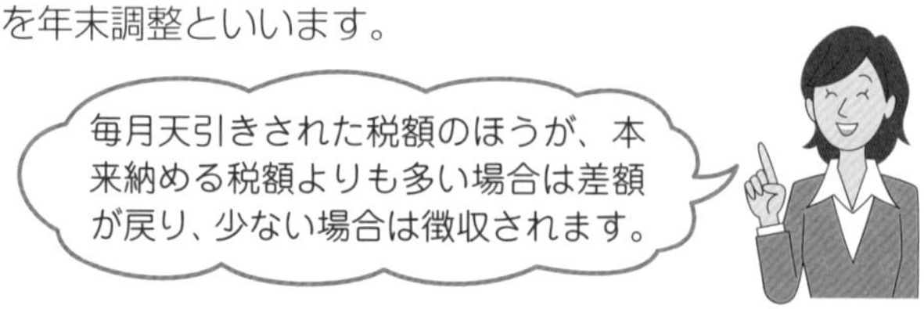

プラスα　**給与所得の年末調整では、医療費控除、雑損控除、寄附金控除は考慮されないため、これらの控除の適用を受ける場合は、確定申告が必要。この場合、**

年末調整を行ったあと、会社は源泉徴収票を発行します。

【源泉徴収票(見本)】

❶本年中に支払いが確定した給与等の総額

❷給与所得控除を差し引いたあとの金額(給与所得)

❸年末調整で控除した所得控除の額の合計額

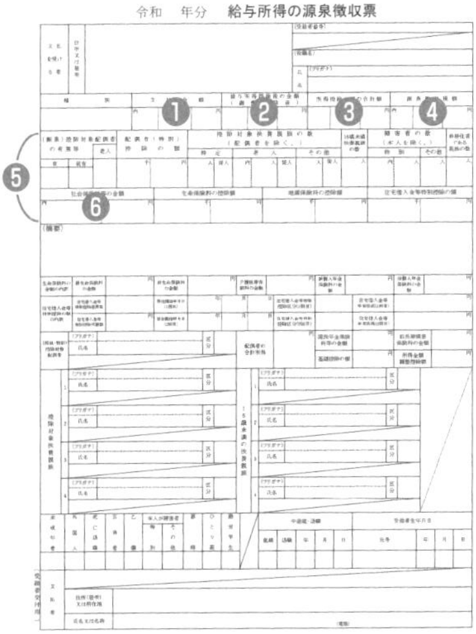

❹１年間で納める所得税の額(源泉徴収税額)

❺各所得控除の金額の内訳

❻１年間で支払った社会保険料の合計額

3　青色申告　頻出

正しく記帳する習慣を促すために、一定の帳簿を備えて正しい申告をした場合には、各種の特典が設けられています。この制度を青色申告といいます。

1．青色申告ができる者

青色申告をして特典を受けるには、以下の条件を満たすことが必要です。

- ・**不動産**所得、**事業**所得、**山林**所得のいずれかがある
- ・受けようとする年の**3月15日**(その年の１月16日以後に新たに業務を開始した場合はその業務を開始した日から２カ月以内)までに、所轄税務署長に**青色申告承認申請書**を提出し、承認を受ける
- ・日々の取引を**記帳**し、その帳簿を**保存**する

2．青色申告の特典

青色申告すると、以下のような特典が受けられます。

1青色申告特別控除

青色申告者は、所得を計算する際に、一定の金額を控除することができます。

確定申告することで税金が還付される。また、住宅借入金等特別控除を受ける場合の1年目と特定支出控除を受ける場合も、確定申告が必要となる。

こんな場合に	いくら
事業所得者または事業的規模の不動産所得者が、正規の簿記の原則により記帳し、貸借対照表、損益計算書を添付して申告した場合	55万円※
上記以外	10万円

※ e-Taxを利用するなど一定の条件を満たすものは65万円

2 青色事業専従者給与

事業主が、家計が同じ親族へ給与や家賃等を支払った場合、原則として必要経費には認められません。ただし、青色申告者が所轄税務署長に届け出て承認された場合、生計を一にする親族へ支払う給与等を、青色事業専従者給与として必要経費とすることができます。

3 純損失の繰越控除

青色申告した場合、損益通算をしても引ききれない損失(純損失)を、**翌年以後3年間**※繰り越すことができます。

※ 特定非常災害に係る損失について、一定のものは5年間

4 少額減価償却資産の特例

青色申告した一定の人が、以下の一定の減価償却資産を取得した場合、取得価額**全額**をその年の**事業**所得、**不動産**所得、**山林**所得の計算上、必要経費に算入することができます。

【特例適用の要件】

- 2026年3月31日までの間に取得
- 取得価額**30万円**未満の減価償却資産を取得
- その年分の少額減価償却資産の取得価額の300万円が限度

3. 白色申告者の事業専従者控除

青色申告していない者(白色申告者)で、**不動産**所得、**事業**所得、**山林**所得の事業に専ら従事している配偶者等の生計を一にする親族がいる場合は、以下の金額までのうち、①②のどちらか少ない金額を必要経費とみなすことができます。

①配偶者の場合**86**万円　　配偶者以外の場合１人につき**50**万円
②この控除をする前の事業所得等の金額を、「専従者の数＋１」の数で割った額

プラスα　**その年の所得の計算上、損失が生じた場合は確定申告をする義務はない。その場合でも、翌年以降に「純損失の繰越控除」や「雑損失の繰越控除」、「純損**

4日目●タックスプランニング

10 個人住民税と個人事業税

頻出度 C

CHECK

地方公共団体がそこに住所を置く個人に対して課税する**個人住民税**と、一定の事業を行っている個人の所得に対して課税される**個人事業税**の基本的な仕組みを確認しましょう。とくに**所得税の計算方法**との違いは重要です。

1 個人住民税の基本

個人住民税は、地方公共団体が課税する税金で、**道府県民**税（東京都では都民税）と**市町村民**税（東京23区では特別区民税）があります。

課税対象者	その年の1月1日現在に日本国内に住所がある者
申　告	市町村が税額を計算し、納税義務者へ納税通知書を交付する賦課課税方式
納　付	給与所得者（特別徴収） →6月から翌年5月までの12カ月間で分割し、毎月の給料から徴収される。 給与所得者以外（普通徴収） →納税通知書に従って6月、8月、10月、翌年1月に分割して納付

2 個人住民税の税額

個人住民税の税額は、各個人に**均等**に課税される均等割と**所得**に対して課税される所得割で計算されます。また、金融商品等の利子や株式の配当を受け取る場合などにも、個人住民税が課税されます。

1．均等割　改正

基準額以上の所得がある者に対して、一律で課税されます。

- ●道府県民税　年額1,000円
- ●市町村民税　年額3,000円

＊ 2024年度から個人住民税均等割とあわせて一人年額1,000円が森林環境税及び森林環境譲与税として課税される

失の繰戻還付」「居住用財産の譲渡損失の繰越控除」を受ける場合は、確定損失申告書を提出することができる。

2. 所得割

所得の計算方法は所得税とほぼ同じですが、所得控除の額など一部が異なります。**前年**の所得に対する税額を、**今年度**に納税する仕組みとなっています。

主な所得控除の額（所得税の控除と異なるもの）

基礎控除	43万円※	扶養控除（16歳以上） （19歳以上23歳未満）	33万円 45万円
配偶者控除	納税者本人の合計所得金額により、11万円、22万円、33万円	生命保険料控除	最高7万円
配偶者特別控除	最高33万円	地震保険料控除	最高2万5,000円

※ 前年の合計所得金額が2,400万円を超える場合はその合計所得金額に応じて控除額が逓減し、2,500万円を超える場合は基礎控除の適用はなしとなる

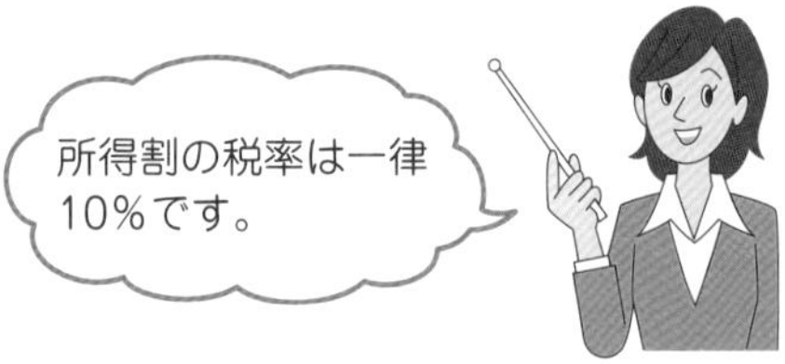

3 個人事業税

個人が一定の事業を行う場合、その所得（事業所得、不動産所得）に対して、個人事業税が課税されます。所得の計算上、年間を通じて事業を行った個人は、事業主控除額として年間**290万円**を差し引くことが認められています。事業税の税率は事業の種類によって変わります。

課税対象者	事業所得、不動産所得がある個人
申　告	原則翌年の3月15日までに都道府県税事務所に申告書を提出 （所得税の確定申告をしている場合は必要なし）
納　付	納税通知書に従って8月と11月の年2回に分けて納付
税　額	事業所得、不動産所得より事業主控除額290万円を差し引き、事業区分に応じた税率（3%～5%）を乗じて算出

プラスα **事業税の所得の計算で、事業所得や不動産所得を計算するうえで、所得税の計算に適用した「青色申告特別控除」は適用されない。**

4日目●タックスプランニング

CHECK

一問一答 最終チェック

４日目の学習が終わりました。ここで、この章のおさらいをしましょう。問題のすぐ下にある解答を赤シートでかくして、問題にチャレンジしてください。間違ったときは、必ず参照ページに戻って確認し、実力アップをめざしましょう！

□□□ **問1** 納税者と担税者が異なる税金を直接税という。

解答1 ✕ **設問は間違い。納税者と担税者が異なる税金を間接税といいます。代表的なものが消費税です。⇒p.186**

□□□ **問2** 所得税は、1月1日～ 12月31日までの1暦年に得た個人の所得に対しての税金である。

解答2 ○ **設問のとおり。12月31日までに収入にすべきことが確定していれば、未収となっている金額も収入として含んで計算します。⇒p.188**

□□□ **問3** 公的年金の老齢給付、障害給付、遺族給付は、すべて非課税である。

解答3 ✕ **設問は間違い。公的年金のうち老齢給付は雑所得として課税されます。⇒p.189、p.200**

□□□ **問4** 個人間で金銭を貸し付けた場合に得られた利息は、雑所得となる。

解答4 ○ **設問のとおり。個人が個人的に金銭等の貸付けを行った場合の利息は、利子所得とはなりません。⇒p.192**

□□□ **問5** 申告不要を選択した配当は配当控除の適用は受けられないが、申告分離課税を選択した配当は配当控除の適用が受けられる。

解答5 ✕ **設問は間違い。申告分離課税を選択した配当の場合も、配当控除は受けられません。⇒p.193**

□□□ **問6** 個人事業主が事業のために支払った交際費は、事業所得の必要経費ではない。

解答6 ✕ **設問は間違い。個人事業主が事業のために支払った交際費は、必要経費とすることができます。⇒p.194**

□□□ **問7** 所得税において、税務署への届出がない場合の減価償却の方法は、原則として定率法となる。

解答7 ✕ **設問は間違い。届出がない場合は、原則定額法となります。⇒p.194、195**

□□□ **問8** アパートなどの貸付けで得られる所得でも、事業的規模で行っている場合は、事業所得となる。

解答8 ✕ **設問は間違い。事業的規模でも不動産所得となります。⇒p.195**

□□□ **問9** 土地・建物等の譲渡の場合、取得の日から譲渡した日までの期間が5年超であれば長期譲渡とされる。

解答9 ✕ **設問は間違い。土地・建物等の譲渡の場合、取得の日から譲渡した日の属する年の1月1日までの期間が、5年超か5年以下かで短期か長期か判断します。⇒p.198**

□□□ **問10** 退職所得の金額は原則「収入金額－退職所得控除額」で求められる。

解答10 ✕ **設問は間違い。原則として「(収入金額－退職所得控除額)×1／2」で求められます。⇒p.202**

□□□ **問11** 生活に通常必要ではない資産の譲渡での損失は、他の所得と損益通算できない。

解答11 ○ **設問のとおり。株式等の譲渡損失(配当所得や公社債等の利子等との損益通算を除く)や土地・建物等の譲渡損失(一定の要件を満たす居住用財産を除く)も、他の所得との損益通算はできません。⇒p.204**

□□□ **問12** 損益通算ができるのは、不動産所得・事業所得・山林所得・一定の譲渡所得の損失である。

解答12 ○ **設問のとおり。一定の譲渡所得とは、総合課税となるものと一定の居住用財産の譲渡などです。⇒p.204**

□□□ **問13** 健康診断で重大な疾病が見つかり、治療を開始した場合、その健康診断の費用は医療費控除の対象となる。

解答13 ○ **設問のとおり。疾病が発見されなかった場合の健康診断費用は、対象外となります。⇒p.208**

□□□ **問14** 配偶者特別控除の適用を受けるには、納税者本人の合計所得金額が2,000万円以下でなければならない。

解答14 ✕ **設問は間違い。納税者本人の合計所得金額が、1,000万円以下でなければなりません。⇒p.214**

□□□ **問15** 給与収入の金額が2,000万円を超える給与所得者は必ず確定申告が必要である。

解答15 ○ **設問のとおり。会社員は会社が行う年末調整によって所得税の精算が行われるが、給与収入の金額が2,000万円を超える場合は確定申告が必要です。⇒p.222**

□□□ **問16** 青色申告特別控除額は、すべての場合で一律10万円である。

解答16 ✕ **設問は間違い。原則10万円ですが、事業所得者または事業的規模の不動産所得者が、正規の簿記で記帳するなどの条件を満たした場合は、55万円または65万円となります。⇒p.223、224**

5日目
不動産

1 不動産の価格

頻出度 A　CHECK

ポイント

土地の価格は１つではありません。同じ土地に複数の価格がつけられています。ここでは**４つの**代表的な**公的価格の違い**と、その価格を計算する**３つの鑑定方法**を学びましょう。

1 不動産の公的価格

土地の価格には、公的な機関が発表する４つの代表的な価格があります。

４つの公的地価　暗記

公的価格	所轄官庁	基準日	公表日	利用目的など
公示価格	国土交通省	〔毎年1月1日〕	3月下旬	土地取引の指標。 収用の参考価格
基準地標準価格	都道府県	毎年7月1日	9月下旬	半年後に公示価格を補完する役割
相続税評価額（路線価）	国税庁	毎年1月1日	7月上旬	相続税・贈与税の課税標準。 公示価格の８割程度
固定資産税評価額	市町村	3年ごとの基準年の1月1日	3～4月	固定資産税や不動産取得税などの課税標準。 公示価格の７割程度

上記の価格は一般に公開されていますが、固定資産税評価額だけは、基本的に所有者本人・借地人・借家人、あるいは委任状をもった代理人しか閲覧することができません。

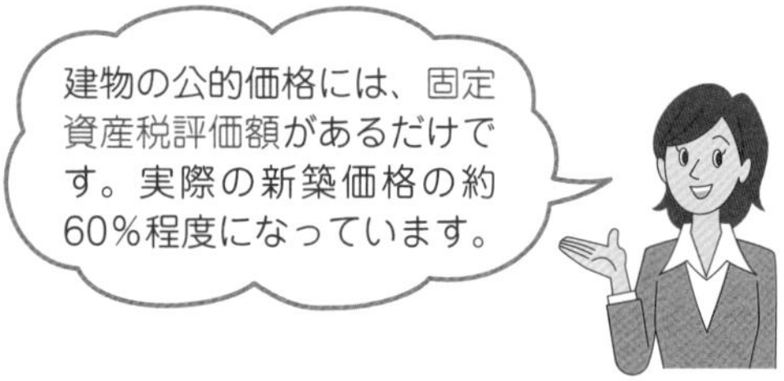

プラスα　**収益還元法で使われる純収益とは、たとえば年間家賃収入が500万円あるアパートであれば、その収入から経費（管理費・火災保険料・固定資産税など）**

2 不動産の評価

土地や建物の価格を計算することを、鑑定評価といいます。鑑定評価では、原則として、以下の３つの手法を**併用**して計算しなければなりません。

1．鑑定評価の３つの方法 頻出

1原価法

今、対象不動産と同等のものを造ったらいくらになるかという**再調達原《さいちょうたつげん》価《か》**を求め、その原価から時が経過したことによる**減価修正**をして現在の評価額を求める方法です。

完成している土地の再調達原価を求めることは困難なので、**既成市街地**の土地の評価には不向きです。

2取引事例比較法

評価対象の不動産の近隣・類似地域で、過去に**実際に取引された事例**（取引事例）を収集します。それに補正などを加えて計算した価格と比較して、評価額を決定する方法です。

3収益還元法

対象不動産が、将来生み出すであろう**純収益**の**現在価値**の**総和**を、**還元利回り**で還元して評価額を求める方法です。収益還元法には、次の２種類があります。

①直接還元法

一定期間内に対象不動産が生み出す純収益を、**還元利回り**で割り戻す方法です。

例

年間純収益500万円÷還元利回り５％＝不動産の価格１億円

②DCF法

保有期間中に対象不動産から得られる**純収益**の総和と、保有期間終了後に**売却**によって得られる価格（復帰価格）を現在価値に割り戻し、両方を合計して収益価格を求める方法です。

を差し引いた残りの額のことを指す。純収益を計算する場合は、ローンを借り入れてアパートを経営していたとしても、その返済額は差し引かない。

5日目●不動産

2 不動産の取引

頻出度 A　CHECK

ポイント

不動産の取引には、多くの法律が関係してきます。不動産に関する法律の基本的な用語や**売買契約**の注意点、**不動産登記簿**の読み取り方について学びましょう。

1 不動産の売買と調査

不動産の取引では、不動産独特の用語や権利関係などが重要になります。

1．不動産の分類

1土　地

不動産登記法では、土地の種類のことを**地目《ちもく》**といいます。

1つの土地は一筆《いっぴつ》と数えます。また、土地の面積のことを、**地積《ちせき》**といいます。

実際の現地の状況と地目や地積は、
一致しないこともあります。

2建　物

建物の分類を**種類**といい、「居宅」「工場」「店舗」などがあります。1つの建物は1個と数えます。

2．不動産の権利

1所有権

不動産を所有し、自由に使用・収益・処分することができる権利を、所有権といいます。

2借地権　頻出

建物を建てる目的で、他人の土地を利用できる権利を借地権といいます。

借地権などがついている土地の権利を底《そこ》地《ち》権といいます。

プラスα　**借地権には、物権である地上権と債権である賃借権の2種類がある。地上権の場合、権利の譲渡や転貸を自由に行うことができるが、賃借権の場合、譲**

3 借家権

建物を**借り受けて**利用する権利のことを、借家権といいます。

4 抵当権

住宅ローンを利用したとき、金融機関(債権者)は担保として不動産に抵当権を設定します。借り手(債務者)がそのローンを返済できなくなったとき、債権者は不動産を**競売**にかけて売却し、売れた代金の中から債権を回収する権利のことを抵当権といいます。

3．不動産売買の注意点

不動産の売買は、通常、次のような流れで進められます。

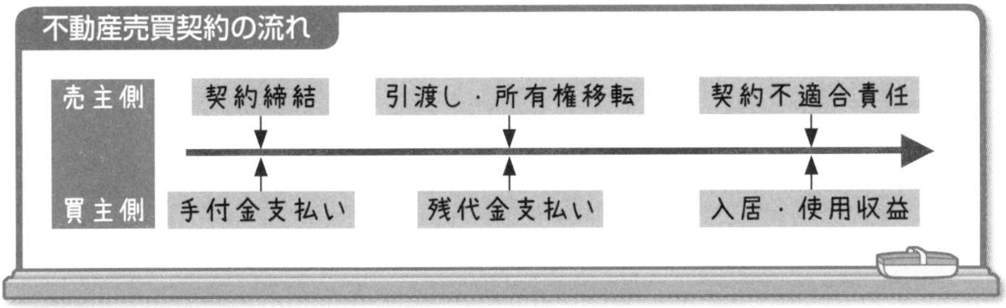

1 手付《てつけ》金　暗記

売買契約締結と同時に、**買主**から**売主**に支払われる金銭を手付金といいます。手付金は、民法では**解約手付**とみなされています。**解約手付**とは、契約の相手方が契約の履行に着手する前であれば、**買主**は手付を**放棄**して、売主はその**倍額**を現実に買主に提供することで、契約を解除することができることをいいます。

2 危険負担

危険負担とは、売買契約締結後、**引渡し**までの間に対象不動産が天災などで滅失してしまった場合の措置などをいいます。民法では危険負担は**売主**が負うものとされ、引渡しの前に滅失や損傷があった場合、**買主**は代金の支払いを拒むことができるようになりました。

3 契約不適合責任　頻出

契約不適合責任とは、対象不動産の種類、品質、数量に関して契約の内容に**適合しない**ものがあったとき、売主が負う責任に関する民法の規定です。民法では、

渡や転貸には地主の承諾が必要となる。また、地上権、賃借権ともに、地主はその所有する土地の登記簿に対して登記の設定を承諾しないのが一般的である。

①**修補**請求②代替物請求③不足分の引渡しによる追完請求のほか、代金減額請求や損害賠償請求、**契約を解除**することができるとしています。これらは、買主が契約の内容の不適合を知ったときから1年以内にその旨を売主に通知する必要があります。

なお、**特約**によって「売主は契約不適合責任を一切負わない」とすることも可能です。

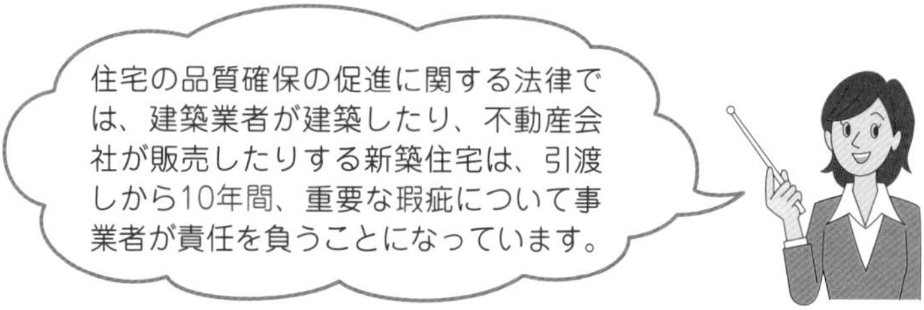

4公簿売買と実測売買

公簿売買：土地の登記記録の面積と実測した面積とが相違していても、その差による売買代金の増減を行わない売買

実測売買：売買契約締結後に実測した面積と登記記録の面積に差が生じた場合、その差に相当する売買代金をあらかじめ定めておいた単価で精算する売買

4．不動産に関する民法

1相隣関係

①隣地の使用

土地の所有者は、境界付近で工作物の築造や修繕などのために、隣地所有者等の**承諾を得ることなく**、必要な範囲内で隣地を使用することができます。ただし、目的や日時などを通知する必要があります。

②越境した竹木の枝の切取り

土地の所有者は、隣地の竹木の枝が**境界線**を越えるときは、一定の要件を満たす場合、その枝を切り取ることができます。

2財産管理制度

所有者不明の土地や建物について、利害関係人の請求によって裁判所が管理人を選任することができます。

プラスα **登記事項証明書に記載される所在地番は、登記上の番号であり、住居表示とは異なる。また、地積は宅地の場合は小数点第2位まで記載されるが、田・**

2 不動産登記

1．不動産登記とは

不動産登記とは、取引の安全を図るために、不動産の**内容**や**権利関係**について**法務局**(登記所)の不動産登記簿に記載して一般に公示することです。

2．不動産登記簿 頻出

不動産登記簿は、土地１筆ごと建物１個ごとに備えられています。登記簿は次のような構成でできています。表示に関する登記は、登記の原因が発生してから**１カ月以内**に行う義務がありますが、権利部の登記は**任意**です。

【土地の不動産登記簿(全部事項証明書)の見本】

表題部(土地の表示)	調整	余白	不動産番号	1200003456789
地図番号	余白	筆界特定	余白	
所在	東京都○○区○○一丁目		2006年10月5日登記	
①地番	②地目	③地積 ㎡		原因及びその日付(登記の日付)
23番	畑	315		余白
余白	宅地	315	23	②③昭和40年5月10日地目変更〔昭和40年5月11日〕
23番1	余白	170	39	①②23番1、23番2に分筆〔2008年11月14日〕

権利部(甲区)　(所有権に関する事項)			
順位番号	登記の目的	受付年月日・受付番号	権利者その他の事項
1	所有権移転	2010年1月15日 第5678号	原因　2010年1月15日売買 所有者　東京都△△区○○五丁目8番地1　鈴木太郎

権利部(乙区)　(所有権以外の権利に関する事項)			
順位番号	登記の目的	受付年月日・受付番号	権利者その他の事項
1	抵当権設定	2010年1月15日 第9876号	原因　2010年1月15日金銭消費貸借同日設定 債権額　金2,500万円 損害金　年14.6%（年365日割計算） 債務者　東京都△△区○○五丁目8番地1　鈴木太郎 抵当権者　東京都○○区××町1番地8　株式会社○○銀行
2	1番抵当権抹消	2011年5月11日 第102345号	原因　2011年5月11日解除
3	抵当権設定	2011年5月11日 第10987号	原因　2011年5月11日金銭消費貸借同日設定 債権額　金2,400万円 損害金　年14.6%（年365日割計算） 債務者　東京都△△区○○五丁目8番地1　鈴木太郎 抵当権者　東京都□□区××町6番地41　株式会社□□銀行

これは登記記録に記録されている事項の全部を証明した書面である。
○○○○年○月○日　○○法務局　　登記官　伊　藤　次　郎　印
※下線のあるものは抹消事項であることを示す。　　整理番号　D12345（1/1）1/1

登記の種類	記載箇所	登記の内容
表示に関する登記	表題部	不動産を物理的に特定する概要 （所在地・種類・面積・構造など）
権利に関する登記	〔権利部甲区〕	所有権に関する事項 （差押え・買戻し特約など）
	〔権利部乙区〕	所有権以外の権利に関する事項 （抵当権・賃借権・地上権など）

畑などは小数点以下は記載されない。上の見本の乙区記載の項目でアンダーラインが引いてある事項は、既に抹消された事項であることを示している。

3．登記の効力

不動産の登記には、以下のような効力が関係します。

①対抗力　頻出

対抗力とは、第三者に**自分の権利の正当性**を主張できる力のことをいいます。不動産登記には対抗力があります。登記のない者には対抗力はありません。

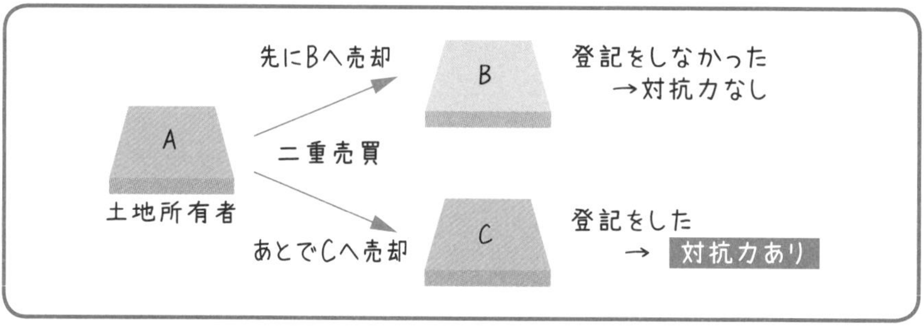

②公信力　頻出

登記簿に記載された内容には公信力が**ありません**。公信力とは、たとえば、登記簿に記載された所有者を信じて、その所有者と取引をした場合に、取引相手が真の所有者ではなく取引した者が被害を被ったとしても、取引した者は保護されないことがあるということです。

登記簿は必要のあるものが申請しなければ登記されないため、真の所有者と登記上の所有者が異なっていることがあります。

4．不動産登記の申請方法

①登記の申請

不動産登記は、通常、司法書士や土地家屋調査士に代行を依頼して行います。

申請は、登記所に直接出頭しても、インターネットを通じてオンライン申請でもできます。

また、郵送でも申請することができます。

②登記識別情報

登記が完了すると、12桁の英数字が記載された「**登記識別情報**」が通知されます。これは従来の「**登記済証（権利書）**」に代わるものです。

プラスα　**法務局（登記所）には、登記簿のほかに公図や14条地図、地積測量図（土地を合筆・分筆する際に提出する図面）、建物図面（建物の新築や増改築時に提出**

5．登記簿の閲覧方法等

登記簿は手数料を支払って**誰でも**閲覧できますし、その写しを取ることもできます。

現在、登記所はコンピュータ化されており、登記簿を閲覧する代わりに「**登記事項要約書**」(登記内容の要点を記載したもの)の交付を受けることができます。

登記簿謄抄本《とうしょうほん》(写し)の代わりには、「**登記事項証明書**」(登記内容のすべてを証明するもの)の交付を受けることができます。

6．その他の資料の調査

1地図と公図

登記所には、土地の形状や位置を比較的正確に表示している「**14条地図**」や、土地の位置関係はわかるものの、精度が低い「**公図**」などが備えてあります。

【14条地図(見本)】

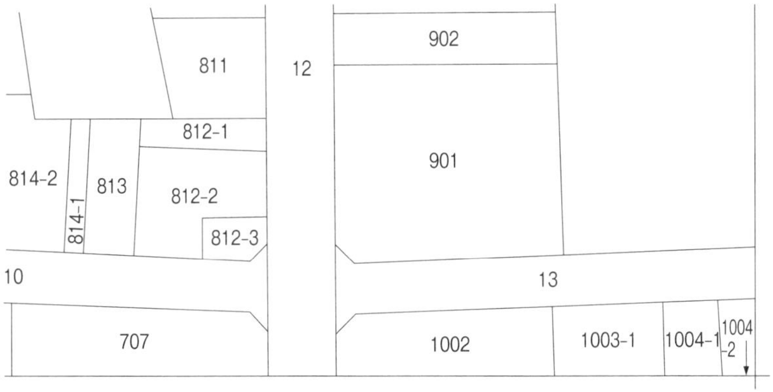

請求部分	所　在	東京都○○区△△町一丁目				地番	901		
出力縮尺	1/500	精度区分	甲一	座標系番号又は記号		分類	地図(法第14条第1項)	種類	土地区画整理所在図
作成年月日		○○○○年○月○日			備付年月日			補記	

これは地図に記録されている内容を証明した書面である。

○○○○年○月○日　東京法務局　　　登記官　○○○○　印

する図面)などが備え付けられている。いずれも必要に応じて提出するもので、すべての土地や建物に完備されているわけではない。

5日目●不動産

3 不動産の法令上の制限① 都市計画法

頻出度 A

CHECK

ポイント

日本の国土を計画的に開発するために、**都市計画法**が定められています。この法律で、地域がどのように区分されているか全体像を理解し、それぞれの**地域の制限**や、**開発の許可**を得るための要件を中心に理解しましょう。

1 都市計画法

1．都市計画区域

都市計画法では、健康で文化的な都市生活を実現するために、日本の国土を次のように分類しています。都市計画区域は、原則として、**都道府県**が都市計画法に基づいて指定します。2以上の都府県にまたがる場合は、**国土交通大臣**が指定します。

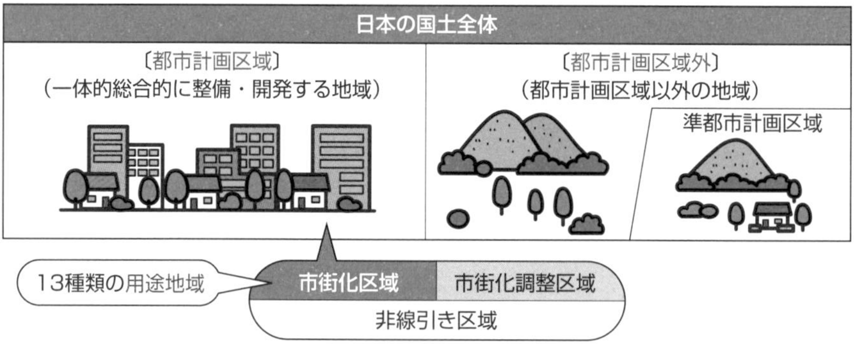

2．市街化区域と市街化調整区域 暗記

都市計画区域は、市街化区域と市街化調整区域に線引きされます。どちらにも線引きされていない地域を**非線引き区域**といいます。

市街化区域	既に市街地を形成している区域、およびおおむね10年以内に優先的かつ計画的に市街化を図るべき区域
市街化調整区域	市街化を抑制するべき区域（原則として、建物は建てられない）

プラスα 2018年4月1日から用途地域に追加された「田園住居地域」とは、農地や農業関連施設などと調和した低層住宅の良好な住環境を守るための地域であ

3．用途地域

市街化区域には、次の13種類の**用途地域**の**いずれかを必ず定める**ことになっています。

住居系	第一種低層住居専用地域	低層住宅の良好な環境を保護する地域
	第二種低層住居専用地域	主に低層住宅の良好な環境を保護する地域
	第一種中高層住居専用地域	中高層住宅の良好な環境を保護する地域
	第二種中高層住居専用地域	主に中高層住宅の良好な環境を保護する地域
	第一種住居地域	住居の環境を保護する地域
	第二種住居地域	主に住居の環境を保護する地域
	準住居地域	国道や幹線道路と調和した住環境を保護する地域
	田園住居地域	農地や農業関連施設などと調和した住環境を保護する地域
商業系	近隣商業地域	近隣住宅の住民の生活に必要な日用品販売用店舗のための地域
	商業地域	主に商業などのための地域
工業系	準工業地域	主に環境悪化のおそれのない工業のための地域
	工業地域	主に工業のための地域
	工業専用地域	工業のための専用地域

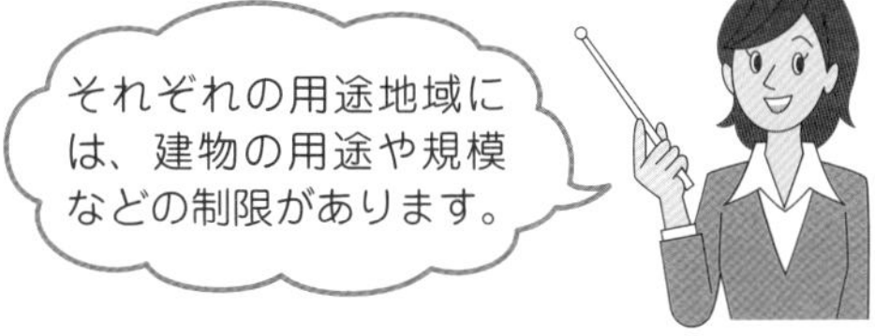

4．都市計画図

各自治体で定められた都市計画の内容は、**都市計画図**に記載されているので、誰でも閲覧できます。都市計画図には、以下の項目などが記載されています。

①市街化区域と市街化調整区域の区分、②用途地域、③建蔽《ぺい》率・容積率、④防火指定

る。住宅や共同住宅のほか農産物の生産、集荷、処理施設や一部の店舗の建築が可能である。

2 開発行為

建築物の建築などを目的として行う、一定規模以上の土地の区画や形質の変更(造成工事などを指す)のことを、開発行為といいます。

1. 開発許可の条件

開発行為を行うものは、原則として、**都道府県知事の許可**を得なければなりません。また、開発行為を行うときは、行為が終了して**公告**があるまでは、原則、建物は建てられません。

許可が必要な面積は、次のとおりです。

	小規模開発	農林漁業用建築物 農林漁業従事者の住宅
市街化区域	1,000m^2 以上	1,000m^2 以上
市街化調整区域	〔規模にかかわらず、すべて必要〕	不　要
非線引き区域	3,000m^2 以上	
都市計画区域外	10,000m^2(1ha)以上	

土地区画整理事業の施行として行う開発行為は、都道府県知事の許可を必要としません。

2. 開発行為の手続き

開発行為には、次のような手続きや制限があります。

①開発許可の承継

開発許可を受けた者は、その地位(開発行為を行う権利)を、相続や譲渡などによって第三者に承継することができます。

②開発行為中の売買

開発行為の工事期間中であっても、開発区域内の土地等の権利の売買などは可能です。

③開発区域内の建築制限

開発許可を受けた開発区域内の土地に建築物を建築する場合は、原則として開発行為の**工事完了の公告後**に建築確認を申請します。

プラスα **用途地域は、市街化区域に必ず定めることになっているが、必要があれば、準都市計画区域や非線引き区域にも定めることができる。住宅や共同住宅・**

5日目●不動産

4　不動産の法令上の制限②　建築基準法

頻出度 A　CHECK

建築基準法では、建物を建築するときの建物の用途を制限する**用途地域**、建物規模を制限する**建蔽率**・**容積率**などが定められています。とくに建蔽率と容積率の計算方法は、実技試験で出題されることが多いので、しっかり理解しましょう。

1　建築基準法

建築基準法は、建築物の**敷地**や**構造**、**設備**、**用途**の最低基準を定めたものです。

1．敷地と道路の関係

建築物の敷地は、原則として、**幅4m以上**の道路に**2m以上**接していなければなりません。これを**接道義務**といいます。

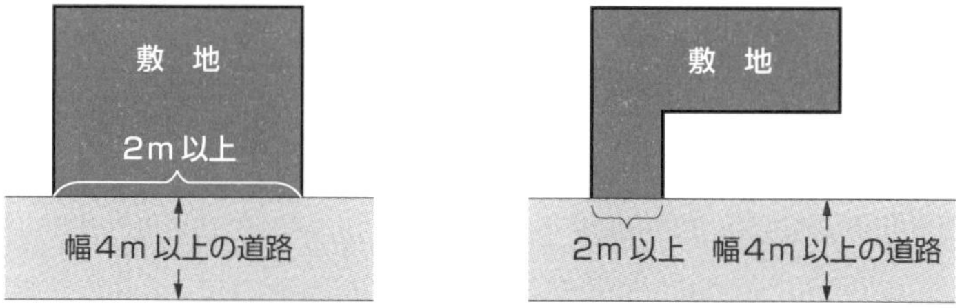

幅4m 以上の道路に2m 以上の敷地が接していること

2．「42条2項」道路　頻出

建築物の敷地が4m未満の道路に接している場合は、**道路の中心線から2mまで敷地側に後退**（セットバックという）したところを、道路境界線とみなして建築することができます。この場合、セットバックした部分は敷地面積に含めることはできません。

なお、敷地の反対側が川やがけ地、線路敷きなどで将来セットバックできないときは、道路の反対側からこちら側に4mセットバックすることになります。

老人ホームは、工業専用地域以外で建築することができる。診療所・保育所は、すべての用途地域で建築することができる。

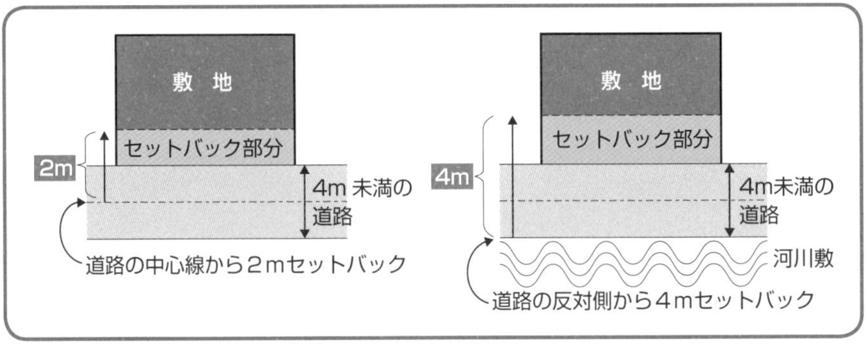

３．用途地域による建築制限

建築基準法では、用途地域によって建築可能な建物の用途を定めています。敷地が異なる用途地域にまたがっている場合は、**敷地の過半**を占める用途地域の制限を、敷地全体に適用することになっています。

用途地域 ＼ 建築物の用途		〔住宅・共同住宅〕	老人ホーム	診療所・保育所	病院・大学	カラオケボックス	ホテル・旅館	150 m^2 以下の店舗
住居系	第一種低層住居専用地域	○	○	○	×	×	×	×
	第二種低層住居専用地域	○	○	○	×	×	×	△
	第一種中高層住居専用地域	○	○	○	○	×	×	△
	第二種中高層住居専用地域	○	○	○	○	×	×	△
	第一種住居地域	○	○	○	○	×	△	○
	第二種住居地域	○	○	○	○	△	○	○
	準住居地域	○	○	○	○	△	○	○
	田園住居地域	○	○	○	×	×	×	○
商業系	近隣商業地域	○	○	○	○	○	○	○
	商業地域	○	○	○	○	○	○	○
工業系	準工業地域	○	○	○	○	○	○	○
	工業地域	○	○	○	×	△	×	○
	工業専用地域	×	×	○	×	△	×	△

プラスα

敷地が異なる用途地域にまたがる場合は、過半を占める用途地域を敷地全体に適用する。異なる建蔽率・容積率の地域にまたがる場合は、面積按分

2 建蔽率 計算

1．建蔽率とは

建蔽率とは、敷地について防災上の一定の空地を確保するために考えられた数値で、建築物の**敷地面積**に対する**建築面積**の割合のことです。

建蔽率の最高限度は「指定建蔽率」として、各自治体が都市計画で用途地域ごとに定めています。

$$\text{建蔽率}(\%) = \frac{\text{建築面積}(m^2)}{\text{敷地面積}(m^2)} \times 100$$

例

面積200m^2の敷地に、建築面積100m^2の建築物を建てた場合

$$\frac{\text{建築面積 } 100m^2}{\text{敷地面積 } 200m^2} \times 100 = \text{建蔽率 } \boxed{50\%}$$

2．建蔽率の緩和措置 頻出

以下の条件に該当する場合には、建蔽率の緩和措置があります。

	敷地の条件	建築する建築物	緩和措置
①	防火地域	耐火建築物	＋10%
②	特定行政庁が指定する角地	—	〔＋10%〕
③	指定建蔽率 80%で防火地域	〔耐火建築物〕	〔制限なし（100%）〕
④	準防火地域	耐火建築物・ 準耐火建築物等	＋10%

①と②の両方の条件に該当する場合は、＋20%となります。

（加重平均）をして建蔽率・容積率を計算する。異なる防火指定の地域にまたがる場合は、制限が厳しい方の地域を適用する。

3．建蔽率が異なる地域にまたがっている場合の措置

敷地が、異なる指定建蔽率にまたがっている場合は、**面積按分**《あんぶん》（加重平均）によって建蔽率を計算します。

例

指定建蔽率が、80%と60%にまたがっている敷地の建蔽率は何%か。

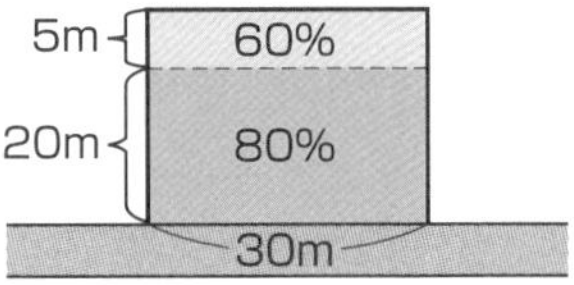

$$\frac{30\text{m}\times 20\text{m}}{30\text{m}\times 25\text{m}}\times 80\% + \frac{30\text{m}\times 5\text{m}}{30\text{m}\times 25\text{m}}\times 60\%$$

$$=64.0\%+12.0\%=\boxed{76.0\%}$$

3 容積率 計算

1．容積率とは

容積率とは、敷地に対して建築物の高さを一定内に制限するために考えられた数値で、建築物の**敷地面積**に対する**延床面積**の割合のことです。

容積率の最高限度は「指定容積率」として、各自治体が都市計画で用途地域ごとに定めています。

$$\text{容積率}(\%) = \frac{\text{延床面積}(\text{m}^2)}{\text{敷地面積}(\text{m}^2)}\times 100$$

例

面積200m^{2}の敷地に、延床面積400m^{2}の建築物を建てた場合の容積率は何%か。

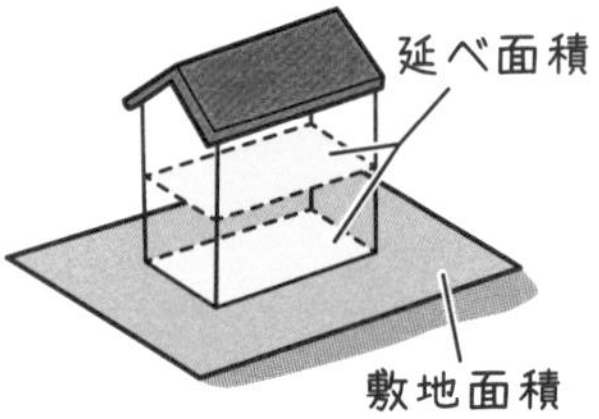

$$\frac{\text{延床面積 }400\text{m}^2}{\text{敷地面積 }200\text{m}^2}\times 100=\text{容積率 }\boxed{200\%}$$

プラスα **都市計画では、防火地域や準防火地域とその指定のない地域を定めている。これは市街地の火災による延焼などを防ぐために指定される地域で、地域内**

2．容積率の前面道路による制限　頻出

容積率には、敷地の前面道路の幅員が**12m未満**の場合に制限がかけられ、次の計算式によって算出された容積率と指定容積率の、いずれか**少ない数値**が適用されます。

住居系の用途地域の場合	前面道路の幅員×4／10
その他の用途地域の場合	前面道路の幅員×6／10

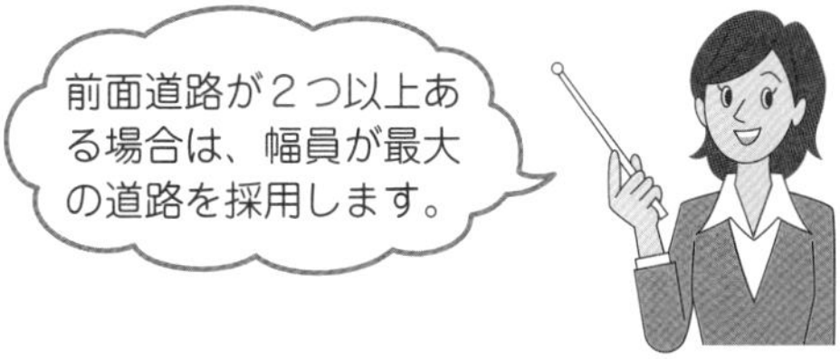

例

指定容積率が500%の商業地域内で、前面道路の幅員が８mである場合

８m×６／10×100＝480　→　480%＜500%

この結果 480% が採用される。

3．容積率が異なる地域にまたがっている場合の措置

敷地が異なる指定容積率にまたがっている場合は、**面積按分**（加重平均）によって容積率を計算することになります。

確認しよう！

Q1　建蔽率とは、敷地に対して建築物の高さを一定に制限するために考えられた数値で、建築物の敷地面積に対する延床面積の割合である。

A1　×（⇒p.243）

の建物の構造や外壁などに制限を定めている。敷地が防火地域、準防火地域・防火無指定地域にまたがる場合は、より制限が厳しいほうの地域を敷地全体に適用する。

5 不動産の法令上の制限③　借地借家法他

頻出度 B　CHECK

ポイント

土地や建物を賃貸するときの法律（借地借家法）では、**普通借地権**と**定期借地権**、**普通借家権**と**定期借家権**の違いについてを、分譲マンションなどの建物を第三者と所有するときの法律（区分所有法）では、その権利関係を重点的に学びましょう。

1 借地借家法（土地）

建物の所有を目的として、他人の土地を借りる権利を借地権といいます。借地権は、借地人が**建物の登記**をすることで対抗要件（対抗力）が整います。

1. 普通借地権

1 存続期間　頻出

普通借地権の存続期間は**30年間**です。これより短い期間を定めた場合は30年間の契約とみなされます。期間満了後に契約を更新する場合は、１回目の更新が**20年間**、その後は**10年間**刻みで更新します。

2 借地人からの更新拒否

借地権の更新は、地主が遅滞なく次の４つの正当事由に基づいて異議を主張した場合は、法定更新は行われません。

４つの正当事由
- 当事者双方が土地の使用を必要とする事情
- 借地に関する従前の事情
- 土地の使用状況
- 立退料など財産上の給付の申し出

3 法定更新

借地権の存続期間が満了しても、**借地人**が契約の更新を請求したときは、**建物**がある場合に限り契約が更新されます。これを法定更新といいます。**借地人**が更新請求をしなかった場合でも、**借地人**が土地の使用を継続しているときで**建物**があるときも同様です。更新後の借地契約の期間は、最初の更新のときは**20**年、そのあとは10年になります。

プラスα　**賃借人からの定期借家契約の解除は、一定の面積の条件を満たした居住用建物で、賃借人が転勤・療養・親族の介護などのやむを得ない事情によって、**

2．定期借地権

普通借地権のほかに、**期限を限定**して借地することで、地主に確実に土地が返還される定期借地権の制度もあります。定期借地権には、次の表のように３種類あります。

定期借地権の種類

種類＼項目	一般定期借地権	建物譲渡特約付借地権	事業用借地権	
			更地返還型	任意型
存続期間	〔50年以上〕	30年以上	10年以上30年未満	30年以上50年未満
利用目的	用途制限なし(分譲マンションや一戸建、商業施設、遊園地など)	用途制限なし	事業用に限る 居住用事業は不可（コンビニ・外食店・塾など）	事業用に限る 居住用事業は不可（大型店舗や耐用年数の長い建物）
契約方法	〔書面あるいは電磁的記録による〕	制限なし	〔公正証書による〕	〔公正証書による〕
借地権終了時の処理方法	原則として建物解体後、更地にて返還	建物は地主名義に。借地人が引き続き使用すれば借家契約が開始	建物解体後、更地で返還	原則として建物解体後、更地にて返還

2　借地借家法（建物）

アパートなど他人の建物を使用･収益する権利を借家権といいます。借家権は、**建物の引渡し**を受けていることによって、第三者に対抗することができます。

1．普通借家権

1存続期間

普通借家権の存続期間は、**1年以上**です。

2借家権の更新

借家権は**期間の満了**によって終了しますが、賃貸人（貸主）から正当事由に基づく更

建物を利用できない場合に限ってすることができる。このときは賃借人の解除の申し出から1カ月後に契約が終了する。

新の拒絶がない限り、法定更新されます。

3 原状回復 頻出

借家契約が終了したときには、賃借人の**故意過失**によって破損汚損した部分については、賃借人が建物を原状に回復して賃貸人に返還します。

2. 定期借家権

賃貸人が期限を**限定**して借家し、期間満了後に、確実に建物が**返還**されるのが、定期借家権です。契約期間中は、貸主は中途解約ができず、借主は契約の更新を求めることができません。定期借家権の成立条件は、次のとおりです。

1 存続期間

期間は何年でも可能です。1年未満も可能です。

2 契約方法

書面あるいは電磁的記録で契約しなければなりません(公正証書である必要はありません)。また、賃貸人は契約書面とは**別の書面あるいは電磁的方法**で、「契約の更新がなく期間満了をもって終了する旨」を説明しなければなりません。

3 契約の終了時

賃貸人は賃借人に対して、契約終了の**6カ月から1年前までに**契約が終了する旨の通知をしなければなりません。

4 借家人(賃借人)からの解除

借家人からの解除は原則としてできませんが、床面積**$200m^2$未満**の居住用建物に限って、一定条件があれば解除することができます。

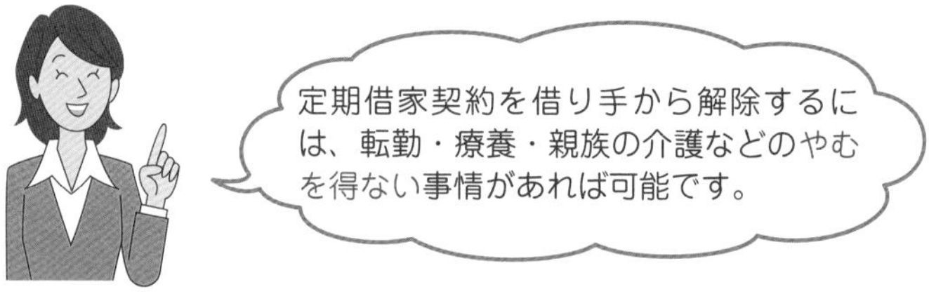

3 建物の区分所有等に関する法律(区分所有法)

分譲マンションのように、1棟の建物に複数の人が所有権(区分所有権)をもつ場合、その建物は区分所有法の対象となります。区分所有権をもつ者を「区分所有者」といい、区分所有者で構成された自主管理組織を管理組合といいます。

プラスα 管理組合の決議は、区分所有者数の一定数以上および議決権の一定割合以上によって決議されるので、通常の多数決とは異なる。議決権とは、専有

1．区分所有建物の構成

区分所有建物は、次の３つの部分から構成されています。

区分所有建物の構成

〔専有部分〕		独立した区分所有権の対象部分
共用部分	〔法定共用部分〕	専有部分以外で、玄関や階段・エレベーターなど、当然に区分所有者全員で所有している部分
	〔規約共用部分〕	管理人室や集会所など、専有部分の条件を満たしている部分で、規約により共用部分とした部分
〔敷地利用権〕		区分所有建物の敷地に関する権利

各区分所有者の共用部分の持分は、原則として**専有部分の床面積の割合**によって決められます。なお、原則として専有部分と敷地利用権は分離して処分することはできません。

2．規約と決議　暗記

区分所有法では、議題は区分所有者による決議によって決定します。

行為項目	決議に必要な区分所有者数および議決権
規約の設定・変更・廃止	〔4分の3以上〕
建物価格の2分の1を超える部分の復旧	4分の3以上
建替え	〔5分の4以上〕

4　宅地建物取引業法

1．宅地建物取引業者とは

不動産の**分譲**や、売買や貸借の**代理**・**媒介**《ばいかい》(間に立って仲介する業務)を業としてするものは、宅地建物取引業者として法の制限を受けます。ただし、自らの物件の貸借を業としてするものは、宅地建物取引業者として法の制限は受けません。

面積の割合によるので、仮に区分所有者数が決議割合に達していたとしても、賛成者の合計面積が達していなければ議決されない。

2．報酬額の制限

宅地建物取引業者が媒介をしたときの報酬には、制限があります。依頼者の一方から受け取ることができる報酬額の上限は、次のとおりです。

【報酬額の上限】

売買、交換の代金額	率
200万円以下の部分	5.5%
200万円を超え400万円以下の部分	4.4%
400万円を超える部分	3.3%

＊ 消費税および地方消費税を含む

＊ 空き家等で売買金額が400万円以下の場合は、依頼者の同意を得て調査費用等を含めて上限18万円＋消費税額とすることができる

例

3,000万円の住宅の売買をA社に依頼して成約した場合、売主がA社に支払う報酬は上限でいくらか。

(3,000万円×3％＋6万円)×1.1＝105.6万円

簡易計算する方法

400万円超の場合には、「売買価格の3％＋6万円に消費税」で覚える

3．媒介契約

宅地建物取引業者に不動産の売買などを依頼する契約には、次の3種類があります。契約の有効期限は最長**3カ月**ですが、一般媒介契約には有効期限はありません。

媒介契約の形態	複数業者への依頼	自己で発見した相手との取引	指定流通機構への登録義務	業務処理状況の報告義務
一般媒介契約	可	可	なし	なし
専任媒介契約	不可	可	7日以内に登録	2週間に1回以上
専属専任媒介契約	不可	不可	5日以内に登録	1週間に1回以上

＊ 宅地建物取引業者は既存の建物（中古住宅など）の媒介依頼者に交付する媒介契約書に、**建物状況調査**（建物診断）を実施する者（調査業者等）のあっせんに関する事項を記載することとなっている

プラスα

「新耐震基準を満たす住宅」（252ページ）とは、1981年6月1日施行の建築基準法で定めた耐震性能を備えた住宅のことを指す。この基準は、不動産取

4．宅地建物取引士の業務

宅地建物取引士は、不動産に関する**契約締結の前**までに宅地建物取引業法第35条に基づいて契約の相手方に宅地建物取引士証を**提示**して、書面または電磁的方法により重要事項説明書の説明を行わなければなりません。ただし、相手方が宅地建物取引業者の場合、説明を省略することができます。また、宅地建物取引士は不動産に関する契約書に記名しなければなりません。

5　農地法

1．農地とは

農地とは登記上の地目に**かかわらず**、現況で「耕作の目的に供される土地」のことをいい「農地」と「採草放牧地」が含まれます。

2．手続き

農地について次に該当するときは、所定の手続きが必要になります。

条文	規制する内容	許可権者	市街化区域内の特例
3条許可	所有権の移転や権利の設定	〔農業委員会〕	―
4条許可	農地以外への転用	原則として知事	あらかじめ農業委員会に届出れば許可不要
5条許可	転用目的の所有権の移動や権利の設定	原則として知事	あらかじめ農業委員会に届出れば許可不要

確認しよう！

Q1 □□　普通借家権の存続期間は、5年以上である。

A1　×（⇒p.247）

得税や登録免許税の減税だけでなく、居住用財産の買換えの特例などの要件にも利用されることがあるので注意が必要である。

5日目●不動産

6 不動産の取得・保有に関する税金

頻出度 A

CHECK

不動産には、いろいろな税金が課税されます。ここでは**不動産の取得・保有・譲渡**のそれぞれの段階でかかる税金の仕組みを理解し、自宅(居住用)に関する特例措置(減税)を学びましょう。とくに**減税になる場合の条件**が重要です。

1 登録免許税

1. 課税主体(誰が課税するのか)と納税義務者(誰に課税するのか)

登録免許税は、国が課税する国税で、**登記を受ける者**に課税されます。ただし、表示に関する登記は非課税です。

2. 課税標準額と税率

登記の種類	課税標準額	税率(原則)	税率(特例)	長期優良住宅	認定低炭素住宅
所有権保存登記(住宅新築時)	固定資産税評価額	0.4%	0.15%	0.1%	
所有権移転登記(建物売買)	固定資産税評価額	2.0%	0.3%	0.1%※	
抵当権設定登記(借入れ時)	〔債権額(借入額)〕	0.4%	0.1%		

※ 一戸建ての長期優良住宅の場合は0.2%

特例税率を受けるための住宅の要件は、次のとおりです。頻出

項　目	要　件
築年数等	登記簿で1982年1月1日以降の新築が確認できる建物※
用　途	自己の居住用の建物に限る
床面積・その他	50m^{2}以上(上限はなし)・住宅を取得後1年以内の登記

※ 当該建物は新耐震基準を満たす建物とみなされる

個人が、宅地建物取引業者により一定の増改築等が行われた住宅用家屋を取得する場合の所有権移転登記の登録免許税の税率は、0.1%となります。

プラスα **各種の税制上の優遇措置がある長期優良住宅とは、耐震性・維持管理性・バリアフリー性などの一定水準をクリアした、原則床面積75m^2(共同住宅は**

2 不動産取得税

1．課税主体と納税義務者

不動産取得税は、都道府県が課税する地方税で、不動産を取得した者に課税されます。

2．課税の対象・課税標準額と税率

有償か無償か、登記があるかないかにかかわらず、不動産の取得について課税されます。ただし、**相続**による不動産の取得には課税されません。一般的には「**固定資産税評価額**」が課税標準額となり、税率は原則４％です。

3．特例(減税措置)　頻出

不動産取得税には、次の４つの特例があります。

①住宅および住宅用地については、税率が**3%**となります。

②宅地は、課税標準額を固定資産税評価額の**２分の１**とします。

③住宅の取得については、課税標準額から**1,200万円**(長期優良住宅を取得した場合は、**1,300万円**)を控除します(中古住宅は、築年数によって控除額が変わる)。この特例を受ける住宅は、次の要件に該当しなければなりません。

項　目	要　件
築年数等	登記簿で1982年1月1日以降の新築が確認できる建物※
用　途	居住用の建物に限る。新築であれば貸家も該当
床面積	$50m^2$(一戸建以外の貸家住宅は$40m^2$)～ $240m^2$以下

※ 当該建物は新耐震基準を満たす建物とみなされる

④住宅用地を取得した場合の特例として、次の(A)または(B)の、いずれか多い額を税額から控除します。

(A)45,000円

(B)$1m^2$あたりの評価額×１／２×住宅の床面積の2倍(上限$200m^2$)×3%

$55m^2$)以上の住宅のことで、認定後も新築時の設計図面やリフォーム履歴などを住宅履歴書として完備しておく義務を負う住宅のことである。

3 印紙税

1．課税主体と納税義務者

印紙税は、国が課税する国税で、課税文書（領収書や契約書など）の作成者に対して課税されます。１つの文書を複数人で作成したときは、全員が連帯納税する義務を負います。

2．課税の対象と税率

課税文書に記載された金額によって納税額が決まるので、税率はありません。なお、不動産の売買契約書や建築の請負契約書については、減税措置があります。

3．納税方法

印紙税は、課税文書に納税金額相当の収入印紙を貼付して、印紙に消印または署名することで納税します。万一、貼付を忘れたり消印をしなかったりしても、文書の**効力**について影響はありません。

4 消費税

1．非課税

不動産に関する次の取引は、消費税が非課税となります。

①居住用不動産（アパートなど）の賃貸料（家賃）

②**土地の売買**（借地権の設定や譲渡も含む）

例

計算

4,700万円（310万円税込み）という表示がある分譲マンションの、土地代金と建物代金は、それぞれいくらか。

●建物代　消費税額310万円÷消費税率10％＝ 3,100万円

●土地代　4,700万円－3,100万円－310万円＝ 1,290万円

プラスα

固定資産税や都市計画税は、１月１日時点の不動産の所有者に課税される。仮に、年の途中でその不動産を第三者に売却しても、納税義務は１月１日時

5 固定資産税

1．課税主体と納税義務者

固定資産税は、市町村が課税する市町村税で、**毎年1月1日時点**の土地や家屋の所有者に課税されます。

2．課税標準額と税率

課税標準額は**固定資産税評価額**で、標準税率は1.4%です。

3．新築住宅に対する特例（減税措置） 頻出

次の要件に該当する新築住宅は、一定期間、減税が受けられます。

項　目	要　件
築年数	新築住宅に限る
用　途	居住用部分が床面積の2分の1以上の住宅
床面積	50m^2（一戸建以外の貸家住宅は40m^2）～280m^2以下
控除範囲	床面積のうち、120m^2までの部分が2分の1減額される

減税される期間は、それぞれ次のとおりです。

建物の構造	木造などの一般住宅	地上3階建以上の中高層耐火建築物
一般の住宅	新築後3年間	新築後5年間
長期優良住宅	〔新築後5年間〕	〔新築後7年間〕

4．住宅用地に対する特例 頻出 改正

アパートや住宅が建っている住宅用地については、次ページのような課税標準額の減額措置があります。

※ 勧告を受けた管理不全空家等や特定空家等の敷地については、この住宅用地の特例が受けられない

点の所有者にある。不動産取引の実務では、これらの税金を売主と買主の間で日割り精算しているが、これは取引の慣習であって法律で決められたことではない。

減額される土地の範囲	用地名称	減額割合
住宅1戸につき200m²まで	小規模住宅用地	〔6分の1〕
小規模住宅用地を超える部分	一般住宅用地	〔3分の1〕
住宅の床面積の10倍を超える部分	—	減額なし

5. 納税方法

原則として、4月、7月、12月、翌年2月の4回に分けて納付します。ただし、一括納付することも認められています(都市計画税も同様)。

6 都市計画税

1. 課税主体と納税義務者

都市計画税は、都市計画事業や土地区画整理事業の費用に充てるために、市町村が課税する目的税である市町村税です。原則として、**市街化区域内**の土地家屋の所有者に課税されます。

2. 課税標準額と税率

課税標準額は固定資産税評価額で、税率は上限0.3%とされています。

3. 住宅用地に対する特例(減税措置) 改正

アパートや住宅が建っている住宅用地については、次のような課税標準額の減額措置があります。

※ 勧告を受けた管理不全空家等や特定空家等の敷地については、住宅用地の特例が受けられない

減額される土地の範囲	用地名称	減額割合
住宅1戸につき200m²まで	小規模住宅用地	〔1/3〕
小規模住宅用地を超える部分	一般住宅用地	〔2/3〕
住宅の床面積の10倍を超える部分	—	減額なし

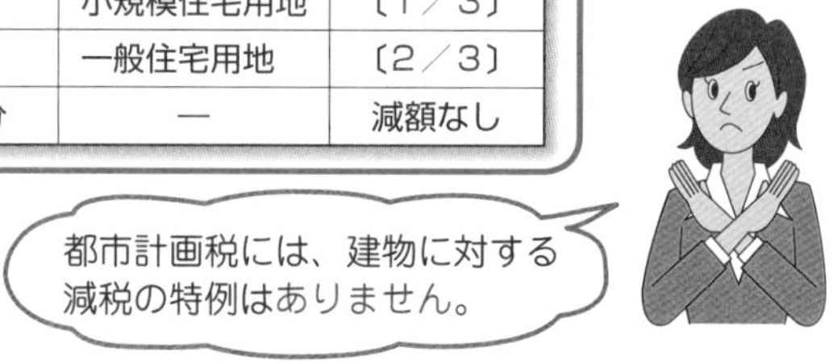

プラスα 通常、不動産の売買では、手付金を支払って売買契約を締結し、その後に引渡しを受けることになる。この場合、所有期間の開始時期(取得日)と引渡時

5日目●不動産

頻出度 A　CHECK

7 不動産の譲渡に関する税金

不動産を譲渡して利益が出れば課税されますが、**居住用不動産(自宅)の譲渡**には、特例があり優遇されています。居住用財産の譲渡に関する「**3,000万円の特別控除**」、「**軽減税率の特例**」、「**買換えの特例**」の３つの特例は計算例をまじえて確実に理解することが大切です。

1 譲渡所得の計算

1．課税譲渡所得

個人が自宅や経営する賃貸アパートなどの不動産を譲渡して利益(課税譲渡所得)を得た場合は、その利益に対して**課税**されます。課税譲渡所得は、次の計算式で算出します。

課税譲渡所得＝収入金額－(取得費＋譲渡費用)－特別控除

各用語の定義は、次のとおりです。

収入金額	不動産を譲渡した金額(売却価格など)
取得費	その不動産を取得したときの経費で、購入価格・仲介手数料・印紙代など。取得費が不明な場合は、収入金額の５％を概算取得費として計算する
譲渡費用	その不動産を売却したときの経費で、仲介手数料・印紙代・建物解体費・立退料など
特別控除	要件に該当すれば、特別に控除される場合がある

例

計算

2017年１月31日に、3,500万円で土地を取得した際、仲介手数料100万円と印紙代など10万円の経費を払った。この土地を2023年１月10日に仲介手数料150万円を払って5,000万円で譲渡した場合の課税譲渡所得はいくらか。

5,000万円－(3,500万円＋110万円+150万円)＝ 1,240万円

期(譲渡日)の判断は、どちらで計算するかで期間が異なる。期間の計算は、どちらで判断しても良いことになっている。

2. 税率の区分 頻出

譲渡所得税率は、その不動産を所有していた期間によって異なります。所有期間が**5年**を超える場合を**長期譲渡所得**といい、**5年**以内を**短期譲渡所得**といいます。

所有期間5年の判断は、**譲渡した年**の**1月1日**時点で5年を超えているかどうかで判断します。

3. 税　率

課税譲渡所得に対する税率は、所有期間によって、次のように区分されます。

短期譲渡所得	所得税	30.63%
	住民税	9%
長期譲渡所得	所得税	15.315%
	住民税	5%

＊ 復興特別所得税を含む

4. 特別控除

課税譲渡所得の計算上、差し引くことができる特別控除には、次のようなものがあります。

収用による譲渡	5,000万円
居住用財産の譲渡	3,000万円

プラスα

「居住用財産の3,000万円の特別控除」は、短期譲渡か長期譲渡かにかかわらず要件がそろえば利用できる。また「居住用財産の3,000万円の特別控除」と

2 居住用財産の譲渡の特例など

自分が所有して住んでいる住宅（居住用財産）を譲渡したときには、「3,000万円の特別控除」、「軽減税率の特例」、「買換えの特例」の３つの特例があり、税負担が軽減されます。また、相続や遺贈により取得した居住用財産についても特例があります。

1．居住用財産の3,000万円の特別控除　頻出

次の要件に該当する居住用財産を譲渡した場合は、課税譲渡所得金額から**3,000万円**が控除されます。この控除は、長期譲渡、短期譲渡の区別なく適用することができます。

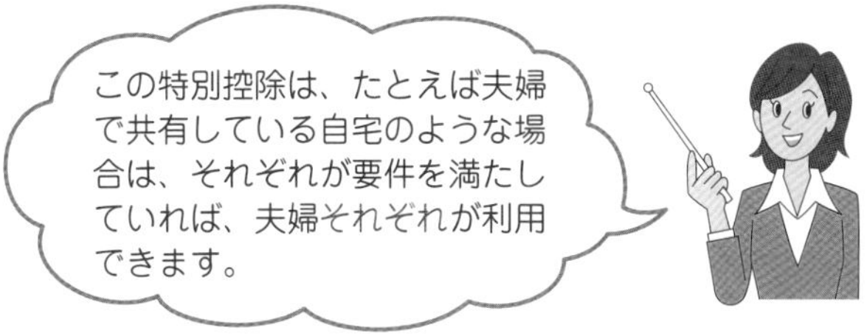

1適用要件

①**居住用財産**の譲渡であること

②譲渡した相手方が、配偶者や直系血族や生計を一にしている親族・同族会社などの特別な関係でないこと

③前年、前々年に、この特例や「特定居住用財産の買換えの特例」、「譲渡損失の繰越控除の特例」を受けていないこと（**3年**に１回なら適用できる）

④居住していない場合は、住まなくなってから**3年**を経過した日の属する年の**12**月**31**日までに、譲渡すること

2敷地だけの譲渡

次のような場合は、敷地だけの譲渡でも居住用財産の譲渡とすることができます。

①住宅を取り壊した日から１年以内に譲渡契約を締結すること

②居住しなくなってから３年を経過した日の属する年の12月31日までに、譲渡すること

③住宅を取り壊してから**譲渡契約締結**の日までの間、敷地を貸し付けたり、その他の目的に使用しないこと

「軽減税率の特例」は併用できるが、「買換えの特例」と併用することはできない。そのため「買換えの特例」利用時の税額計算では、通常の長期譲渡の税率を使用する。

2．居住用財産の軽減税率の特例 頻出

1月1日現在で、所有期間が**10年を超える**居住用財産を譲渡した場合は、居住用財産の3,000万円の特別控除を差し引いた残りの譲渡所得金額について、6,000万円までの部分に低い税率が課税される特例があります。

6,000万円までの部分	所得税	10.21%
	住民税	4%
6,000万円を超える部分	所得税	15.315%
	住民税	5%

＊ 復興特別所得税を含む

1適用要件

この特例を受けるためには、3,000万円の特別控除と同様の適用要件を満たす必要があります。

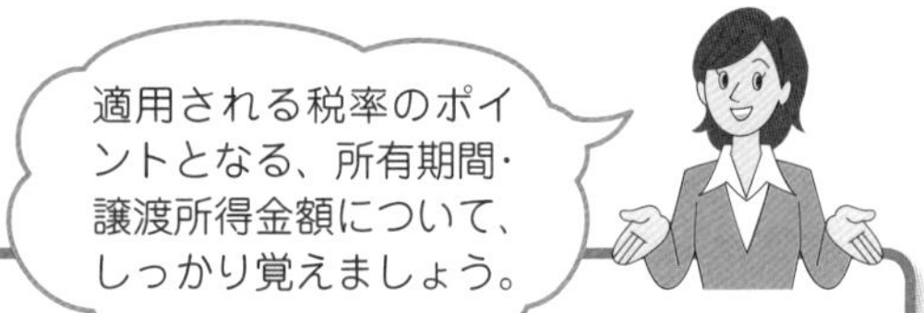

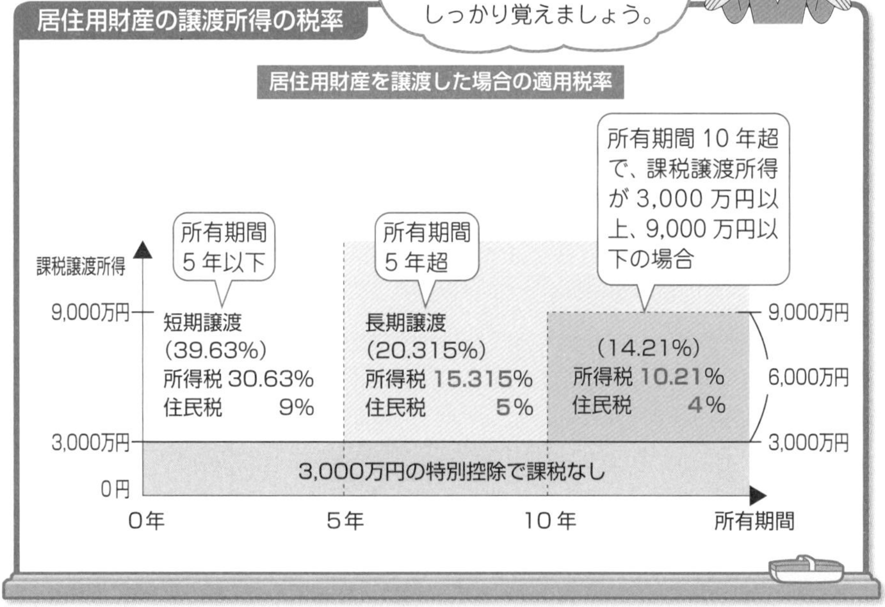

＊ 復興特別所得税を含む

プラスα **特定居住用財産の買換えの特例の適用を受けるには、譲渡資産と買換資産は日本国内にあるもので、譲渡資産については、収用等の場合の特別控除など、ほ**

3．特定居住用財産の買換えの特例

1 特例の効果

居住用財産を譲渡して**一定**の居住用財産に買い換える場合、要件を満たせば、特定居住用財産の買換えの特例を受けることができ、今回の譲渡はなかったものとされて課税が繰り延べられます。

【特定居住用財産の買換えの特例】

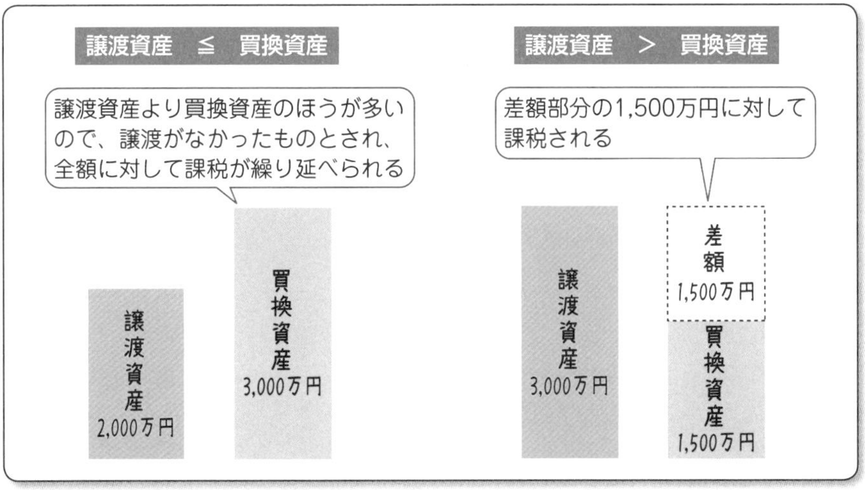

2 譲渡資産の条件

①譲渡した年の１月１日現在で、所有期間が**10年**を超えていること
②通算居住期間が**10年**以上であること
③前年、前々年に「3,000万円の特別控除」「軽減税率の特例」を利用していないこと
④譲渡した相手方が、配偶者や直系血族・同族会社など特別な関係にないこと
⑤譲渡対価が**1億円**以下

3 買換資産の条件

①譲渡の前年から、譲渡の翌年**12月31**日までの**３年**間に取得すること
②取得日の翌年12月31日までに居住し、継続して居住する見込みであること
③建物の床面積は**$50m^2$**以上で、土地の面積が**$500m^2$**以内であること
④耐火建築物は築後**25**年以内、または一定の耐震基準等に適合する住宅
⑤非耐火建築物は築後**25**年以内、または取得期限までに一定の耐震基準等に適合する住宅

かの特例の適用を受けないことが条件となる。以前に住んでいた家屋や敷地等が譲渡資産の場合は、住まなくなった日から3年目の12月31日までに売ることが条件となる。

⑥2024年1月1日以後に建築確認を受ける住宅、または建築確認を受けない住宅で登記上の建築日付が2024年7月1日以降のものは一定の省エネ基準を満たすもの

例

計算

買換えの特例を利用して6,000万円で自宅を売却し、5,000万円の住宅に買い換えた場合の税額はいくらか。なお、譲渡資産の取得費は300万円、譲渡経費は300万円とする。

6,000万円（自宅を売却）－5,000万円（買い換えた住宅）＝1,000万円……課税対象差額

ただし、課税対象部分に相当する取得費と譲渡経費を差し引くことができる。

$$(300万円＋300万円) \times \frac{1,000万円}{6,000万円} ＝100万円$$ ……経費

（300万円：取得費、300万円：譲渡経費）

（1,000万円－100万円）×20.315％（所得税＋住民税）＝ 182万8,350円

（1,000万円：課税対象差額、100万円：経費）

＊ このときの税率は、軽減税率を利用できない

＊ 復興特別所得税を含む

4．被相続人の居住用財産（空き家）に係る譲渡所得の特別控除 改正

被相続人の居住用財産を相続や遺贈によって取得した者が、その居住用財産を耐震リフォームするか、解体して売却した場合、課税譲渡所得金額から**3,000万円**が控除できます。ただし、相続人が３人以上の場合は、控除額は１人当たり**2,000万円**となります。

1 適用要件

①**被相続人**の居住用財産（1981年５月31日以前に建築された住宅に限る）で、それ以外に居住者がいなかったこと

②相続開始から譲渡までに**貸付けの用**または**居住の用**に供していないこと

③相続があった日から**３**年経過した日が属する年の12月31日までの譲渡

④譲渡の年の**翌年の２月15日**までに、家屋を解体するか耐震基準に適合するように改修工事をすること

⑤譲渡対価１億円以下

⑥**市区町村**から交付された「被相続人居住用家屋等確認書」の提出が必要

プラスα **「居住用財産の譲渡損失の繰越控除」を利用した場合でも、住宅ローンを利用して居住用財産を買い換えれば「住宅ローン控除」を利用することができる。**

5日目●不動産

8 譲渡損失が発生した場合の税金

頻出度 **B**　CHECK

居住用財産を譲渡して**譲渡損失**が発生した場合の２つの特例について、それぞれの適用要件を理解することが必要です。**譲渡しただけの場合**と、**買換えをした場合**に区別して覚えましょう。

1 居住用財産の譲渡損失の繰越控除

1．繰越控除の仕組み

所有期間が、譲渡した年の１月１日現在で**5年を超える居住用財産**を譲渡して損失が発生した場合は、その年と翌年以降３年間、その損失をほかの所得から控除することができ、控除額相当の所得税が還付されます。

計算例

譲渡損失が2,000万円で、その他所得が毎年600万円の場合。

	譲渡年	1年目	2年目	3年目
所得金額	600万円	600万円	600万円	600万円
損失額	▲2,000万円	▲1,400万円	▲800万円	▲200万円
控除後の所得金額	0	0	0	400万円

2．居住用財産の買換え等による譲渡損失の繰越控除

買換えによる損失の繰越控除が利用できる要件は、次のとおりです。

1譲渡資産の要件

①譲渡した相手方が、配偶者や直系血族・同族会社などの特別な関係でないこと

②土地等の面積のうち**500m²**以内だけが対象となる

2買換資産の要件

①居住用部分の床面積が**50m²**以上であること

②控除を受ける年の年末時点で、買換資産の取得のために借り入れた**住宅ローン（返済期間10年以上）の残高**があること

ただし、ほかの所得から損失額を控除した結果、所得額がゼロとなってしまえば、その年に住宅ローン控除によって還付される所得税はないことになる。

③譲渡をした翌年の12月31日までに取得し、取得の翌年の年末まで居住していること

3その他の要件

①控除を受ける年の合計所得が**3,000万円**以下であること

②譲渡した年の前年、前々年に、「**3,000万円**の特別控除」、「軽減税率の特例」、「買換えの特例」を受けていないこと

③以前３年以内に「**譲渡損失**の繰越控除」の特例を受けていないこと

3．特定居住用財産の譲渡損失の繰越控除

居住用財産を譲渡して買換えをしないような場合は、この特例の適用を受けることができます。

1譲渡資産の要件

①**譲渡契約締結日の前日**まで、譲渡資産を取得するために利用した住宅ローンの残高が残っていること

2その他の要件

①控除を受ける年の合計所得が**3,000万円**以下であること

②譲渡した年の前年、前々年に「**3,000万円**の特別控除」、「軽減税率の特例」、「買換えの特例」を受けていないこと

③以前３年以内に「**譲渡損失**の繰越控除」の特例を受けていないこと

3損失金額の計算

この特例を利用する場合の譲渡損失金額の計算は、次の①と②のいずれか少ないほうの金額となります。

①実際の譲渡損失の額

②譲渡資産の住宅ローンの残高－譲渡した価格

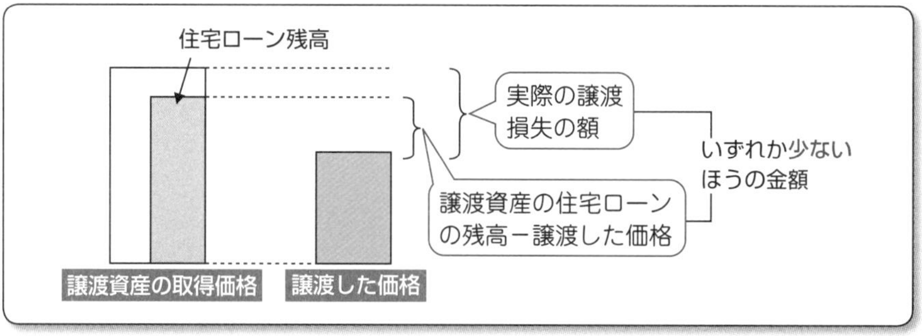

プラスα **不動産の有効活用によって建築した建物の管理は、管理会社に委託することが一般的である。管理の形態には、①管理のみを委託する、②管理とテナン**

5日目●不動産

9 不動産の有効活用

頻出度 C　CHECK

ポイント　不動産を活用して収益を上げるために、さまざまな手法や用途があります。土地に合った最適な手法や用途のメリット・デメリットと、有効活用によって得た収益(**不動産所得**)の**基礎的な考え方**について問われます。

1 不動産の活用方法

不動産は、固定資産税などが毎年課税されるために、まったく活用しなければ、実質的に目減りする資産となってしまいます。そこで、建物を建築するなどして土地活用をすることで収益を上げるわけです。

1．建物の種類

土地活用で建築する建物には、次のようなものがあります。それぞれに特性がありますので、それを理解して活用することが必要です。

土地活用で建築する建物の種類

	メリット	デメリット
アパートやマンション	需要は比較的安定している。多少立地に難点があっても、経営できる	収益性は高くない。借地借家法の適用があるので、立退交渉などの手間がかかる
オフィスビル	とくに専門的なノウハウは不要。収益性は高い	需要は、景気に左右される
駐車場	借地借家法の適用がないので一時利用でも活用できる。青空駐車場は低コストでできる	固定資産税などの減税措置がない。相続税評価額も更地評価となる
ロードサイド店舗	収益性は比較的高くなる。コンビニエンスストアや外食店舗など、幹線道路沿いで利用できる	景気動向やバイパスの新設などによる途中退去のリスクがある

トの募集業務を委託する、③管理を委託するとともに、管理会社が借主となって建物を一括借り上げするサブリース契約などがある。

2．活用手法の種類

土地活用の代表的手法には、次のようなものがあります。

方　式	仕組み	借入金	特　徴
自己建設方式	土地建物とも自分が所有し、計画から建設・管理運営まで、すべて自分の指示で行う	多くの場合必要	自分がすべての事業利益を享受できるが、リスクも負う。手間もかかる
事業受託方式	事業計画から建設・管理運営まで開発業者（デベロッパー）のノウハウを活用して行う	必　要	開発業者がサブリースすることが多いので、事業利益をすべて享受できない
土地信託方式	信託銀行が土地建物の信託を受けて、企画から資金調達・建設・管理まで行う。運営実績により信託配当を受け取る	必要。信託銀行が調達	所有権は形式的に信託銀行へ移転し、信託報酬を支払う。期間終了後、所有権は戻される
等価交換方式	土地の一部または全部を開発業者に提供するかわりに、開発業者が建設した建物の一部を取得する	〔不　要〕	資金調達が不要なため収益性が比較的高くなる。取得した建物の減価償却費は少なくなる
定期借地権方式	一定期間、土地を借地人に賃貸して地代を受け取る。建物は借地人名義のためメンテナンスが不要	〔不　要〕	低リスクだが、収益性は高くない。相続税評価額の軽減効果は大きくない

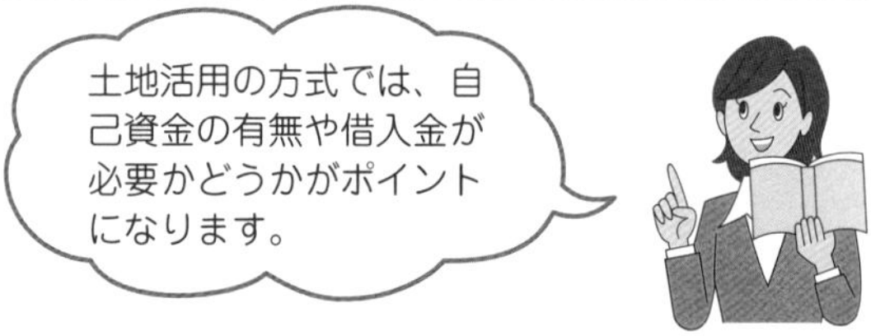

確認しよう！

Q1 駐車場による土地活用では、固定資産税の減税措置が受けられない。

Q2 定期借地権方式の土地活用では、土地所有者は土地を提供すればよく、原則として自ら借入れをする必要がない。

A1 ○（⇒p.265）　**A2** ○（⇒p.266）

プラスα　**不動産所得の計算において、敷金や保証金など、将来賃借人に返還することが予定されている費用は「預り金」として扱い、収入には計上しない。ただし、**

2 不動産の賃貸に関する税金

不動産を有効活用して得られた所得は、不動産所得として課税されます。

1．不動産所得とは

不動産所得となるものには、次のようなものがあります。

①家賃や地代・更新料・礼金・権利金など不動産の貸付けによって得られる収入。なお、借地権の設定にともなって受け取る権利金が、時価の**2分の1**を超えている場合は、不動産所得ではなく**譲渡所得**となる

②土地建物に設置した看板の広告料

③月極駐車場の賃料（時間貸し駐車場は、事業所得または雑所得となる）

不動産所得は、収入から必要経費を差し引いて計算します。

2．必要経費　頻出

不動産所得の計算上、下表の不動産所得の欄に○印がある項目が必要経費として認められます。実際には費用支出をしない**減価償却費**が含まれますので、収支計算（キャッシュフロー）の収入額と異なった金額となります。

【不動産所得の必要経費の例】

	項　目		金　額	不動産所得	収　支
収入	賃料など		700		
	駐車場代		100		
支出	管理費		100	○	○
	公租公課（固定資産税など）		50	○	○
	火災保険料		20	○	○
	借入金	元金返済額	150	〔×〕	○
		利息返済額	100	○	○
	〔減価償却費〕	建物部分	270	○	×
		設備部分	530	○	×
合　計（単位：万円）				▲270	＋380

不動産所得の計算では、減価償却費も経費に含まれるが、借入金の元金返済額は含まれない

キャッシュフローの計算では、減価償却費は含まれないが、借入金の返済額は含まれるため、不動産所得とは額が異なる

返還を要しないこととなった場合は、その時点で収入に計上する。また、食事付きの下宿の家賃は、サービスの提供として、規模により事業所得または雑所得となる。

3．損益通算の特例

不動産所得の計算が**赤字**となった場合、その年の他の所得の**黒字**から差し引くことができます。これを損益通算といいます。

前ページの事例の場合、仮にその年の給与所得が200万円だったとすると、次のように損益通算される。

給与所得200万円－不動産所得の赤字270万＝0円

損益通算によりこの年の所得がなかったことになります。したがって、徴収された給与所得にかかる所得税が全額還付されることになります。所得金額が多い場合に、所得税対策として不動産経営を行う理由がここにあります。

4．損益通算の例外

不動産所得の赤字が、**土地**を取得するための借入金の**利息**の金額より多い場合や、不動産所得の赤字よりその**利息**が多い場合は、土地取得にかかる借入金の利息分は損益通算**できません**。

なお、土地と建物を同時に取得した場合に利用した借入金は、**建物代金**部分から優先して借り入れたものとして計算します。

前ページの事例の場合、借入金が全額土地取得のための借入金であったとすると、以下のように損益通算ができない金額が発生する。

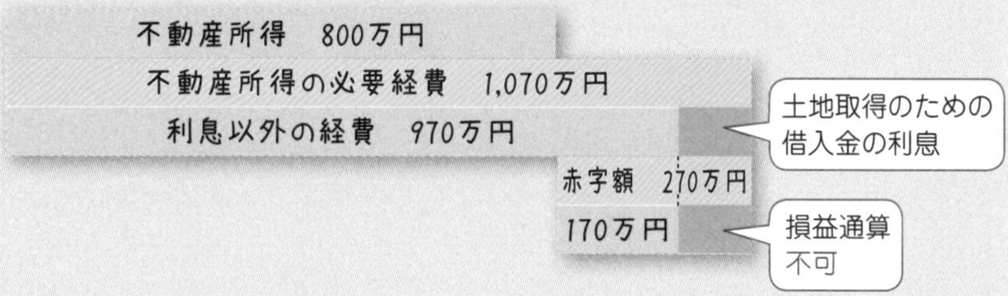

プラスα　**不動産所得の赤字と給与所得などを損益通算して所得金額を減らし、所得税の還付を受けることは不動産投資の利点である。しかし、定率法の減価償却**

5日目●不動産

頻出度 C　CHECK

10 不動産投資と分析

不動産投資や有効活用を行った結果をどう評価するか。なじみの薄い各種の分析方法ですが、出題されることもあるポイントです。**現物不動産投資**のほか、不動産流動化の手法である**小口化**・**証券化**についても理解しておきましょう。

1 不動産投資の分析

有効活用した不動産の経営状態を分析する場合、大きく分けて2つの指標があります。1つは単年の事業年内の分析で、もう1つは複数年にわたる分析です。ここでは、次のような賃貸マンション投資について分析します。

例

【対象不動産】　購入価格(経費含む)3,000万円、賃料収入300万円
運営経費は60万円とする。
【資金計画】　自己資金1,000万円＋借入金2,000万円
金利3%、30年返済、元利均等払いで、年間返済額(ADS)は約100万円

1．単年度分析　計算

1表面利回り(単純利回り)

表面利回りとは、総投資に対する収入金額の利回りをいいます。

$$\text{表面利回り}=\frac{\text{賃料収入}}{\text{購入価格}}=\frac{300\text{万円}}{3{,}000\text{万円}}=10.0\%$$

2正味利回り(純利回り)

正味利回りとは、総投資に対する**純収益(NOI)**の利回りをいいます。

$$\text{正味利回り}=\frac{\text{賃料収入}-\text{運営経費}}{\text{購入価格}}=\frac{300\text{万円}-60\text{万円}}{3{,}000\text{万円}}=8.0\%$$

費や借入金の金利相当額が、徐々に減少してくることから、経費となる金額が縮小し、いずれは不動産所得が黒字化するので注意が必要である。

3 キャッシュ・オン・キャッシュ（投下資本収益率）

支払った自己資金に対する手取り収入の割合をいいます。

$$\text{キャッシュ・オン・キャッシュ} = \frac{\text{純収益}-\text{年間借入金返済額(ADS)}}{\text{自己資金}}$$

$$= \frac{300\text{万円}-60\text{万円}-100\text{万円}}{1{,}000\text{万円}} = 14.0\%$$

このように借入金を利用することによって、投資利回りが高くなることを**レバレッジ効果**（テコの原理）といい、借入金の金利が投資全体の利回りを**下回っているとき**に、この効果が出ます。

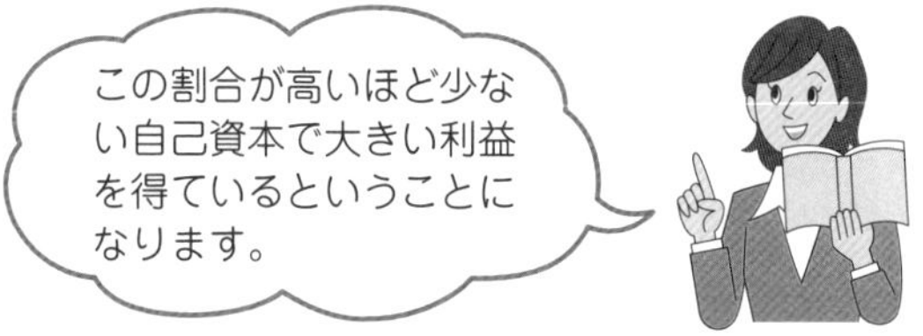

2．長期投資分析（DCF法） 暗記

DCF法とは、一定期間の投資によって、**将来得られるであろう**各年の純収益（NOI）と、**投資終了後**の不動産の売却価格（復帰価格）を、**期待する利回り**で割り戻した現在価値の合計金額（総和）によって投資判断する方法です。

（単位：万円）

投資期間	1年目	2年目	3年目	4年目	5年目	復帰価格
純収益（NOI）	100.00	100.00	100.00	100.00	100.00	1,700.00
3％で割り戻した現在価値	97.08	94.25	91.51	88.84	86.26	1,466.42

合計1,924.36万円

このケースでは、対象不動産を1,924.36万円で購入できれば、3％の利回りが期待できることを示しています。

プラスα 不動産投資において不動産所得の計算上、経費とすることができるのは、管理費、修繕費、火災保険料、広告宣伝費、減価償却費、借入金の利息などが

DCF法には、次の２つの方法があります。

1 **NPV法（正味現在価値法）**

上記のように**期待する利回り**を前提として、対象不動産の正味現在価値がいくらであるかという価格妥当性を求め、投資額と比較して判断する方法です。投資額より正味現在価値が大きければ、投資額が割安で投資可となります。正味現在価値より投資額が大きければ、投資額が割高で投資不可となります。

2 **IRR法（内部収益率法）**

対象不動産の価格を前提として投資した場合、どれだけの利回りが期待できるかという**期待利回り**を算出する方法です。**内部収益率**が大きいほど有利な投資であると判断します。

2　不動産の証券化など

1．現物不動産投資

ビルやマンションなどの**実際の不動産**に投資し、そこから得られる**賃料**などを収益として得ることを現物不動産投資といいます。現物不動産投資は、所有権が明確で、実物を目にすることができるので安心ですが、金額が大きく、売買する場合の**換金性**が劣ります。

	投資金額	流動性	税負担
現物不動産投資	比較的高額	低い	大
小口化不動産投資	中	中	中
証券化不動産投資	比較的安い	高い	小

2．証券化不動産投資

「資産の流動化に関する法律」（改正SPC法）の成立で、税制などで優遇された**特定目的会社**（SPC）が不動産を取得することで、資産の流動化と投資効率のアップを図ることが可能になりました。投資家は、SPCが発行する優先出資証券（一

ある。総収入から減価償却費と利息以外の経費を差し引いたものが純収益（NOI）となる。

種の株式)や社債などを購入することで、間接的に不動産に投資するのと同じ効果を得ることができます。

<SPCの特徴>
①最低資本金10万円で設立可能
②内閣総理大臣に届出が必要
③資産の流動化と、その関連事業だけに限った業務を行うこと
④所得の90%以上を配当すれば、法人税が課税されない
⑤資産取得のために借入れをすることも可能

3．不動産投資信託

「投資信託及び投資法人に関する法律」(改正投資信託法)の成立で、**投資の対象**が不動産にまで拡大されました。これを受けて日本でも不動産投資信託(J-REIT)が2001年9月にスタートしました。

【不動産投資信託(REIT)】

不動産投資信託には、信託契約型と会社(法人)型の仕組みがありますが、日本では**会社型**がほとんどです。

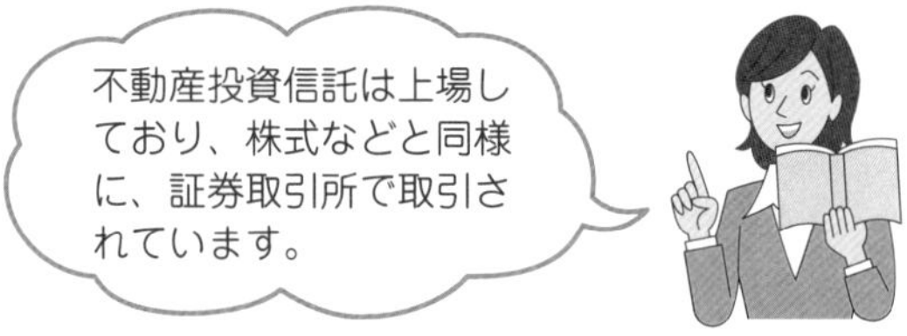

プラスα 不動産投資信託は、換金性・流動性が高く、比較的安定的な分配金が得られるものの、元本は保証されない。

5日目●不動産

一問一答 最終チェック

CHECK

5日目の学習が終わりました。ここで、この章のおさらいをしましょう。問題のすぐ下にある解答を赤シートでかくして、問題にチャレンジしてください。間違ったときは、必ず参照ページに戻って確認し、実力アップをめざしましょう！

□□□ **問1** 相続税評価額は、毎年の１月１日時点の地価を国税庁が発表するもので、公示価格のおおむね８割となっており、「路線価」ともいわれる。

解答1 ○ 設問のとおり。相続税評価額は、公示価格のおおむね8割となっています。固定資産税評価額は、公示価格のおおむね7割です。⇒p.230

□□□ **問2** 土地の鑑定評価のうち、原価法とは将来生み出すであろう純収益の現在価値の総和を、還元利回りで還元して評価額を求める方法である。

解答2 × 設問は間違い。原価法とは、対象不動産の再調達原価から減価修正をして、現在の評価額を求める方法です。上記は収益還元法の説明です。⇒p.231

□□□ **問3** 不動産売買で、引渡し後に買主が種類または品質に関して契約不適合を知ったときから１年以内に売主に通知しておけば、その上で追完請求や代金減額請求、損害賠償請求、契約の解除をすることができる。

解答3 ○ 設問のとおり。「種類または品質に関して不適合を知ったときから１年以内に通知すればよい」ことになっています。⇒p.233、234

□□□ **問4** 不動産の登記記録に関しては、市区町村役場で登記事項証明書の交付請求をすることなどにより、その記載事項を確認することができる。

解答4 × 設問は間違い。登記事項証明書は法務局（登記所）で交付されます。⇒p.235

□□□ **問5** 建築基準法の規定では、都市計画区域および準都市計画区域内においては、建築物の敷地は原則として幅4m以上の道路に2m以上接していなければならない。

解答5 ○ 設問のとおり。これを接道義務といいます。4m未満の道路に接している場合は、道路の中心線から2mまで敷地側に後退したところを境界線とみなして、建築することができます。⇒p.241

□□□ **問6** 指定建蔽率が80%とされている地域内で、かつ防火地域内に耐火建築物を建築するときは、建蔽率の制限は適用されない。

解答6 ○ 設問のとおり。問題文の中の３つの条件がそろえば、建蔽率100%まで建築ができます。⇒p.243

□□□ **問7** 容積率が異なる地域にまたがっている場合、容積率の小さいほうを採用して計算する。

解答7 × **設問は間違い。建蔽率や容積率が異なる地域にまたがっている場合は、それぞれの敷地面積によって按分計算します。⇒p.245**

□□□ **問8** 普通借地権の存続期間は30年間で、これより短い期間を定めた場合は30年間の契約とみなされる。

解答8 ○ **設問のとおり。期間満了後の更新は1回目が20年間、その後は10年間刻みです。⇒p.246**

□□□ **問9** 定期借家契約では、原則として貸主から契約解除をすることはできないが、一定の居住用建物で、転勤や療養などやむを得ない理由があれば可能である。

解答9 × **設問は間違い。貸主からの解除は、いかなる場合もできません。借主からの解除は、一定の居住用建物で転勤や療養などやむを得ない理由があれば可能です。⇒p.248**

□□□ **問10** 区分所有建物の建替えは、集会において区分所有者および議決権の両方の5分の4以上の賛成による決議がなければできない。

解答10 ○ **設問のとおり。区分所有者は人数、議決権は各人の専有面積の割合、両方が5分の4以上にならなければなりません。⇒p.249**

□□□ **問11** 不動産の譲渡所得の計算上、取得費が不明な場合には、概算取得費として収入金額の5％相当額を取得費とすることができる。

解答11 ○ **設問のとおり。取得費は実際の取得費、または収入金額の5％を概算取得費として計算することができます。⇒p.257**

□□□ **問12** 被相続人の居住用財産に係る譲渡所得の特別控除を利用するにあたっては、譲渡のときまでに当該家屋を解体するか、耐震基準に適合するように改修工事をする必要がある。

解答12 × **設問は間違い。「譲渡の年の翌年の2月15日までに」当該家屋を解体するか、耐震基準に適合するように改修工事をする必要があります。⇒p.262**

□□□ **問13** 投資総額5,000万円の賃貸用不動産の年間収入の合計額が600万円、年間費用の合計額が200万円である場合、この投資の純利回り（NOI利回り）は、8%である。

解答13 ○ **設問のとおり。純利回りは、純収益を総投資額で除して算出します。⇒p.269**

6日目

相続・事業承継

1. 贈与と法律の関連用語
2. 贈与税
3. 相続とは
4. 遺産分割と遺言
5. 相続に関する税金
6. 相続税の計算
7. 不動産の財産評価
8. 小規模宅地等の評価減
9. 不動産以外の財産評価
10. 相続・事業承継対策

1 贈与と法律の関連用語

頻出度 C　CHECK

ポイント

現金や物などの財産を無償で譲ることを**贈与**といいます。ここでは、まず贈与の意味を正しく理解しましょう。また、贈与や相続について理解するのに必要となる、民法でよく使われる用語の基礎知識も確認しておきましょう。

1 贈与の意味

当事者の一方が相手方へ無償で財産を譲り渡す契約のことを贈与といいます。贈与が成立するには、次の要件が必要になります。

①**贈与者**（財産をあげる人）が、無償で財産を譲る意思を示すこと
②**受贈《じゅぞう》者**（財産をもらう人）がこれを承諾すること

口頭による贈与契約は、契約の履行前であれば各当事者から撤回することができます。

贈与には、次のような種類があります。

単純贈与	贈与するたびに結ぶ贈与契約のこと （通常の贈与）
定期贈与	定期的に一定額の財産を贈与すること 例：「毎年100万円ずつ贈与しましょう。」
負担付贈与	贈与とともに、受贈者に借金など一定の負担を負わせること 例：「家を贈与するかわりに住宅ローンを払ってほしい。」
死因贈与	贈与者が死亡することを条件として発生する贈与 例：「私が死んだら、あなたにこの家をあげましょう。」

親の土地を子が無償で使用するような場合は、贈与にはなりません。使用貸借といいます。

プラスα　**親が子ども名義の預金通帳を作成して預金をしておくことがあるが、これは受贈者に贈与を受けている認識がないので贈与にならない。この場合は、子**

2 民法の用語の基礎知識

民法でよく使われる用語を理解しておきましょう。

親　族	6親等内の血族、配偶者、3親等内の姻族
養　子	普通養子縁組 　実親との親子関係は継続したまま、養親との親子関係をもつ 特別養子縁組 　実親との親族関係は終了する
婚　姻	男女とも18歳にならないと婚姻することができない 婚姻届けを提出し、受理されることで成立 届出のない場合は、法律上の夫婦とはならない(内縁関係)
離　婚	夫婦の話し合いによって離婚することを協議離婚という 話し合いで離婚できない場合は、家庭裁判所へ離婚調停を申し立てることができる(調停離婚)
扶養義務	夫婦間、直系血族および兄弟姉妹は当然に互いに扶養する義務を有する 特別の事情がある場合、家庭裁判所の審判によって3親等以内の親族間にも扶養義務が生じる
法定後見制度	すでに判断力が衰えている人に対して、申立権者からの審判の申立てにより、後見人・保佐人・補助人を選任する制度。後見人・保佐人・補助人になるための特別な資格は必要ない
任意後見制度	判断能力があるうちに、判断能力が不十分になった場合に備えて、本人があらかじめ選んだ任意後見人を選任しておく制度。任意後見人になるための特別な資格は必要ない

協議離婚では、未成年の子がいる場合は親権者が決まっていないと離婚できません。

確認しよう！

Q1 贈与者が無償で財産を譲る意思を示せば、相手の承諾がなくても贈与が成立する。

Q2 口頭のみで贈与を行うことを意思表示した場合、その贈与契約が実際に履行される前であれば撤回することができる。

A1 ×（⇒p.276）　**A2** ○（⇒p.276）

ども名義の通帳に親の金を一時的に預けているとみなされるので、仮に将来子どもがこの預金を使用すれば、その時点で親から贈与があったものとみなされる。

2 贈与税

頻出度 A　CHECK

贈与税が課税される財産、非課税財産のほか、贈与税の基本的な計算方法を理解しましょう。贈与税の**各種特例**や**相続時精算課税**制度は重要項目です。特例の適用要件や相続時精算課税制度の計算方法と相続税との関係などを確認しましょう。

1 贈与税とは

贈与によって一定額以上の財産を取得した場合は、贈与税が課税されます。

1．課税主体と納税義務者

贈与税は国が課税する国税で、贈与で財産を**取得した者**が納税義務者です。

2．贈与税の課税財産

贈与税の対象となる財産には、次のようなものがあります。

1本来の財産

本来の財産とは、預貯金、株式などの有価証券、土地、建物、貴金属などの財産で、金額に換算できるものすべてです。

2みなし贈与財産 頻出

本来の財産ではありませんが、同じような経済効果がある財産を、みなし贈与財産といいます。

生命保険金など	保険料負担者が被保険者以外の者で、保険料を負担していない者が保険金を取得した場合
〔低額譲渡〕	実際の価格(時価)より著しく低い額で財産を譲渡(売買)した場合
債務免除など	子の借金を親が肩代わりするなど、無償で債務を免除されたり、第三者に弁済してもらったりした場合

3．贈与税の非課税財産

次のような財産は、贈与税がかかりません。

プラスα　毎年1月1日から12月31日までに贈与によって取得した財産の課税価格が110万円以下であれば、贈与税の申告をする必要はない。ただし、納付すべ

①法人からの贈与で取得した財産（**一時所得**・給与所得として所得税の対象）
②通常、必要と認められる**生活費**や**教育費**
③社会通念上相当と認められる香典、お祝い、中元歳暮、見舞金など
④相続または遺贈で財産を取得した者が、相続開始の年に被相続人から受けた贈与財産（相続税の対象）
⑤離婚による財産分与（夫婦の財産の額やその他の事情を考慮しても多すぎる場合などを除く）

2　贈与税の計算　計算

1．贈与税の対象となる期間

贈与税は、**受贈者**1人ごとに、**毎年1月1日**から**12月31日**までの期間中に受け取った財産を対象として課税されます（**暦年《れきねん》課税**）。

2．基礎控除　頻出

贈与税は、基礎控除を差し引いた金額に対して課税されます。

贈与税額＝（課税価格－基礎控除110万円）×税率－控除額

3．税　率

贈与税の税率は、以下のとおりです。

基礎控除後の課税価格		税率（一般税率）・控除額	特例税率・控除額
	200万円以下	10%・－	10%・－
200万円超	300万円以下	15%・10万円	15%・10万円
300万円超	400万円以下	20%・25万円	
400万円超	600万円以下	30%・65万円	20%・30万円
600万円超	1,000万円以下	40%・125万円	30%・90万円
1,000万円超	1,500万円以下	45%・175万円	40%・190万円
1,500万円超	3,000万円以下	50%・250万円	45%・265万円
3,000万円超	4,500万円以下	55%・400万円	50%・415万円
4,500万円超			55%・640万円

＊ 贈与を受けた年の1月1日において18歳以上の受贈者が直系尊属から受けた贈与については、特例税率が適用される

き贈与税額がなくても、「贈与税の配偶者控除」「相続時精算課税制度」などの特例の適用を受ける場合は、確定申告が必要となる。

4．贈与税の申告

贈与税の申告は、贈与を受けた年の**翌年の2月1日から3月15日**までに提出し、納付をしなければなりません。

5．贈与税の納付

贈与税は**金銭による一括納付**が原則です。納付が困難な場合は、一定要件を満たせば**5年以内**の延納も認められています。

3　相続時精算課税制度　頻出

贈与税では、次の要件を満たす場合、相続《そうぞく》時《じ》精算《せいさん》課《か》税《ぜい》制度を利用することができ、同じ贈与者と受贈者の間で**累積合計2,500万円**(2024年1月1日以後は毎年110万円の基礎控除後の累積合計)までが非課税となります。

1．要　件

①贈与者が60歳以上の**父母・祖父母**であること

②受贈者が18歳以上の**子・孫**であること(代襲相続人・養子を含む)

＊ 年齢は、贈与の年の1月1日時点で判断する

＊ 非上場株式等について、贈与税の納税猶予および免除の特例の適用を受ける場合は、贈与者の子や孫以外の者でも適用可

③最初の贈与を受けた翌年の2月1日から3月15日までに、贈与税の申告をすること

④2026年12月31日までの贈与について、住宅取得等資金の贈与に限り、贈与者の年齢要件が撤廃される

⑤この制度を選択後は、その後、その者からの贈与については暦年課税の適用はできない。2024年以後の贈与の場合、毎年110万円の基礎控除後の累積贈与合計が2,500万円まで非課税。また毎年110万円までの贈与なら申告不要

改正

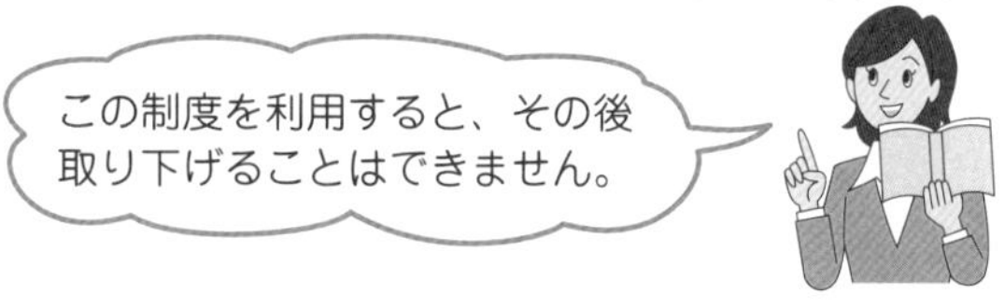

2．税額の計算

相続時精算課税制度を利用したときの贈与税の計算は、次のとおりです。

プラスα **贈与者の相続が開始した場合(死亡)には、相続開始前一定期間内の贈与財産は相続財産に加算し、相続税の計算の中に含めることになっているが、贈**

①**2,500万円**を超えた部分（2024年以後の贈与については、贈与額から年110万円を控除した金額が2,500万円を超えた部分）は、**一律20%**の税率で計算し、その時点で納税します。

②将来、贈与者が死亡したとき（相続開始のとき）に、この制度を利用して贈与されたすべての財産（2024年以後の贈与については、年110万円の基礎控除差引後の金額）と、相続開始時点の贈与者の財産を合算して相続税の計算をします。このとき既に納税した**贈与税**がある場合は、相続税額から**控除**することができます。**控除**しきれない部分があれば還付を受けることができます。

4　贈与税の特例

1．贈与税の配偶者控除　頻出

基礎控除額110万円とは別に、一定の要件を満たすことで**2,000万円**までが贈与税の配偶者控除として非課税となります。

【要件】
①**戸籍上の婚姻期間が20年以上**の夫婦間の贈与。同一夫婦間では、一生に一度だけ適用
②国内にある居住用不動産、または居住用不動産を取得するための金銭の贈与
③翌年３月15日までに居住し、その後も継続して居住する見込みであること
④**必ず贈与税の申告**をすること

2．直系尊属からの住宅取得等資金贈与の特例　頻出

贈与税には、基礎控除額110万円とは別に、一定の要件を満たすことで、**住宅取得等資金**の一定額が非課税となる特例があります。

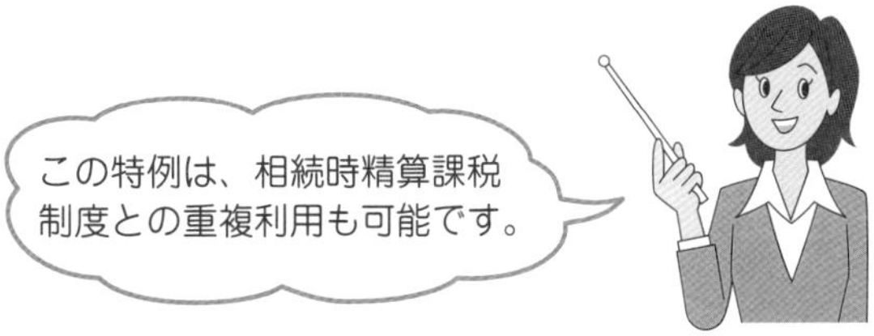

与税の配偶者控除を適用して贈与された財産は生前贈与加算の対象にしないことになっている。

【要件】

贈与者	直系尊属（父母、祖父母等）	
受贈者	贈与を受けた年の1月1日時点で18歳以上 その年の合計所得金額が2,000万円以下	
住宅の要件	家屋の床面積が$50m^2$※以上$240m^2$以下 床面積の2分の1以上が居住用であること 中古住宅の場合、一定の耐震性があること	
その他の要件	贈与を受けた年の翌年3月15日までに居住すること（または、同日後、遅滞なく居住することが確実と見込まれること） 贈与税の申告をすること 住宅取得に先行してその敷地となる土地等を取得する場合の資金も可	
非課税金額	耐震・省エネ・バリアフリー	1,000万円
	上記以外	500万円

※ 受贈者の合計所得金額が1,000万円以下である場合$40m^2$以上

3．教育資金の一括贈与に係る贈与税の非課税措置

2013年4月1日から2026年３月31日までの間に、30歳未満の子や孫に対して、教育資金に充てるために金銭等を金融機関等に信託して一括贈与した場合、**1,500**万円（学校等以外に支払われる金銭等については**500**万円が限度）までの金額は非課税となります。

4．結婚・子育て資金の一括贈与に係る贈与税の非課税措置

2015年4月1日から2025年３月31日までに父母・祖父母から子・孫（18歳以上50歳未満）に金銭等を金融機関等に信託して贈与した場合、**1,000**万円（結婚費用は**300**万円）が非課税となります。

＊ 上記３．４．の非課税措置について、2019年4月1日以後は受贈者の前年の合計所得金額が1,000万円を超える場合には適用できない

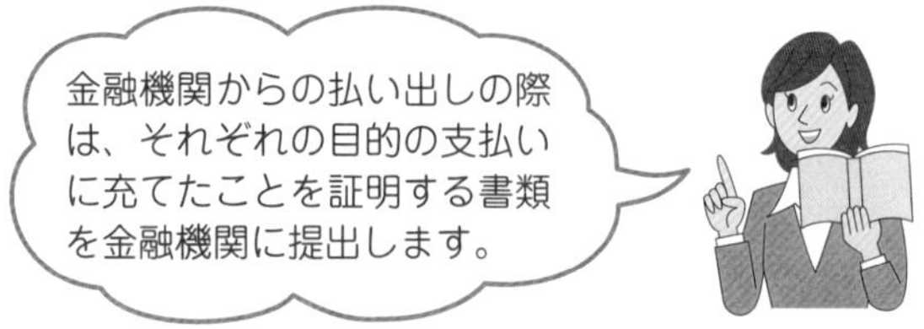

プラスα

①教育資金の一括贈与に係る非課税措置と②結婚・子育て資金の一括贈与に係る非課税措置を適用し贈与された受贈者が一定年齢（①30歳②50歳）に達

6日目●相続・事業承継

頻出度 **A**　CHECK

3 相続とは

ポイント

相続とはどういうことなのか、その意味から理解しましょう。相続の開始、相続人となる人の範囲やその順位、また、相続人になれない人の区別もポイントです。それぞれの相続人の**相続割合**についてもよく問われますので、**法定相続分**は必ず押さえておきましょう。

1 相続の意味

人の死亡によって、その人が所有していた財産を継承することを相続といい、財産の大小にかかわらず、すべての人に関係します。

死亡した人のことを**被相続人**といい、財産を継承することができる人のことを**相続人**といいます。

1．相続の開始

相続は人の死亡によって開始します。

複数の関係者が1つの事故で死亡し、どちらが先に死亡したのか不明な場合は、同時に死亡したものとみなし、その間には相続関係が発生しないものとしています（**同時死亡の推定**）。

2．相続人の範囲　頻出

民法では、相続人の範囲や優先順位を次のように定めています。

1相続人の範囲と順位

〔配偶者〕	正式な婚姻関係にある配偶者は、常に相続人となる
第1順位	〔子〕
第2順位	子がいない場合は、直系尊属（父母や祖父母など）
第3順位	子も直系尊属もいない場合は、兄弟姉妹

胎児は相続人となりますが、**死産した**場合は相続人ではなくなります。

したときに、引き出されていない残額がある場合、その残額が贈与税の課税対象となる。その際の税率は2023年4月以後の贈与については一般税率となる。

2 相続人になれない者

次の者は、相続人になることができません。

〔欠《けっ》　格《かく》〕	相続人が被相続人を殺害したり、詐欺や強迫で遺言を書かせたような場合は、当然に欠格となる
〔廃《はい》　除《じょ》〕	相続人が被相続人を虐待したり、重大な侮辱を加えた場合や著しい非行があった場合、被相続人が家庭裁判所に申述して相続権を剥奪する。被相続人が遺言で意思表示することも可能
〔相続放《そうぞくほう》棄《き》〕	相続を放棄した者

3 代襲相続

相続が開始したときに相続人が既に死亡している場合は、その者の子に相続権が移ります。これを**代襲相続**といいます。

さらに代襲相続人も死亡している場合には、その子に**再代襲**・**再々代襲**していきます。ただし、相続人が兄弟姉妹の場合は、その子までしか代襲相続が認められません。

代襲相続の一例

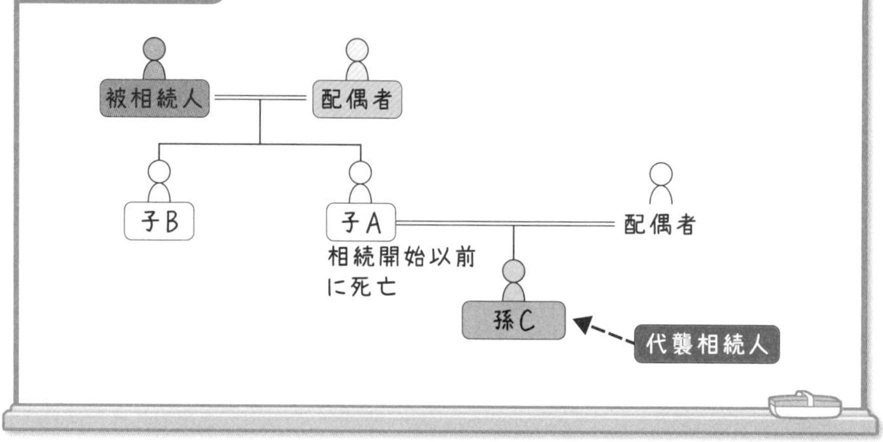

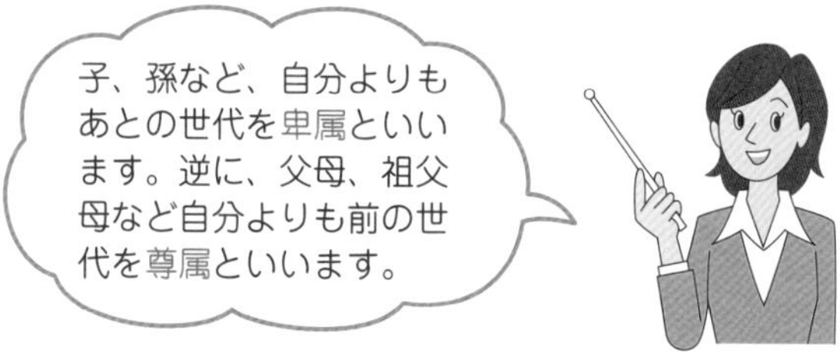

プラスα　被相続人の子どもと孫が既に亡くなっていた場合、ひ孫が再代襲することになるが、代襲相続人が甥や姪で既に亡くなっていた場合、その甥や姪の子ど

2　相続分　頻出

民法では、**法定相続分**として相続人が継承する財産の原則的な割合を定めています。

これに対して、被相続人が遺言で定めた相続分のことを**指定相続分**といい、**法定相続分**に優先します。

1．法定相続分　暗記

法定相続分は、次のように定められています。

		配偶者がいる場合	配偶者がいない場合
	配偶者のみ	すべて配偶者	—
①	第1順位	配偶者2分の1、子2分の1	すべて子
②	第2順位	子がいない場合 配偶者3分の2、直系尊属3分の1	すべて直系尊属
③	第3順位	子も直系尊属もいない場合 配偶者4分の3、兄弟姉妹4分の1	すべて兄弟姉妹

①の場合

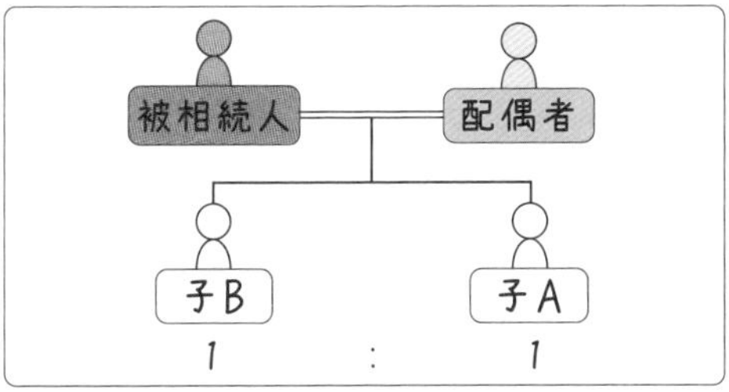

配偶者　1／2
子　A　1／2×1／2＝1／4
子　B　1／2×1／2＝1／4

配偶者に2分の1、残りを子2人で半分ずつ分ける。

②の場合

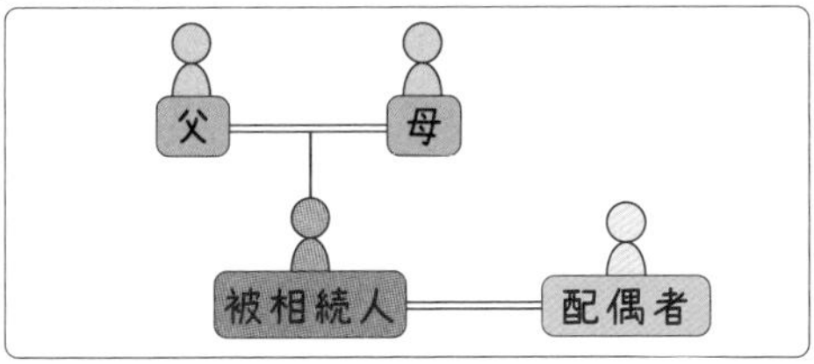

配偶者　2／3
父　1／3×1／2＝1／6
母　1／3×1／2＝1／6

配偶者に3分の2、残りを父と母で半分ずつ分ける。

もへの再代襲はない。また、法定相続人が欠格や廃除で相続できなくなった場合でも代襲相続は起こるが、法定相続人が相続放棄をした場合、代襲相続は発生しない。

③の場合

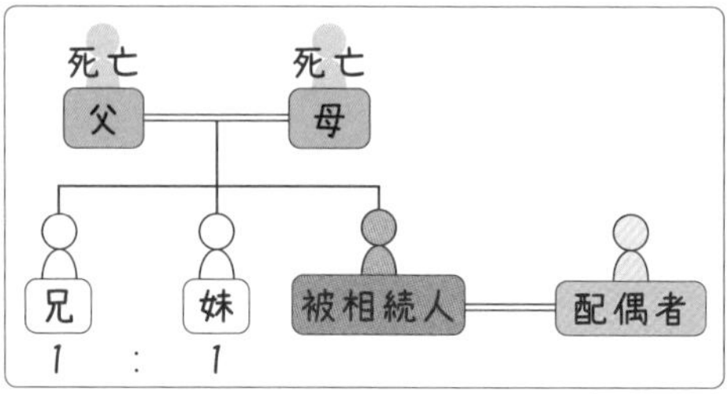

配偶者　3／4
兄　　　1／4×1／2＝1／8
妹　　　1／4×1／2＝1／8

配偶者に4分の3、残りを兄弟姉妹で平等に分ける。

2．嫡出《ちゃくしゅつ》子《し》と非嫡出子

正式な**婚姻《こんいん》関係**の夫婦のもとに生まれた子を**嫡出子**、**婚姻関係**のない男女のもとに生まれた子を、**非嫡出子**といいます。どちらも同順位の相続となります。

非嫡出子は被相続人が男性の場合は、父親の認知が必要です。

3．特別受益と寄与分

被相続人の生前に贈与や遺贈を受けた相続人は、それを特別受益として相続財産に加え、相当額を相続分から差し引きます。また被相続人の事業に労務を提供するなどして、財産の維持増加に貢献した相続人は、その分を**寄与分**として相続財産から控除して計算し、寄与した者には相当分を追加します。

4．相続放棄があった場合

相続人の1人が相続放棄をした場合は、代襲相続は**ありません**。

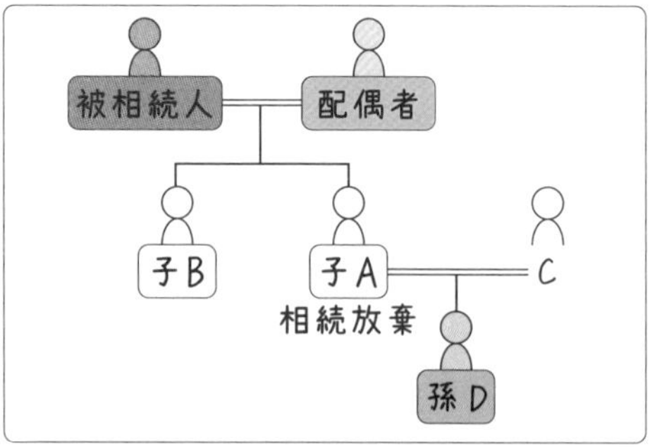

配偶者　1／2
子　A　0
子　B　1／2
孫　D　0

配偶者に2分の1、相続放棄しなかった子が残りの2分の1を受け取る。

プラスα

民法の改正(2019年7月1日施行)により、特別寄与請求権が創設された。これにより、相続人以外の者が被相続人へ無償の療養介護や、労務の提供を行った

6日目●相続・事業承継

4　遺産分割と遺言

頻出度 A　CHECK

ポイント

遺産分割の方法、**遺留分の割合**と**遺留分侵害額請求権**などは頻出問題です。類似した用語がたくさん出てきますので、違いをしっかりと押さえましょう。遺言については**自筆証書**、**公正証書**、**秘密証書**の３種類の違いを比較して覚えましょう。

1　遺産分割

1．遺《い》贈《ぞう》

遺贈とは、遺言によって財産を移転させることで、**相続人以外**に財産を遺すことも可能です。遺言で財産を与える者を「**遺贈者**」といい、財産を受け取る者を「**受《じゅ》遺《い》者《しゃ》**」といいます。遺贈には、次の2種類があります。

1包括遺贈

財産の全部または財産の割合を示して、財産の移転を遺言することです。

2特定遺贈

特定の財産のみを指定して移転させるものです。

2．死因贈与

死因贈与は、人の**死亡**によって効力が発生する契約のことです。たとえば「私が死んだら、Cさんに保有する○○株式会社の株を譲る」というものです。

3．遺産の分割

相続の開始によって、その財産は一度、相続人の**共有**の財産となります。これを相続人それぞれに分割することを、遺産分割といいます。

場合、相続人でなくても特別寄与料として金銭の請求ができる。この特別寄与料を請求できるのは、相続人ではない親族と定められており、この中には子の配偶者も含まれる。

指定分割	被相続人が遺言によって分割方法を決める方法。指定分割は、そのほかの分割方法に優先する
協議分割	遺言がない場合に、共同相続人全員が協議合意して分割内容を決めること。必ずしも遺産全部の分割でなく、遺産の一部だけの協議分割も有効。協議が整ったときには、相続人全員の署名捺印をした「遺産分割協議書」を作成する
調停分割	分割協議が整わなかった場合は、家庭裁判所に申し立てて調停によって分割を行う
審判分割	調停も不成立であった場合は、裁判官の審判によって決定する

4．遺産の分割方法

遺産の分割方法には、次の3種類があります。

現物分割	実際の遺産現物を、そのまま分割する方法
換価分割	遺産の全部または一部を売却して、その代金を相続人で分ける方法
代償分割	特定の相続人が遺産を取得し、代わりに他の相続人へ債務を負う方法。債務の支払いのために自己所有の不動産や金銭などを充てることができる

5．遺《い》言《ごん》

被相続人が生前に遺言することで、遺言者の遺志を遺産分割に反映させます。相続人間のトラブルを避けるために有効です。

1遺言の作成者

遺言は満15歳以上で意思能力があれば、誰でも作成することができます。

2遺言の内容

民法では、遺言できる内容を定めています。定められた内容以外のことを遺言することも可能ですが、**法的**な効果は生じません。また、公序良俗に反する遺言は無効です。

3遺言の撤回

遺言は**全部**または**一部**を**撤回**することができます。撤回の方法は、民法で次の5つが定められています。

①時間的に、あとで遺言を作成した場合

プラスα

遺言の作成事実や内容をできるだけ秘密にしておきたい場合、その方法によって秘密保持の度合いが異なる。自筆証書遺言は自分で作成して保管する

②前の遺言と異なる遺言をした場合
③遺言者が、遺言と異なる行為を生前に行った場合
④遺言者が、故意に遺言書を破棄した場合
⑤遺言者が、遺言の目的となっているものを故意に破棄した場合

4 遺言の執行

相続が発生したあと、遺言に従って手続きし、実現することを**執行**といいます。

5 遺言の検認

一定の遺言は、**相続開始後**にすみやかに家庭裁判所に提出して、検認を受けなければなりませんが、遺言の法的な有効性を確認するものではありません。

6 遺言の種類 頻出

遺言には、次の3種類があります。

	自筆証書遺言	公正証書遺言	秘密証書遺言
作成方法	本人が遺言の全文と日付・氏名などを書いて押印し保管する	本人が公証役場で口述し、公証人が筆記する	本人が署名押印した遺言を封印し、公証役場で住所氏名を記入する
書　式	自筆(パソコン等不可)※1	公証人の筆記	パソコン等や代筆も可
証人など	不　要	2人以上の証人の立会いが必要	2人以上の証人の立会いと公証人が必要
費　用	不　要	必　要	必要だが安価
検　認	必　要※2	不　要	必　要

※1 2019年1月13日以降、財産目録のパソコン等での作成は認められている
※2 法務局の保管所に保管されている遺言書については不要

6. 遺《い》留分《りゅうぶん》

一定の相続人には、相続財産の最低割合を受け取ることを保障する**遺留分**が認められています。

1 遺留分権利者と遺留分の割合

遺留分を請求できる相続人は兄弟姉妹以外の相続人で、その割合は次ページのとおりです。遺留分権利者は、家庭裁判所の許可を得れば、相続開始前に**遺留分の放棄**をすることもできます。

ので秘密となるが、公正証書遺言は公証人や証人が内容を知ることになる。秘密証書遺言は、内容は秘密だが作成した事実は証人が知るところとなる。

原　則	相続財産の2分の1
直系尊属だけが相続人の場合	相続財産の3分の1
兄弟姉妹	〔なし〕

配偶者と子2人が相続人の例　3人で相続財産の2分の1
→配偶者：2分の1×2分の1＝4分の1
子2人：2分の1×2分の1×2分の1＝8分の1ずつ

2遺留分侵害額請求権

遺言で遺留分を侵害された者は、以下の条件を満たせば、侵害額に相当する**金銭**の支払いを請求することができます。

①相続の開始および遺留分が侵害されたことを知ったときから**1年以内**

②相続開始から**10年以内**

2 配偶者居住権

1．配偶者居住権の創設

2020年4月1日以降、相続発生後に配偶者がそれまで居住していた被相続人の相続財産である建物に引き続き居住できるようにするため、**配偶者居住権**が創設されました。

配偶者短期居住権	●配偶者が無償で居住していた建物の帰属が遺産分割により確定した日または相続開始の時から6カ月を経過する日のいずれか遅い日まで、居住建物を無償で使用することができる権利 ●配偶者が死亡した時または配偶者居住権を取得した時は消滅する
配偶者居住権（長期）	相続開始の際に、配偶者が相続財産である建物に居住していた場合、無償で終身または一定期間その建物を使用することができる権利をいい、次の方法により取得できる ①遺産分割協議 ②遺贈や死因贈与 ③家庭裁判所の審判 配偶者が死亡したときは消滅する

配偶者短期居住権は遺産分割において考慮されませんが、配偶者居住権は遺産分割において考慮されます。配偶者が所有権よりも評価額が低い配偶者居住権を取得した場合には、預貯金など、ほかの財産の取り分が増えることになります。

プラスα **配偶者居住権の評価額は、「建物の相続税評価額－建物の相続税評価額×（耐用年数－経過年数－存続年数）÷（耐用年数－経過年数）×存続年数に応じた**

3 相続の承認と放棄

1．相続の承認

相続人は、単純承認、限定承認、相続放棄のいずれかを選択しなければなりません。

1単純承認

借入金などの負の財産も含めて無条件に相続人に継承されることをいいます。次の場合は、単純承認したものとみなされます。

①相続の開始があったことを知った日から**3カ月以内**に、**相続放棄**や**限定承認**をしなかった場合

②相続財産を処分したり、隠したりした場合

2限定承認

被相続人の財産のうち、相続人が継承するプラスの財産の範囲で、債務などマイナスの財産を負担することをいいます。

限定承認しようとする場合は、①相続の開始があったことを知ったときから**3カ月**以内に、②家庭裁判所に**相続人全員**で申述しなければなりません。一度、限定承認をしたあとには、これを撤回することはできません。

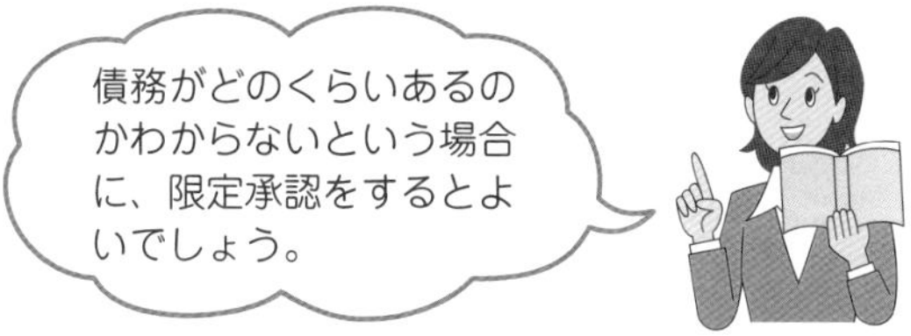

2．相続放棄　頻出

すべての相続財産を継承しないことを**相続放棄**といいます。

相続放棄をする場合は、①相続の開始があったことを知ったときから**3カ月**以内に、②家庭裁判所に申述しなければなりません。

相続開始前には相続放棄はできません。一度、相続放棄をしたあとには、これを撤回することはできません。なお、相続放棄は**相続人1人**でもできます。

相続放棄があった場合は、その相続人に代襲相続は発生しません。

法定利率による複利現価率」で評価される。また、配偶者居住権が設定された建物の所有権は「建物の相続税評価額－配偶者居住権の価額」で評価される。

5 相続に関する税金

頻出度 A　CHECK

ポイント

相続財産となるものとならないものの区別、相続税の計算方法について学びます。とくに**基礎控除**や死亡保険金や死亡退職金の**非課税金額**の計算上、**法定相続人**の数が重要になりますが、民法上の数と相続税の計算上の数が異なるので注意が必要です。

1 相続税の基本

1．納税義務者

相続税は、相続や遺贈によって財産を**取得した者**に課税される国税です。

2．課税される財産の範囲

相続税の課税対象となる財産の課税価格は、次の式で求められます。

非課税部分あり（→本来の財産、みなし相続財産）

本来の財産 ＋ みなし相続財産 ＋ 相続開始前3〜7年※以内に贈与を受けた財産 ＋ 相続時精算課税制度で贈与を受けた財産 － 債務控除 ＝ 課税価格

※ 2023年までの贈与は3年、2024年1月以後の贈与は7年となるため、2027年以後の相続については段階的に延長され、2031年以後の相続は7年

1本来の財産

金融資産や不動産、書画骨董品など、被相続人が保有していた財産で、**経済価値のあるものすべて**をいいます。

2みなし相続財産

みなし相続財産とは、民法上は相続財産ではありませんが、**実質的**な財産と認められるものをいいます。みなし相続財産として、次ページの表のようなものがあります。

プラスα 「契約者＝被相続人、保険料負担者＝被相続人、被保険者＝被相続人以外」の生命保険契約は、本来の財産（生命保険契約に関する権利）の扱いとなるが、

【みなし相続財産】

死亡保険金	被相続人の死亡によって受け取った死亡保険金で、被相続人が保険料を負担し、被保険者が被相続人であるもの（死亡保険金は相続を放棄した者であっても受け取ることができる）
死亡退職金	被相続人の死亡後３年以内に支給額が確定した退職手当金（その期間を超えたものは一時所得）
生命保険契約に関する権利	契約者が被相続人以外の者である契約で、被相続人が負担した保険料に相当する部分

3 相続開始前3～7年※以内に贈与を受けた財産

相続開始前3～7年※以内に被相続人から贈与を受けた財産は、相続により財産を取得した者に限り、相続財産に加算します。そのときの価額は、原則として、**贈与を受けた時点**の評価額となります（生前贈与加算）。

※ 2024年1月以後の贈与財産から7年に延長されるため、2027年以後の相続については、加算期間が順次延長され、2031年以後は7年となる。加算される贈与財産は、相続開始前3年超の贈与についてはその合計額から100万円を控除した残額

4 相続時精算課税制度で贈与を受けた財産

被相続人から相続時精算課税制度を利用して贈与を受けた財産は、その時期にかかわらず、すべて**贈与を受けた時点**の評価額で相続財産に加算します（2024年以後の贈与については、毎年110万円の基礎控除後の贈与財産）。

相続時精算課税制度を利用して受け取った財産の相続時の精算価格は、原則として贈与を受けたときの評価額になるので、将来値上がりしそうな資産を贈与すれば有効です。

2　非課税財産と債務控除など

1．非課税財産　頻出

相続税の対象となる財産のうち、次の財産は非課税財産となります。

①墓地、仏壇、祭具、仏具など

②相続人が取得した**死亡保険金**のうち一定金額（**法定相続人の数×500万円**）

③相続人が取得した**死亡退職金**のうち一定金額（**法定相続人の数×500万円**）

「契約者＝被相続人以外、保険料負担者＝被相続人、被保険者＝被相続人以外」である場合（保険契約者と保険料負担者が異なる）は、みなし相続財産となる。

④被相続人の勤務先から受け取った弔慰金や花輪代などのうち、次の部分

　ⅰ　業務上の死亡の場合、死亡時の普通給与×**36カ月分**

　ⅱ　業務上の死亡でない場合、死亡時の普通給与×**6カ月分**

2．法定相続人の数　頻出

民法上と相続税法上では、法定相続人の数え方が**異なる**ので、注意が必要です。

1相続放棄があった場合

相続税の計算上は、放棄がなかったものとして放棄した者も法定相続人の数に含めます。

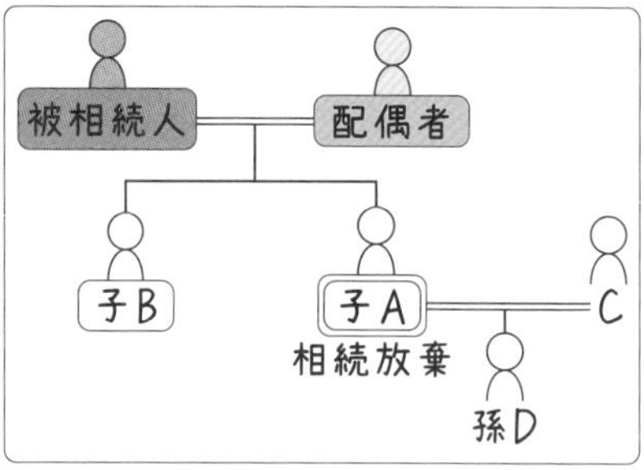

民法上の相続分は、子Aにはありませんが、相続税法上は子Aも、法定相続人とされます。
この場合の「法定相続人の数」は、配偶者・子A・子Bの3人です。

2養子の扱い

被相続人の養子については、次のように計算します。

実子がある場合	相続税の計算上は、養子のうち1人までを法定相続人とする
実子がない場合	相続税の計算上は、養子のうち2人までを法定相続人とする

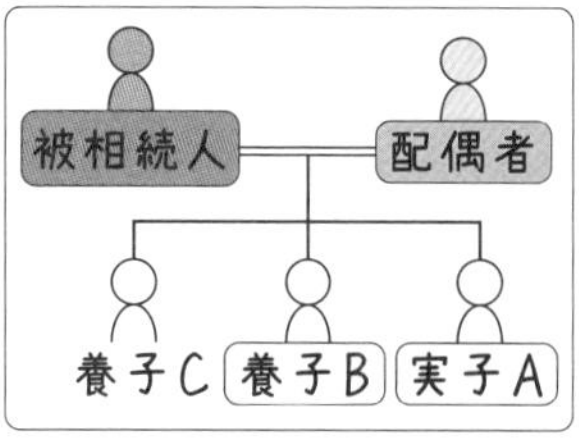

相続税法上の「法定相続人の数」は、配偶者・実子A・養子1人の3人となります。

この場合の死亡保険金と死亡退職金それぞれの非課税額は、以下のとおりです。

非課税額＝法定相続人の数（3人）×500万円＝1,500万円

プラスα　本来、被相続人に支払われるべきであった退職金が、被相続人の死亡によって勤務先から遺族に支払われることを死亡退職金という。ただし、みなし相

3．葬儀費用

葬儀費用は、相続財産から控除することができます。

控除対象となるもの	控除対象とならないもの
通夜、告別式、埋葬火葬費用　など	香典返し、初七日や四十九日の法要費用、墓地や仏壇の購入費　など

4．債務控除

被相続人の債務などマイナスの財産は、相続財産から債務控除できます。

控除対象となるもの	控除対象とならないもの
・借入金、医療費の未払い分 ・アパートの敷金など預かり金 ・未払いの所得税や住民税など公租公課　など	・生前に購入した墓地などの未払い金 ・保証債務 ・遺言執行費用　など

確認しよう！

Q1 死亡保険金や死亡退職金は、本来の相続財産ではないため、相続税の課税対象にはならない。

Q2 相続人が取得した死亡保険金のうち、「法定相続人の数×500万円」は、非課税となる。

Q3 相続放棄があった場合、相続税の計算上は、放棄した者は法定相続人の数に含めない。

Q4 被相続人の養子については、実子がある場合、相続税の計算上は、養子のうち１人までを法定相続人とする。

Q5 通夜、告別式、埋葬火葬費用のほか、香典返しや法要費用、墓地や仏壇の購入費も相続財産から控除することができる。

A1 ×（⇒p.293）　**A2** ○（⇒p.293）　**A3** ×（⇒p.294）
A4 ○（⇒p.294）　**A5** ×（⇒p.295）

続財産に該当するのは、被相続人の死亡後３年以内に退職給与規定などに従って支給が確定した退職金に限る。

頻出度 A　CHECK

6 相続税の計算

相続税の税額は、4つの段階を経て算出します。よく問われる内容ですので、段階ごとに計算方法を理解してください。また、算出後の**特別控除**や**軽減措置**・**加算措置**などにも注意が必要です。算出された税額の納付手続きまでを、整理して理解しましょう。

1 相続税の計算　計算

1．相続税の計算方法　頻出

相続税の計算は、次のように4つの手順で進めます。

第１段階　各相続人の取得した相続財産全体の**課税価格の合計額**を求めます。

第２段階　課税価格の合計額から基礎控除額を差し引いて**課税遺産総額**を求めます。

第３段階　課税遺産総額を、いったん法定相続分で分割したものとして各人の税額を算出し、合計して**相続税の総額**を算出します。

第４段階　最後に相続税額全体を相続人各人の実際の相続分に按分して**各人の納税額**を算出します。

例

第１段階　課税価格を求める

課税価格が 1億6,000万円 で、相続人が配偶者、子Ａ、子Ｂであったとき、配偶者が1億円、子Ａが4,000万円、子Ｂが2,000万円を相続したものとして計算する。

第２段階　課税遺産総額を求める

この段階では、課税価格から基礎控除額を差し引く。相続税の基礎控除額は、**3,000万円＋600万円×法定相続人の数** で求められる。例題の場合は、

プラスα　**相続税の計算の第1段階では、本来の相続財産のほかに、死亡保険金や死亡退職金などの「みなし相続財産」や「相続開始前3～7年以内の贈与財産」、「相**

1億6,000万円－(3,000万円＋600万円×３人)＝**1億1,200万円**

第３段階　相続税の総額を算出する

この段階では、いったん法定相続分で相続したものとして分割する。例題の場合、各人の課税遺産額は、次のようになる。

1億1,200万円	×	1／2	＝**5,600万円**	…配偶者分
	×	1／4	＝**2,800万円**	…子A分
	×	1／4	＝**2,800万円**	…子B分

ここまでに算出された、各人の課税遺産額に相当する相続税の税率を乗じ、控除額を差し引く。例題の法定相続分による税額の計算は下の速算表から次のようになり、相続税の合計金額は**1,720万円**になる。

配偶者	5,600万円×30%－700万円＝	980万円
子　A	2,800万円×15%－　50万円＝	370万円
子　B	2,800万円×15%－　50万円＝	370万円
合　計		**1,720万円**

【相続税の速算表】

法定相続分に応ずる取得金額		税　率	控除額
	1,000万円以下	10%	—
1,000万円超	3,000万円以下	15%	50万円
3,000万円超	5,000万円以下	20%	200万円
5,000万円超	10,000万円以下	30%	700万円
10,000万円超	20,000万円以下	40%	1,700万円
20,000万円超	30,000万円以下	45%	2,700万円
30,000万円超	60,000万円以下	50%	4,200万円
60,000万円超		55%	7,200万円

続時精算課税制度」の適用を受けて贈与された財産を加算し、非課税となる財産や債務、葬儀費用等を控除して課税価格を求める。

第4段階

各人が実際に相続した相続分に従って、相続税額の按分をする。

例題の場合は次のようになる。

相続税額 1,720万円

× 配偶者 × 1億円 / 1億6,000万円 = **1,075万円**

＊ 配偶者の税額軽減を利用することで、実際の納税額は0円となる

× 子A × 4,000万円 / 1億6,000万円 = **430万円**

× 子B × 2,000万円 / 1億6,000万円 = **215万円**

2．相続税額の2割加算

ここまでに計算した相続税額に対して、**1親等の血族**（子およびその代襲相続人・父母）と**配偶者**以外の者が相続した場合は、相続税額に**2**割が加算されます。

【2割加算の対象者】

兄弟姉妹・祖父母・相続人以外の者・代襲相続人以外の孫

3．相続税の税額控除

相続税額には、各種の税額控除が認められています。

1配偶者の税額軽減

相続税額のうち、配偶者が相続した部分については**法定相続分まで**、あるいはそれを超えていたとしても**1億6,000万円まで**は控除されます。

相続税の総額 × 次の①②のうち、いずれか大きいほうの額 / 各人の課税価格の合計額

①各人の課税価格の合計額×配偶者の法定相続分

②1億6,000万円

プラスα 相続税の計算のとき、配偶者の税額軽減や小規模宅地等の評価減の特例などを適用した場合は、相続税額が0となった場合でも、相続税の申告をしなけ

この控除を受けるための要件は、次の2つです。

①相続税の申告期限までに配偶者が取得する財産の分割が整っていること

②必ず**相続税の申告書**を提出すること

申告期限までに遺産分割が成立しないと、配偶者の税額軽減は使えませんが、いったん相続税を納付した後、一定期間内に遺産分割が成立した場合は、更正の請求をして税金の還付を受けることも可能です。

2 贈与税額控除

相続あるいは遺贈によって財産を取得した者が、被相続人から相続開始前一定期間以内に贈与によって財産を取得していた場合は、その財産は相続税の課税価格に加算して計算し､既に納付した贈与税額は相続税額の範囲内で控除されます。

相続時精算課税を適用した者に贈与税額が課税されている場合には、その者の相続税額からその贈与税額が控除され、控除しきれない場合は還付を受けることになります。

3 未成年者控除

相続あるいは遺贈によって財産を取得した者が､未成年者であった場合は､次の額が相続税額から控除されます。この控除は、一定の法定相続人に適用があります(相続放棄した者にも適用できます)。

（18歳－相続開始時の未成年者の年齢※）×10万円

※ 未成年者の年齢は、1年未満は切り捨て

4 障害者控除

相続あるいは遺贈によって財産を取得した者が、障害者であった場合は、次の額が相続税額から控除されます。この控除は、日本国内に住所がある法定相続人に適用があります(相続放棄した者にも適用できます)。

（85歳－相続開始時の障害者の年齢※1）×10万円※2

※1 障害者の年齢は、1年未満は切り捨て

※2 特別障害者は20万円

ればならない。万一申告をしなかった場合は、これらの特例を受けなかったものとみなされる。

5相次《そうじ》相続《そうぞく》控除

10年以内に**2回**以上**相続**が発生し、両方に相続税が課税された場合は、**2回目**の相続税額から、1回目の相続税額の一定額を差し引くことができます。

6外国税額控除

相続または遺贈によって外国にある財産を取得して、両国で相続税が課税された場合は、外国で納めた相続税の一部を差し引くことができます。

2 相続税の申告と納付

1．相続税の申告

1申告義務者

①相続税が**課税される者**。ただし、課税価格が基礎控除の範囲に収まっている場合は、申告する必要はない

②配偶者の税額軽減や、小規模宅地等の評価減の特例などを適用する者は、基礎控除額内であっても申告が必要

2申告の期限

相続の開始があったことを知った日の翌日から**10カ月以内**に、**被相続人**の相続開始時点の住所地の管轄税務署長に申告します。万一、期限内に遺産の分割ができなかった場合も、法定相続分で相続したものとして申告する必要があります。

2．相続税の納付

相続税の納付期限は、**申告期限**と同じで、原則として**金銭で一括納付**します。期限内に納付しなかった場合は、一定の**延滞税**が課税されます。

3．延　納

相続税は、利子税を負担して金銭による通常**5年以内**（相続財産のうちに占める不動産等の割合によって最高20年）の分割払いが可能です。

1延納が認められる要件

①金銭による**一括納付**が**困難**であること

②納付する相続税額が10万円を超えていること

③申告期限までに延納申請書を提出して、**税務署長**の許可を得ること

プラスα **物納を利用する場合で、収納価格が取得価格より高い場合でも、譲渡所得税は課税されない。なお、収納価格が相続税の納付額を超過している場合を、**

④担保を提供すること。ただし、延納税額が**100**万円以下、かつ、延納期間**3**年以下の場合は不要

2延納の許可と却下

延納申請の許可や却下は、延納申請期限から**3カ月以内**に行われます。一度認められた延納から物納への変更は、申告期限から**10年以内**に限り可能です。

4．物　納

金銭以外の財産による相続税の納付を物納といいます。物納で国が引き取る**収納価格**は、原則として**相続税評価額**となります。

1物納が認められる要件

①延納によっても**金銭**による納付が**困難**であること

②申告期限までに物納申請書と物納手続き関係書類を提出すること

③次のような物納適格財産であること

相続財産であり日本国内にあるものに限られ、優先順位に従って納付できます。

第１順位	国債および地方債、不動産、船舶、株式・社債・証券投資信託等のうち金融商品取引所に上場されているもの
第２順位	非上場の株式等
第３順位	動産

2管理処分不適格財産

次のような財産は、**国有財産**として管理が困難なため、物納が認められません。

①抵当権や質権など**担保権**の目的となっている財産

②所有権に関して係争中の財産（たとえば境界問題など）

③共有財産（ただし相続人が共有し、全員で物納することは可能）

3物納劣後財産

物納可能な財産がない場合に限り物納が認められる財産を、物納劣後財産といいます。**市街化調整区域内**の土地や接道条件を満たしていない土地、現に納税義務者の居住用となっている建物およびその敷地などがあります。

物納申請の許可や却下は、原則、物納申請期限から３カ月以内に行われます。

超過物納という。その場合、超過分については国から金銭が還付されるが、いったん譲渡したものとして譲渡所得税が課税される。

7 不動産の財産評価

頻出度 **A**　CHECK

ポイント

相続税上の不動産の評価では、とくに**宅地の評価**を中心に理解しましょう。土地や建物に付着するさまざまな権利によって計算方法が異なるので注意が必要です。路線価図の見方や評価額の計算方法を押さえておきましょう。

1 宅地の評価

相続税の課税価格を計算する場合は、宅地の種類によって次のように行います。

1．宅地の評価

1評価単位

宅地は**1画地**ごとに評価します。**1画地**とは不動産登記の単位である「筆」や「地目」ではなく、実際に利用されている一体の土地の状態をいいます。

2評価方法

路線価方式	国税局長が市街地の道路に定めた路線価（1m^2あたり千円単位で表示）をもとにして計算
倍率方式	路線価のない地域では、その宅地の固定資産税評価額に国税局長が定めた倍率を乗じて計算

3路線価方式の計算方法　頻出　計算

路線価図に示された道路ごとに表示された路線価や借地権割合、地区区分に従って計算します。

例

一方のみ路線に接する宅地の場合

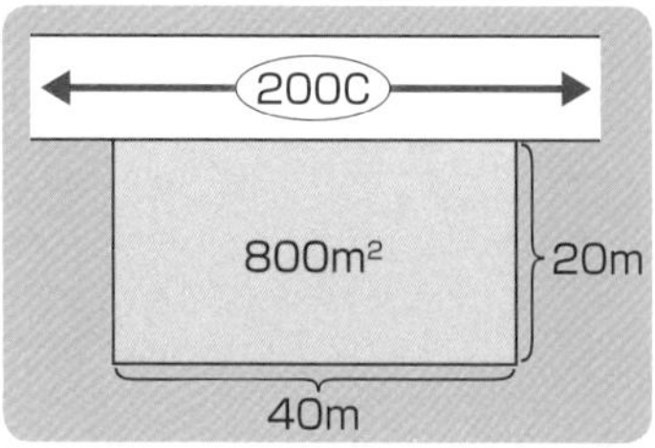

評価額
＝路線価×奥行価格補正率×地積

例の場合

路線価　奥行価格補正率　地積

200,000円 × 1.00 × 800m^2
＝1億6,000万円

プラスα 借地権割合とは、建物の所有を目的として他人の土地を使用する賃借権または地上権（両方を借地権と総称する）を設定したときの、借地人の権利割合を

例

正面と側方に路線がある角地の評価（普通商業・併用住宅地区）

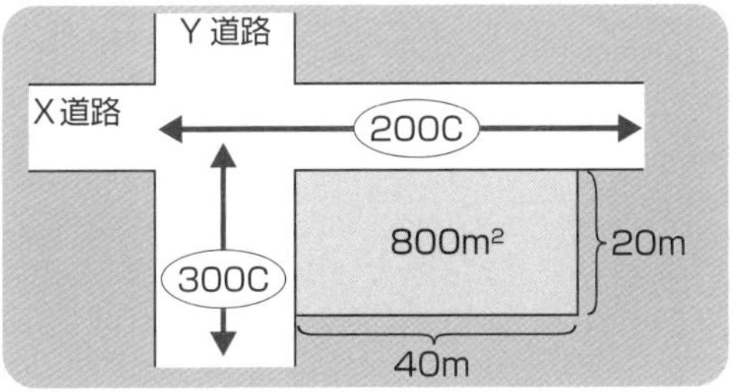

２つの路線に面している宅地の場合、それぞれの路線価に**奥行価格補正率**を乗じた価格の**高い**ほうを正面路線価とする

まず、正面路線価を決定する。

X 道路側　200,000円×奥行価格補正率※1.00＝200,000円

Y 道路側　300,000円×奥行価格補正率※0.93＝279,000円…［正面路線価］

次に、例題は角地なので**側方路線影響加算率**を考慮して計算する。

（Y道路の路線価／奥行価格補正率※／X道路側路線価／奥行価格補正率／側方路線影響加算率／地積）

評価額＝{(300,000円×0.93)＋(200,000円×1.00×0.08)}×800m²

＝［2億3,600万円］

※ 奥行価格補正率は、道路からの奥行距離によって数値が定められている

例

表と裏の両方向に道路がある宅地の評価（普通商業・併用住宅地区）

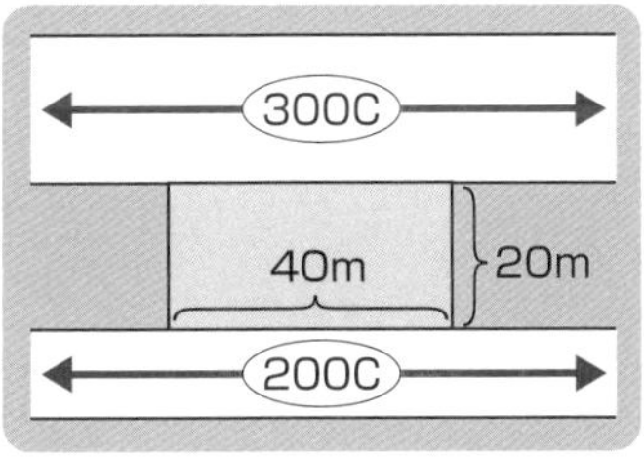

表と裏の２つの路線に面している宅地の場合、それぞれの路線価に**奥行価格補正率**を乗じて、さらに裏面（路線価が**低い**方）には**二方路線影響加算額**を乗じて計算する

（正面の路線価／奥行価格補正率／裏面の路線価／奥行価格補正率／二方路線影響加算率／地積）

評価額＝{(300,000円×1.00)＋(200,000円×1.00×0.05)}×800m²

＝［2億4,800万円］

いう。一般に路線価の右にアルファベットで記載されており、たとえば上図のC地域の場合、借地権割合70％で底地権（地主の権利）が30％であることを示す。

2 宅地の上に存する権利の評価

1. 借地権

借地権の評価(借地人の財産)は、路線価図にある借地権割合によります。

自用地評価額　×　借地権割合　＝借地権の評価額

《例》　借地権割合C(70%)地域の相続税評価額1億円の土地に借地権を設定した場合

1億円×70%＝**7,000万円**

2. 貸宅地《かしたくち》(底地《そこち》権)　暗記

借地権の設定された貸宅地の権利(土地所有者の権利)を**底地権**といいます。

自用地評価額－借地権評価額＝自用地評価額×(1－借地権割合)
＝底地権の評価額

上の例では、

1億円－7,000万円＝**3,000万円**

3. 貸《かし》家《や》建付《たてつけ》地《ち》　暗記

土地所有者が建物を建築して、貸家として賃貸する場合、その土地は**貸家建付地**として評価されます。

自用地評価額×(1－借地権割合×借家権割合×賃貸割合)
＝貸家建付地評価額

プラスα　**親の土地に子が建物を建てている場合で、無償やそれに近い負担で土地を使用させていることを使用貸借という。使用貸借の状態で、親に相続が発生し**

貸家建付地

《例》　借地権割合C(70%)、自用地としての
相続税評価額1億円の場合
1億円×(1－70%×30%×100%)
＝7,900万円

借家権割合は全国的に**30%**とされています。

賃貸割合とは、建物の総床面積に対する**相続発生時点に実際に賃貸していた部分**の床面積の割合をいいます(上の例では、賃貸していた部分が満室で100%であったとして計算しています)。

3 建物の評価

建物の相続税評価額は、**固定資産税評価額**を使用します。**固定資産税評価額**は新築価格の約60%程度になり、経年により減価します。

1. 自用建物

固定資産税評価額　×　1.0　＝　自用建物の評価額

2. 貸　家

アパートなど貸家の評価は、次の計算式により計算します。

固定資産税評価額×(1－借家権割合×賃貸割合)＝貸家の評価額

3. 借家権

アパートを借りている被相続人の権利は、借家権として評価されます。

固定資産税評価額×借家権割合×賃借割合＝借家権評価額

なお、借家権が取引される慣行のない地域にあるものについては評価しません。

ても土地の相続税評価額は自用地評価となる。また、その土地を借りている者の宅地に対する権利の評価額はない。

頻出度 A　CHECK

8 小規模宅地等の評価減

ポイント　相続財産のほとんどが自宅や自営業を営んでいる敷地などの場合、相続税の支払いのためにその宅地等を売却せざるをえないこともあります。そのようなことを避けるための特例が**小規模宅地等の評価減**です。頻出項目であるためしっかりと理解しておきましょう。

相続税の計算では、一定の宅地について小規模宅地等の評価減の特例を認め、評価を大幅に下げています。

1 小規模宅地等の評価減の要件

この特例を利用するための要件は、次のとおりです。

①相続または遺贈によって取得した宅地であること
②相続税の申告期限までに分割が完了していること
③相続税の申告書に、特例を受ける旨記入して関係書類を提出すること
④この特例によって、税額がゼロになったとしても申告は**必要**

2 減額割合など　頻出

小規模宅地等の評価減の特例では、宅地の区分によって減額される対象面積や減額割合を、次のように決めています。

宅地の区分		減額対象面積	減額割合
居住用	特定居住用宅地等	330m²	80%
事業用	特定事業用宅地等	400m²	80%
貸付用	不動産の貸付事業用宅地等	200m²	50%

特定居住用宅地等と特定事業用宅地等は、別枠で計算することができるため、最大730m²までが80％減額の対象となります。

プラスα　特定居住用宅地等の評価減の適用を受ける場合、その住宅に居住する相続人と居住しない相続人が共有したときは、居住しない相続人の部分には適用で

3 特定居住用宅地等の評価減　頻出

特定居住用宅地等の評価減を受ける場合は、前項のほかに、次の要件を満たすことが必要です。

相続開始時の利用状況	財産の取得者	申告期限まで継続している条件	
		所有	居住
被相続人の居住用	配偶者	〔不要〕	〔不要〕
	同居親族	必要	必要
	別居親族※	〔必要〕	〔不要〕
同一生計親族の居住用	その同一生計親族	必要	必要（家賃等の支払いはなし）
	配偶者	不要	不要

※ 被相続人に配偶者や同居の**親族**がいない場合。ただし、相続開始前**3**年以内に国内にある自己または自己の配偶者が所有する家屋、３親等内の親族、特別の関係にある法人が所有する家屋に住んでいないことなども要件となる

例

- 被相続人の居住用宅地　$400m^2$（相続税評価額１億円）
- この敷地を相続する者　配偶者（このほかの土地は所有していない）

$$1億円 \times \frac{330m^2}{400m^2} \times 80\% = \boxed{6,600万円} \cdots 減額幅$$

$$1億円 - 6,600万円 = \boxed{3,400万円} \cdots \boxed{評価額}$$

二世帯住宅の場合、区分所有登記がされていなければ一定の要件を満たす場合には適用できます。

4 特定事業用宅地等の評価減

特定事業用宅地等の評価減を受ける場合には、前項のほかに、次の要件を満たすことが必要です。

きない。また、共同住宅など一棟の建物の一部が特定居住用宅地等の要件に該当する場合、按分して減額割合を計算する。

相続開始時の利用状況	財産の取得者	申告期限まで継続している条件	
		所　有	事　業
被相続人の事業用	事業を引き継いだ親族	必要	〔必要〕
同一生計親族の事業用	その同一生計親族	必要	必要 （家賃等の支払いはなし）

特定事業用宅地の範囲から、相続開始前3年以内に新たに事業の用に供された宅地等は原則として一定の場合を除き除外されます。

5 不動産の貸付事業用宅地等の評価減

不動産の貸付事業用宅地等の評価減を受ける場合には、前項のほかに、次の要件を満たすことが必要です。

相続開始時の利用状況	財産の取得者	条　件
被相続人の貸付事業用	貸付事業を引き継いだ親族	貸付事業を継続する親族が申告期限まで事業を継続し、かつ所有し続ける
同一生計親族の貸付事業用	その同一生計親族	その同一生計親族が申告期限まで事業を継続し、かつ所有し続ける

貸付事業用宅地の範囲から、相続開始前3年以内に新たに貸付事業の用に供された宅地等は原則として除かれます。

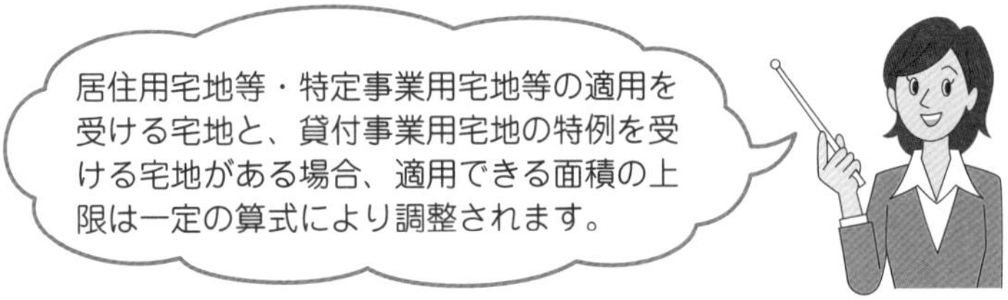

プラスα　小規模宅地等の評価減の適用を受けるためには、相続税の申告期限までに分割が完了している宅地であることが必要である。ただし、申告期限までに分

6日目●相続・事業承継

頻出度 B　CHECK

9 不動産以外の財産評価

預貯金や**投資信託**などの**金融資産**、**株式**などの不動産以外の財産の評価方法を確認しましょう。とくに上場株式の評価方法と取引相場のない株式の3つの評価方法の概要を押さえておきましょう。

1 金融資産の評価

1．金融資産の評価方法

金融資産の評価方法は、各商品によって細かく規定されています。

金融資産		評価方法
預貯金		預入残高＋（解約時経過利子－源泉徴収税額） 普通預金など経過利子の少ないものは預入残高
公社債	利付債（上場）	課税時期の最終価格＋（既経過利子－源泉徴収税額）
公社債	利付債（非上場）	発行価額＋（既経過利子－源泉徴収税額）
公社債	割引債（上場）	課税時期の最終価格
公社債	割引債（非上場）	発行価額＋既経過償還差益
証券投信	MMFなど	１口あたり基準価額×口数＋（未収分配金－源泉徴収税額）－解約手数料
証券投信	上記以外	１口あたり基準価額×口数－解約時の源泉徴収税額－解約手数料
証券投信	上場証券投資信託	上場株式と同様の評価

2．定期金に関する権利の評価

被相続人が、個人年金保険などの保険料を負担していた場合、その年金を受ける権利は以下のように評価します。

- 給付事由が発生している場合は、次の①～③のうちいずれか多い金額
  ①解約返戻金相当額、②定期金に替えて一時金で受けることができる場合は一時金相当額、③予定利率等をもとに算出した金額
- 給付事由が発生していない場合は、原則として解約返戻金相当額

割が完了していなかった場合は、特例適用前の評価額で相続税を申告したのち、申告期限から3年以内に分割が完了すれば、相続税を再計算し、還付を受けることができる。

2 株式の評価

1. 上場株式の評価　暗記

上場株式は、次のうちもっとも低い額で評価することになっています。

① 課税時期の終値
② 課税時期の**属する月の毎日**の終値の平均値
③ 課税時期の**属する月の前月の毎日**の終値の平均値
④ 課税時期の**属する月の前々月の毎日**の終値の平均値

なお、課税時期の終値がない場合は、課税時期の前後でもっとも近い日のものを採用します。それが2つある場合は、その平均値とします。また、2つ以上の取引所に上場している株式は、どちらか一方を選択することができます。

2. 取引相場のない株式の評価　頻出

非上場企業など取引相場のない株式は、その株式の取得者、会社の規模などによって評価方法が異なるため、次のような手順で判定します。

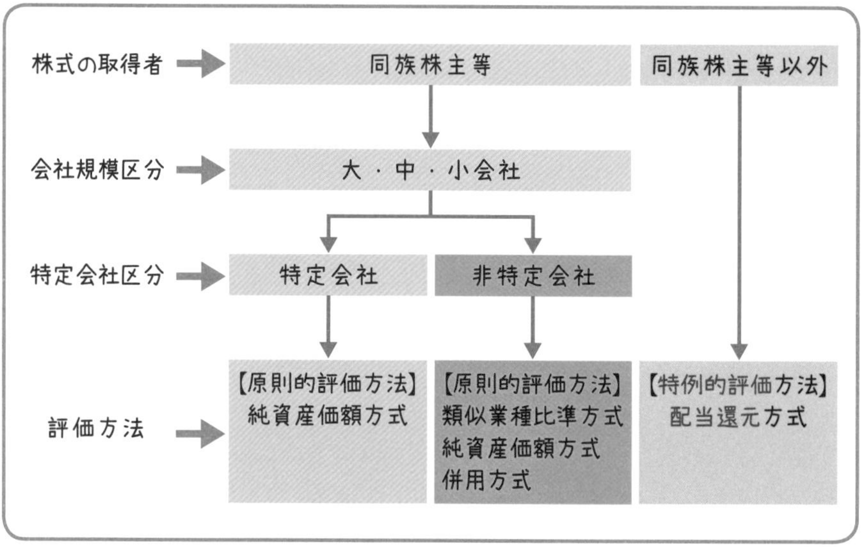

プラスα　生命保険契約に関する権利の評価で、契約者と被保険者が被相続人以外で、被相続人が保険料を負担している生命保険契約は、みなし相続財産として扱

1 株式の取得者の区分

取引相場のない株式は、同族株主が取得したかどうかで評価方法が異なります。株式取得後の議決権割合でその会社の経営支配力を判断し、経営支配力のある株主を**同族株主等**といいます。

同族株主等が取得した株式	原則的評価方法
同族株主等以外の株主が取得した株式	特例的評価方法

2 会社規模の区分

会社規模は、「総資産価額・従業員数」と「取引金額」によって大・中・小と区分し、該当する評価方法で評価します。

①従業員数70人以上の会社は、すべて大会社となる
②従業員数70人未満の会社は、業種ごとに決められた基準に従って「総資産価額・従業員数」と「取引金額」いずれか大きいほうで区分する

3 特定会社の区分

特定会社の例として、次のものがあります。特定会社は、会社の規模にかかわらず、**純資産価額方式**で評価します。

土地保有特定会社	総資産に占める土地資産の割合が一定以上の会社
株式保有特定会社	総資産に占める株式の割合が一定以上の会社

4 評価方法

評価方法には、純資産価額方式、類似業種比準方式、配当還元方式、併用方式があります。

①純資産価額方式　頻出

純資産価額方式は、会社の資産の**時価**を反映させる方式です。

その会社が赤字であっても、保有する資産額(含み益)が大きければ評価額も高くなります。

われる。評価は、相続開始時に解約した場合に支払われるものとする解約返戻金の額で行われる。

【1株あたりの純資産価額の計算方法】

$$\frac{\text{相続税評価額の総資産} - \text{相続税評価額の負債} - \text{評価差益にかかる法人税相当額}}{\text{発行済み株式数}}$$

②類似業種比準方式　頻出

類似業種比準方式とは、評価する会社と類似した業務内容の上場会社の株価をもとにして、**配当金額**・**年利益金額**・**純資産価額**(簿価ベース)の3要素を比較して計算する方法です。

【1株あたりの類似業種比準価額の計算方法】

$$\text{類似業種の株価} \times \left(\frac{\dfrac{\text{ⓐ}}{A} + \dfrac{\text{ⓑ}}{B} + \dfrac{\text{ⓒ}}{C}}{3} \right) \times \text{斟酌率}^{※} \times \frac{\text{1株あたりの資本金等額}}{50\text{円}}$$

A：類似業種の1株あたりの配当金額

B：類似業種の1株あたりの年利益金額

C：類似業種の1株あたりの純資産価額

ⓐ：評価会社の1株あたりの配当金額

ⓑ：評価会社の1株あたりの年利益金額

ⓒ：評価会社の1株あたりの純資産価額

※ 大会社0.7　中会社0.6　小会社0.5

③配当還元方式

配当還元方式とは、評価する会社の配当実績の平均値(**記念配当**や**特別配当**は除く)をもとにして計算する方法です。配当が無配当であったり、2円50銭未満の配当であった場合は、**2円50銭**の配当があったものとして計算します。

【1株あたりの配当還元価額の計算方法】

$$\frac{\text{年平均配当金額}}{10\%} \times \frac{\text{1株あたりの資本金等額}}{50\text{円}}$$

プラスα　相続財産として評価されるものには、ほかにも建築中の建物(それまでに投じられた費用現価の70%)、永小作権、耕作権、借地権などがある。なお、

④併用方式

併用方式とは、**類似業種比準**方式と**純資産価額**方式によって算出した評価額に、一定の割合（Lの割合）を乗じて計算する方法です。

Ｌの割合とは、**類似業種比準**方式と**純資産価額**方式を、どのような比率で組み合わせるかを示すもので、総資産価額や従業員数などに応じて定められています。

【1株あたりの併用方式での計算方法】

類似業種比準方式による評価額　×　Ｌの割合　＋　純資産価額方式による評価額　×　（1－Ｌの割合）

3　その他の財産評価

1．ゴルフ会員権

ゴルフ会員権は、取引相場の有無や預託金などの有無で評価方法が異なります。

取引相場がある場合	取引価格に含まれない預託金などがない場合	取引価格×70%
	取引価格に含まれない預託金などがある場合	取引価格×70% ＋預託金等の評価額
取引相場がない場合	取引相場のない株式、預託金として評価	
	プレー権のみの会員権	評価しない

確認しよう！

Q1　給付事由が発生していない定期金に関する権利の評価額は、原則として解約返戻金相当額である。

A1　○（⇒p.309）

借地であっても、将来無償で地主に返還することを証明する無償返還に関する届出書を税務署に届け出ていれば、借地権の評価額はゼロとされる。

10 相続・事業承継対策

頻出度 C　CHECK

ポイント

円滑な相続のためには事前の対策が必要です。相続税の納税に関する対策を「**相続税対策**」といいます。また、会社経営者の分割や継承を「**事業承継対策**」といいます。

1 相続対策と相続税対策

1. 相続対策

相続は、すべての**自然人**の死亡によって開始します。資産家でなくとも円滑な遺産分割ができるよう、生前から相続対策をしておくことが重要です。

遺産分割がスムーズに行えるよう、遺言書を作成するなどの対策が必要です。

2. 相続税対策

相続税の納付対象となる可能性が高い人は、相続対策とあわせて相続税対策が必要になります。主な対策として、次のようなものがあります。

財産の移転	生前贈与などを活用した本人財産の移転によって、相続税の対象となる財産を減らす	・贈与税の基礎控除の活用 ・配偶者特別控除の活用 ・孫への贈与
財産評価の引下げ	移転によっても残ってしまう財産の、相続税評価額を引き下げる	・不動産の購入や新築 ・自社株式評価の引下げ ・養子縁組による基礎控除枠の拡大 ・借入金の活用（債務控除） ・小規模宅地等の評価減の活用
納税資金の確保	移転・評価引下げによっても納税が避けられない場合	・生命保険への加入 ・金融資産残高の確保 ・底地と借地権の交換（換金性）

プラスα

自営業を営む経営者などに相続が発生したあと、事業の円滑な承継を図るための対策をしておかなければならない。これを事業承継対策という。対策に

2　非上場株式等に対する相続税・贈与税の納税猶予

1．納税猶予制度の概要

非上場会社の経営者から、経営を承継する後継者へその会社の株式等を**贈与**又は**相続**した場合に負担を軽減し、事業承継を円滑にするために、一定の条件を満たす場合は納税の猶予、免除がされます。

贈与税 →	経営者から後継者に自社株式を贈与した場合に、贈与税の納税が猶予される。納税猶予の対象となる株式等は、発行済議決権株式等の総数の3分の2に達するまでの部分が上限で、一括で贈与する必要がある
相続税 →	経営者から相続・遺贈により、事業を承継する後継者が自社株式を取得した場合、その自社株式の80%部分の相続税の納税が猶予および免除される。納税猶予の対象となる株式等は、発行済議決権株式等の総数の3分の2に達するまでの部分

適用には都道府県知事の認定を受け、税務署への申告手続きが必要となります。

【主な適用要件】

先代経営者	・会社の代表者であったこと ・先代経営者と同族関係者で総議決権の50%超を有しており、後継者を除く同族の中で筆頭株主であったこと ・贈与税の納税猶予を受ける場合、贈与時には代表権を有していないこと
先代経営者以外の贈与者・被相続人	・親族・親族外を問わずすべての個人株主
後継者	・後継者と同族関係者で総議決権数の50%を有し、同族内で筆頭株主となっている ・相続税の納税猶予を受ける場合、相続開始の直前に役員であり、かつ、相続開始の日の翌日から5カ月経過する日に代表者であること ・贈与税の納税猶予を受ける場合、贈与時に18歳以上、役員就任から3年以上経過し、かつ代表者であること
認定対象会社	・上場会社ではないこと　・風俗営業会社ではないこと ・中小企業者であること　・従業員数が1人以上 ・資産保有型会社等ではないこと　　等

は、通常の相続税対策のほかに、「後継経営者の育成と周知」、「経営支配権の確保」、「納税資金の確保」の３つがある。

2．納税猶予制度の特例

2018年1月1日から2027年12月31日までの贈与・相続・遺贈については、特例承継計画を策定し提出するなどの要件を満たした場合、次のような特例が適用されます。

【特例制度の主な内容】

●対象株数が総株式数の3分の2まで　→　全株式が対象となる

●相続税での納税猶予の割合　80%　→　100%

●複数の株主から最大3人の後継者へ承継可能

●雇用の8割以上を維持できなかった場合でも、一定の書類を都道府県に提出することで納税猶予が継続される

3 個人事業者の事業用資産に係る納税猶予制度

2019年1月1日から2028年12月31日までの贈与または相続等について、担保の提供を条件に、個人事業者の**特定事業用資産に係る部分**の税額を猶予する制度が創設されました。猶予税額は、非上場株式等についての相続税の納税猶予制度の特例と同様の方法で計算されます。

確認しよう！

Q1 □□ 一般に不動産の購入をしても、相続税評価額を引き下げる効果はない。

Q2 □□ 非上場会社の経営者から、後継者へ会社の株式を贈与した場合、一定の条件を満たすと納税の猶予・免除が受けられる。

Q3 □□ 非上場株式の相続税の納税猶予の対象となる株式等は、発行済議決権株式等の総数の3分の2に達するまでの部分だが、一定の要件を満たした場合、全株式が対象となる特例がある。

A1 ×（⇒p.314）　**A2** ○（⇒p.315）　**A3** ○（⇒p.316）

プラスα 個人の事業用資産についての相続税の納税猶予の適用を受ける場合、特定事業用宅地等の小規模宅地等の評価減の適用は受けられない。

6日目●相続・事業承継

一問一答 最終チェック

CHECK

6日目の学習が終わりました。ここで、この章のおさらいをしましょう。問題のすぐ下にある解答を赤シートでかくして、問題にチャレンジしてください。間違ったときは、必ず参照ページに戻って確認し、実力アップをめざしましょう！

□□□ **問1** 贈与契約は、贈与者が無償で財産を譲る意思を示し、受贈者がこれを承諾して成立する。

解答1 ○ **設問のとおり。贈与は、当事者の一方から相手方へ無償で財産を譲り渡す契約で、双方の意思表示が必要です。⇒p.276**

□□□ **問2** 相続時精算課税制度を利用できるのは、60歳以上の父母・祖父母から、18歳以上の子・孫に贈与を行う場合である。

解答2 ○ **設問のとおり。この制度で贈与する財産の種類や回数、金額には制限がありません。⇒p.280**

□□□ **問3** 贈与税の配偶者控除(2,000万円)の適用を受ける場合、基礎控除の110万円は適用されない。

解答3 × **設問は間違い。配偶者控除は、基礎控除の110万円とは別に受けられます。⇒p.281**

□□□ **問4** 教育資金の一括贈与に係る贈与税の非課税措置における非課税金額の限度は、1,500万円である。

解答4 ○ **設問のとおり。教育資金の一括贈与に係る贈与税の非課税措置は、30歳未満の子や孫が対象で、非課税限度額は1,500万円となります。⇒p.282**

□□□ **問5** 配偶者のほかに血族相続人がいない場合は、配偶者が単独で相続する。

解答5 ○ **設問のとおり。配偶者は常に相続人となります。⇒p.283**

□□□ **問6** 配偶者と兄弟姉妹が相続人の場合、配偶者の法定相続分は3分の2である。

解答6 × **設問は間違い。配偶者が4分の3、兄弟姉妹が4分の1となります。⇒p.285**

□□□ **問7** 公正証書遺言とは、本人が公証役場で口述して公証人がその内容を筆記する方式で、2人以上の証人の立会いが必要である。

解答7 ○ **設問のとおり。公正証書遺言では、偽造、隠匿、紛失などの心配はありませんが、公証人や証人が内容を知ることになります。⇒p.289**

□□□ **問8** 相続人が直系尊属のみの場合、遺留分は法定相続分の2分の1である。

解答8 × **設問は間違い。遺留分は、原則、法定相続分の2分の1ですが、相続人が直系尊属のみの場合は、3分の1となります。⇒p.290**

□□□ **問9** 相続放棄をする場合、相続の開始を知ってから4カ月以内に家庭裁判所へ申述する必要がある。

解答9 × **設問は間違い。相続放棄の申請は、3カ月以内です。⇒p.291**

□□□ **問10** 相続人が取得した死亡保険金のうち、法定相続人の数×1,000万円まで非課税となる。

解答10 × **設問は間違い。法定相続人の数×500万円までが非課税となります。⇒p.293**

□□□ **問11** 相続開始前の一定期間内に被相続人から贈与を受けた財産は、相続時の価額で相続税の課税価格に加算される。

解答11 × **設問は間違い。相続時の価額ではなく、贈与時の価額で加算されます。⇒p.293**

□□□ **問12** 被相続人の債務など、マイナスの財産は相続財産から債務控除できるが、未払いの所得税や住民税などの公租公課は、債務控除できない。

解答12 × **設問は間違い。債務控除できます。生前に購入した墓地の未払い金、保証債務などは控除対象となりません。⇒p.295**

□□□ **問13** 相続税の基礎控除額は、「500万円×法定相続人の数」で求められる。

解答13 × **設問は間違い。基礎控除額は「3,000万円+600万円×法定相続人の数」で求められます。⇒p.296**

□□□ **問14** 相続税の配偶者控除の適用を受けて、納付税額がゼロとなった場合は、相続税の申告書を提出する必要はない。

解答14 × **設問は間違い。相続税の配偶者控除の適用を受けるためには、相続税の申告書を提出する必要があります。⇒p.298、299**

□□□ **問15** 相続税の申告期限は、相続の開始があったことを知った日の翌日から10カ月以内である。

解答15 ○ **設問のとおり。相続開始時点の被相続人の住所地の管轄税務署長に申告します。⇒p.300**

□□□ **問16** 路線価方式の場合、1つの道路に面する宅地の評価額は「路線価×奥行価格補正率×面積」となる。

解答16 ○ **設問のとおり。奥行により土地の利用価値が異なるため、奥行価格補正率を乗じて求めます。⇒p.302**

□□□ **問17** 相続財産である上場株式の評価は、課税時期の終値で評価する。

解答17 × **設問は間違い。課税時期の終値、課税時期の属する月の毎日の終値の平均値、課税時期の属する月の前月の毎日の終値の平均値、課税時期の属する月の前々月の毎日の終値の平均値のうち、もっとも低い金額で評価します。⇒p.310**

ファイナンシャル・プランニング技能検定
３級学科　模擬試験

【制限時間：90分】

解答用紙

(1)	(2)	(3)	(4)	(5)	(6)	(7)	(8)	(9)	(10)
(11)	(12)	(13)	(14)	(15)	(16)	(17)	(18)	(19)	(20)
(21)	(22)	(23)	(24)	(25)	(26)	(27)	(28)	(29)	(30)
(31)	(32)	(33)	(34)	(35)	(36)	(37)	(38)	(39)	(40)
(41)	(42)	(43)	(44)	(45)	(46)	(47)	(48)	(49)	(50)
(51)	(52)	(53)	(54)	(55)	(56)	(57)	(58)	(59)	(60)

※ 解答はp.331にあります。　1問1点として合計点を出してください。

※ 合格基準：36点以上

合計　　　　点

【第１問】次の各文章((１)〜(30))を読んで、正しいものまたは適切なものには１を、誤っているものまたは不適切なものには２を、解答用紙に記入しなさい。〔30問〕

(１)税理士資格を有しないFPのＡさんが顧客のBさんの相続についての相談を受け、Bさんが死亡した場合の相続税の具体的な試算を無償で行った。

(２)健康保険では、被保険者が病気やケガで、会社を連続して３日以上休んだ場合、４日目以降の休んだ日について傷病手当金が支払われる。

(３)国民年金の保険料納付の免除または猶予を受けた場合は、５年以内に限り追納することが可能である。

(４)65歳からの老齢厚生年金の支給を受けるためには、老齢基礎年金の受給資格期間を満たし、１年以上厚生年金の被保険者期間があることなどの要件がある。

(５)住宅ローンを元利均等返済で返済した場合、借入額や返済期間、金利等の他の条件が同じであれば、元金均等返済より総支払額が少なく済む。

(６)国内で営業する生命保険会社はすべて、保険契約者保護機構に加入することが義務付けられており、その保険会社が破綻した場合、原則として破綻時点の責任準備金等の90%が保護の対象となる。

(７)収入保障保険の死亡時の保険金を年金形式で受け取る場合、毎年の雑所得となり、所得税の課税の対象となる。

(８)特定疾病保障保険では、がん・急性心筋梗塞・脳卒中にかかり、余命６か月と診断された場合にその保険金額が支払われる。

(9)自動車損害賠償責任保険では、対物賠償事故が対象となる。

(10)傷害保険から支払われる入院給付金は非課税である。

(11) GDPには、日本企業が海外で生産した付加価値は含まないが、外国企業が日本国内で生産した付加価値は含まれる。

(12)他の条件が同じであれば、償還までの期間が短い債券よりも長い債券のほうが金利変動リスクは低くなる。

(13)投資信託の運用では、ファンドの管理・運営に対する費用として信託報酬が運用期間中ずっと徴収されるため、解約時の金額は基準価額で計算された時価から信託報酬が差し引かれた後の金額となる。

(14) TTBとは、円を外貨に換えるときのレートでTTMに手数料を加えたレートとなる。

(15)日本投資者保護基金の会員である証券会社が破綻した場合、証券会社が一般の顧客から預かっていた有価証券や金銭の返還が困難になった場合、1人あたり1,000万円を限度として補償される。

(16)個人事業主が事業用の固定資産を譲渡した場合の所得は、事業所得となる。

(17)上場株式等の譲渡損失は、事業所得の黒字と損益通算することができない。

(18)本人または本人と生計を一にする親族の社会保険料を支払った場合、その全額が社会保険料控除となる。

(19)給与収入の金額が1,200万円を超える給与所得者は確定申告の必要がある。

(20)青色申告を選択している事業所得者は、正規の簿記の原則で記帳し、損益計算書や貸借対照表などの書類を添付して申告した場合、e-Taxを利用するなど一定の条件を満たすと65万円の青色申告特別控除を適用することができる。

(21)不動産登記には、第三者に対する対抗力があるが、登記簿に記載された内容には公信力はない。

(22)建築基準法上の道路とは、原則として幅員２m以上(特定行政庁の指定区域では４m以上)の公道である。

(23)建蔽率60%の地域では敷地面積100m^2の土地の場合、延床面積60m^2までの建物を建てることができる。

(24)宅地建物取引業者に仲介業務を依頼する契約のうち、「専任媒介契約」では、他業者への依頼や自己発見取引をすることではできない。

(25)不動産取得税とは不動産を取得した者に対して課される地方税で、固定資産税評価額を課税標準として税額が算出される。

(26)贈与契約は法定の書式によるものとされており、口頭のみでは成立しない。

(27)被相続人に子どもがなく、遺族が被相続人の配偶者と母のみである場合、その相続に係る配偶者の法定相続分は３分の２、母の法定相続分は３分の１である。

(28)被相続人から相続開始前7年以内に贈与を受けた財産は、相続時の評価額で相続財産に加算される。

(29)借地権が設定されている土地の評価は「自用地評価額×借地権割合」で計算される。

(30)配偶者が特定居住用宅地等の評価減の適用を受ける場合、申告期限まで引き続き保有し、居住している必要がある。

【第2問】次の各文章((31)～(60))の(　)内にあてはまる最も適切な文章、語句、数字またはそれらの組合せを1)～3)の中から選び、解答用紙に記入しなさい。

〔30問〕

(31)年利2％で複利運用しながら5年後の2,000,000円を準備する場合、毎年の積立金額は下記資料の係数を使用して算出すると(　　　)となる。

<資料>年利2％　運用期間5年間の各種係数

年金現価係数	資本回収係数	減債基金係数	現価係数
4.7135	0.21216	0.19216	0.9057

1)　424,313円

2)　362,280円

3)　384,320円

(32)雇用保険の基本手当の支給を受けるためには、原則として離職の日以前(　①　)年間に、被保険者期間が通算して(　②　)以上あることが必要である。

1)　①2　　②6か月

2)　①1　　②6か月

3)　①2　　②12か月

(33) 子のある35歳の配偶者が受給権者となった場合の遺族基礎年金の年金額は、子どもが一人の場合は2024年度価格の場合(　　　　)である。

1） 816,000円

2） 1,050,800円

3） 894,300円

(34) 企業型確定拠出年金の掛金は原則として(　①　)が拠出するが、規約によりマッチング拠出として(　②　)の拠出も可能で、従業員が拠出した掛金は全額(　③　)の対象となる。

1） ①企業　②従業員　③小規模企業共済等掛金控除

2） ①従業員　②企業　③損金算入

3） ①企業　②従業員　③社会保険料控除

(35) 日本政策金融公庫の教育一般貸付では、融資限度額は子ども１人あたり一定の条件にあてはまる場合を除き原則(　①　)以内で返済期間は(　②　)以内である。

1） ①300万円　②15年

2） ①350万円　②10年

3） ①350万円　②18年

(36) 保険法の規定では、保険会社が告知義務違反を知った日から(　①　)以内に解除を行わなかった場合や、契約が契約日から(　②　)を超えて有効に継続した場合には契約の解除権は消滅する。

1） ①半年　②１年

2） ①１か月　②５年

3） ①半年　②２年

(37)疾病入院で日額5,000円が支払われる医療保険に、成人病入院特約(日額5,000円)が付加されている場合、その他の特約がない場合でがんと診断された場合に支払われる入院給付金は日額(　　　)円である。

1) 0円

2) 5,000円

3) 10,000円

(38)保険期間が(　①　)年以下で普通死亡保険金が満期保険金と同額以下、かつ、災害死亡保険金が満期保険金の5倍未満で(　②　)またはこれに準ずる保険料の払い方をしている商品は金融類似商品として源泉分離課税の対象となる。

1) ①10　②一時払い

2) ①5　②一時払い

3) ①5　②毎月払い

(39)住宅や家財を対象とする保険で、(　　　)では、火災、落雷、破裂・爆発、風、ひょう・雪災による損害は補償されるが、盗難、水漏れ、水災などによる損害は対象外である。

1) 普通火災保険

2) 住宅火災保険

3) 住宅総合保険

(40)積立普通傷害保険の満期返戻金を契約者(=保険料負担者)が受け取った場合、その満期返戻金は(　　　)として所得税・住民税の課税対象となる。

1) 一時所得

2) 雑所得

3) 利子所得

(41)年利率１％で６か月満期の定期預金に2,000,000円を預けた場合、満期時の元利合計金額は(　　　)となる。なお、税金や手数料等は考慮しない。

１）　2,010,000円

２）　2,020,000円

３）　2,020,050円

(42)既発債を購入し、償還期限まで保有した場合の利回りは(　①　)、償還期限前に市場で売却した場合の利回りは(　②　)という。

１）　①応募者利回り　②所有期間利回り

２）　①最終利回り　②所有期間利回り

３）　①最終利回り　②直接利回り

(43)投資信託のパッシブ運用とは、(　①　)ことを目指す運用スタイルで、アクティブ運用と比べて信託報酬は比較的(　②　)なる。

１）　①ベンチマークを上回る　②高く

２）　①ベンチマークと連動する　②高く

３）　①ベンチマークと連動する　②低く

(44)2024年以降のNISA制度での年間投資上限額は、つみたて投資枠は(　①　)万円、成長投資枠では(　②　)万円である。

１）　①40万円　②240万円

２）　①40万円　②120万円

３）　①120万円　②240万円

(45)期待収益率2.5％のA資産を30％、期待収益率4％のB資産を70％の割合で組み入れたポートフォリオの期待収益率は(　　　)となる。

１）　3.25％

２）　3.55％

３）　4.55％

(46)個人年金保険契約において、契約者(＝保険料負担者)が夫、被保険者が妻で、年金受取人が妻である場合、妻が受け取った年金は(　　　)。

1）　一時所得として課税される

2）　雑所得として課税される

3）　贈与税の課税対象となる

(47) Aさんは定年退職で退職一時金を2,300万円受け取った。Aさんの勤続年数が37年２か月である場合、退職所得は(　　　)である。

1）　120万円

2）　155万円

3）　240万円

(48) Aさんの2024年分の所得が以下のとおりであった場合、損益通算後の総所得金額は(　　　)となる。

給与所得　　　600万円

一時所得　　　▲20万円の損失

不動産所得　　▲30万円の損失(土地等の取得に要した負債利子はないものとする)

1）　580万円

2）　570万円

3）　550万円

(49)総所得金額が200万円以上の納税者が医療費を１年間に一定額以上支払った場合、(　　　)で計算された金額を医療費控除として適用することができる。

1）　(医療費－給付金等で補てんされる金額)－５万円

2）　医療費　－　10万円

3）　(医療費－給付金等で補てんされる金額)－10万円

(50)住宅借入金等特別控除の適用を受けていた者がそのローンの繰上げ返済を行って、住宅ローンの償還期間が(　　　)となった場合、それ以降は住宅借入金等特別控除の適用は受けられない。

1）　15年未満

2）　10年未満

3）　５年未満

(51)(　　　)は３年ごとの３～４月に市区町村が公表し、その評価の基準日は基準年の前年の１月１日である。

1）　公示価格

2）　基準地標準価格

3）　固定資産税評価額

(52)不動産登記簿の権利部甲区には、(　　　)が記録されている。

1）　所在地・種類・面積・構造など

2）　差押え、買戻し特約など所有権に関する事項

3）　抵当権・賃借権・地上権など所有権以外の権利に関する事項

(53)容積率の計算において、敷地の前面道路の幅員が12m未満の場合には、住居系の用途地域の場合、(　①　)で計算された容積率と指定容積率のいずれか(　②　)数値が適用される。

1）　①前面道路の幅員×4/10　　②少ない

2）　①前面道路の幅員×6/10　　②少ない

3）　①前面道路の幅員×4/10　　②多い

(54)一定の条件を満たす居住用財産を譲渡した場合、課税譲渡所得金額から（　①　）が控除される。さらに、その居住用財産の所有期間が譲渡した年の1月1日現在で（　②　）を超える場合、居住用財産の軽減税率が適用される。

1）　①6,000万円　　②10年

2）　①2,000万円　　②5年

3）　①3,000万円　　②10年

(55)経費を含む購入価格が5,000万円、賃料収入400万円、運営経費100万円とした場合の正味利回りは（　　　）である。

1）　4％

2）　6％

3）　8％

(56)婚姻期間が（　①　）ある配偶者から居住用不動産や居住用不動産の取得資金を贈与された場合、贈与税の配偶者控除を適用すると一定の要件を満たしていれば（　②　）まで非課税となる。

1）　①20年以上　　②110万円の基礎控除に代えて2,000万円

2）　①10年以上　　②110万円の基礎控除に加えて2,000万円

3）　①20年以上　　②110万円の基礎控除に加えて2,000万円

(57)遺言には3種類あるが、その中で（　①　）は本人が署名押印した遺言を封印し、公証役場で住所氏名を記入する方式で、書式はパソコン等や代筆も可で、検認が（　②　）である。

1）　①自筆証書遺言　　②必要

2）　①公正証書遺言　　②不要

3）　①秘密証書遺言　　②必要

(58)被相続人であるAさんには配偶者Bと子どもが3人いる(長男Cと次男Dと長女E)このうち、次男Dは相続放棄を行った。この場合、被相続人Aさんの相続財産の課税価格を計算する際の基礎控除額は(　　　)である。

1）　5,400万円

2）　4,800万円

3）　5,000万円

(59)相続税の納付は金銭で一括納付することが原則であるが、金銭による一括納付が困難であることや、納付する相続税額が(　①　)、申告期限までに延納申請書を提出して、(　②　)の許可を得ること、担保を提供することなどの要件を満たすと延納が認められる。

1）　①10万円以上　　　②税務署長

2）　①30万円以上　　　②税務署長

3）　①100万円以上　　②都道府県知事

(60)相続開始時点で賃貸割合100%、固定資産税評価額5,000万円の賃貸アパートの相続税評価額は(　　　)である。なお借家権割合は全国的に30%とされている。

1）　1,500万円

2）　3,500万円

3）　4,000万円

解答一覧

(1)	(2)	(3)	(4)	(5)	(6)	(7)	(8)	(9)	(10)
2	1	2	2	2	1	1	2	2	1
(11)	(12)	(13)	(14)	(15)	(16)	(17)	(18)	(19)	(20)
1	2	2	2	1	2	1	1	2	1
(21)	(22)	(23)	(24)	(25)	(26)	(27)	(28)	(29)	(30)
1	2	2	2	1	2	1	2	2	2
(31)	(32)	(33)	(34)	(35)	(36)	(37)	(38)	(39)	(40)
3	3	2	1	3	2	3	2	2	1
(41)	(42)	(43)	(44)	(45)	(46)	(47)	(48)	(49)	(50)
1	2	3	3	2	3	1	2	3	2
(51)	(52)	(53)	(54)	(55)	(56)	(57)	(58)	(59)	(60)
3	2	1	3	2	3	3	1	1	2

解答・解説

（１） **2** 税理士の資格をもたない者は、無償であっても個別具体的な税務相談をすることはできない。

（２） **1** 会社員の休職中の給与保障にあたる。支給期間は最長で１年６か月。

（３） **2** 国民年金保険料の納付免除や猶予を受けた場合は、10年以内に限り追納することができる。

（４） **2** 65歳からの老齢厚生年金の支給を受けるためには、老齢基礎年金の受給資格を満たし、厚生年金の被保険者期間が1か月以上あることなどの要件がある。

（5） 2 同じ条件であれば、元金均等返済の方が総支払額は少なく済む。

（6） 1 設問のとおり。なお、原則として再保険を除くすべての保険が対象となる。

（7） 1 設問のとおり。なお、このときの雑所得の金額は、年金額から支払った保険料相当額を差し引いて求める。

（8） 2 特定疾病保障保険では、がん・急性心筋梗塞・脳卒中にかかり、所定の状態と診断された場合にその保険金額が支払われる。余命6か月と診断された場合に支払われる保険ではない。

（9） 2 人身事故の被害者救済が目的であるため、対人賠償に限定されており、対物賠償は対象とならない。

（10） 1 損害を補償する保険（火災保険や車両保険など）や身体の傷害に対して支払われる保険金は非課税である。

（11） 1 設問のとおり。GDPは国内で一定期間内に生産された財やサービスなどの付加価値の合計額である。

（12） 2 期間が長いほうが、不確実性が高くなるため金利変動リスクは高くなる。

（13） 2 投資信託の基準価額は信託報酬が引かれた後の価格であるため、解約時にさらに信託報酬が引かれるわけではない。

（14） 2 TTBは外貨を円に換えるときのレートで、TTMから手数料を引いたレートである。

(15)　1　設問のとおり。投資家保護のため、投資者保護基金が設けられている。

(16)　2　個人事業主が事業用の固定資産を譲渡した場合の所得であっても事業所得ではなく譲渡所得である。

(17)　1　ただし、申告分離課税を選択した配当所得などとは損益通算できる。

(18)　1　設問のとおり。なお、社会保険料とは、健康保険・国民年金・厚生年金・介護保険・雇用保険などの被保険者として負担した保険料である。

(19)　2　給与所得者は年末調整で税額の調整が行われるため、通常は確定申告は必要ないが、年間2,000万円を超える給与収入がある場合は確定申告が必要である。

(20)　1　事業所得者が正規の簿記の原則で記帳し、損益計算書や貸借対照表を添付して申告した場合は、e-Taxを利用するなど一定の条件を満たした場合65万円の青色申告特別控除が適用できる。

(21)　1　設問のとおり。登記簿に記載された所有者を信じて取引を行っても、真の所有者と登記簿上の所有者が異なっていることもある。

(22)　2　原則として、幅員４m以上(特定行政庁の指定区域では６m以上)の公道である。また、４m未満ではあるが、建築基準法が施行されたときすでに建物が立ち並んで通行しており、特定行政庁が指定した道路(２項道路)も道路とされる。

(23)　2　建蔽率とは敷地面積に対する建築面積の割合のことである。建蔽率60%の場合、100m^2の敷地に対して60m^2まで建物を建てることができる。

(24)　2　専任媒介契約では他業者への依頼はできないが、自己発見取引をすることはできる。

(25)　1　設問のとおり。その不動産の所在地の都道府県が課す地方税で、取得には購入だけでなく新築、増改築、交換、贈与なども含まれる。

(26)　2　贈与契約は当事者間の合意によって成立するため、書面による必要はない。

(27)　1　相続人が配偶者と直系尊属のみの場合、法定相続分は配偶者が３分の２、直系尊属が３分の１である。

(28)　2　贈与時の評価額で相続財産に加算される。また、加算される財産は相続開始前３年超の贈与についてはその合計額から100万円を控除した残額となる。

(29)　2　借地権が設定されている土地の評価は「自用地評価額×（１－借地権割合）」で計算される。

(30)　2　配偶者が相続する場合は、引き続き保有し、居住するという要件は必要ない。

(31)　解答　3

複利運用により将来の目標金額を得るために毎年いくら積立てればよいかを求める場合は、減債基金係数を目標金額に乗じて計算する。

(32)　解答　3

なお、倒産や解雇などによる失業、一定の非正規労働者の失業についてはこのとおりではない。

(33)　解答　2

配偶者と子ども１人の場合の遺族基礎年金は816,000円＋234,800円＝1,050,800円（2024年度）である。

(34)　解答　1

なお、企業型確定拠出年金では運営主体は制度を実施する各企業であるが、運用指図は加入者である従業員本人が行い、運用次第で将来の受取額が変わる。

(35)　解答　3

なお、自宅外通学や５年以上の大学、大学院、海外留学資金の場合は１人あたり450万円となる。

(36)　解答　2

告知義務違反を行った場合、一定期間内であれば保険会社は契約を解除することができる。

(37)　解答　3

疾病入院の給付金日額 5,000円と成人病入院特約の日額 5,000円で合わせて日額 10,000円となる。

(38)　解答　2

なお、源泉徴収税率は20.315%(復興特別所得税を含む)である。

(39)　解答　2

住宅総合保険では、住宅火災保険で補償される損害のほかに、盗難、水漏れ、一定の水災などによる損害も補償対象となる。

(40)　解答　1

契約者(＝保険料負担者)本人が受取人となる満期返戻金は一時所得となり課税される。

(41)　解答　1

6か月後に受け取る利息は

$$2{,}000{,}000円 \times 1\% \times \frac{6か月}{12か月} = 10{,}000円$$

よって、６か月後の元利合計は

2,000,000円＋10,000円＝2,010,000円

(42) 解答　2

応募者利回りは新発債を購入し、償還期限まで保有した場合の利回り。直接利回りとは購入金額に対して、年率どれだけの利息が得られるかという利回りである。

(43) 解答　3

なお、パッシブ運用に対してアクティブ運用はベンチマークを上回ることを目指し、運用のコストである信託報酬は高くなる。

(44) 解答　3

なお、2024年以降のNISAでは、つみたて投資枠と成長投資枠は併用可能で、投資期間は無期限である。

(45) 解答　2

ポートフォリオ全体の期待収益率は、(各資産の収益率×組入れ比率)の合計で求められる。設問の場合は以下のとおり。

(2.5％×0.3)＋(4％×0.7)＝3.55％

(46) 解答　3

夫が保険料を負担した個人年金保険の年金を妻が受け取ったことになり、贈与税の対象となる。

(47) 解答　1

退職所得は、(収入金額－退職所得控除額)×1/2で計算される。

退職所得控除額は勤続20年超の場合、800万円＋70万円×(勤続年数－20年)

勤続年数の端数は切り上げて計算する。

(48) 解答　2

損益通算できる損失は、不動産所得・事業所得・山林所得・譲渡所得から生じた損失である。

(49)　解答　3

医療費控除の金額は、(医療費－給付金等で補てんされる金額)－10万円で計算される。ただし、総所得金額200万円未満の場合は、10万円に代えて総所得金額×５%相当額で計算する。

(50)　解答　2

住宅借入金等特別控除が適用される住宅ローンは償還期間が10年以上のローンであるため、繰上げ返済によって10年未満になった場合、それ以降は適用されない。

(51)　解答　3

固定資産税評価額は固定資産税や不動産取得税の課税標準で、公示価格の７割程度となる。

(52)　解答　2

所在地・種類・面積・構造などは表題部、抵当権・賃借権・地上権など所有権以外の権利に関する事項は権利部乙区に記録される。

(53)　解答　1

住居系以外のその他の用途地域の場合は、前面道路の幅員×6/10で算出された容積率と指定容積率のいずれか少ない数値となる。

(54)　解答　3

なお、居住用財産の3,000万円特別控除と居住用財産の軽減税率の特例は併用可能である。

(55)　解答　2

正味利回りとは、総投資に対する純収益の利回りである。

計算式　$\dfrac{\text{賃料収入}-\text{運営経費}}{\text{購入価格}}\times 100$

(56)　解答　3

贈与税の配偶者控除は110万円の基礎控除に加えて2,000万円が控除できる。

(57)　解答　3

秘密証書遺言では、２人以上の証人の立会いが必要で、内容は秘密にされるが、作成したことは証人の知ることとなる。

(58)　解答　1

相続税の基礎控除額は「3,000万円＋(600万円×法定相続人の人数)」で計算される。相続放棄を行った者も基礎控除額を計算する際の法定相続人の人数に含まれる。

(59)　解答　1

なお、延納税額が100万円以下、かつ延納期間が３年以下の場合は担保の提供が不要である。

(60)　解答　2

アパートなどの貸家の評価は、「固定資産税評価額×(１－借家権割合×賃貸割合)」となる。

索　引

欧文・数字

あ

か

さ

ま

や

ら

わ

●**著者紹介**

株式会社 マネースマート

多様化する現代、人の人生、価値観も様々である中、大切な「お金」の考え方。マネースマートには「MONEY“お金”」に「SMART“賢く”」を大切にしながらご相談やセミナー・執筆などを通して「マネーの専門家」として総合的な“生涯のパートナー”としてお手伝いしていきたいという想いが込められております。「安心して幸せで豊かな生活を送れる社会の実現」を目指し人生の伴走者として応援します。

●**企画編集**

成美堂出版編集部

本書に関する正誤等の最新情報は、下記のURLをご覧ください。

https://www.seibidoshuppan.co.jp/support/

上記アドレスに掲載されていない箇所で、正誤についてお気づきの場合は、
書名・発行日・質問事項(ページ・問題番号など)・氏名・郵便番号・住所・FAX 番号を明記の上、
郵送または **FAX** で、**成美堂出版**までお問い合わせください。

※ **電話でのお問い合わせはお受けできません。**
※ 本書の正誤に関するご質問以外はお受けできません。また受検指導などは行っておりません。
※ ご質問の到着確認後 10 日前後に、回答を普通郵便または FAX で発送いたします。
※ ご質問の受付期間は、2025 年 5 月までの各試験日の 10 日前到着分までとさせていただきます。ご了承ください。

FP技能士3級 最速合格ブック '24→'25年版

2024年6月20日発行

著　者　株《かぶ》式《しき》会《がい》社《しゃ》マネースマート

発行者　深見公子

発行所　成美堂出版
〒162-8445　東京都新宿区新小川町1-7
電話(03)5206-8151　FAX(03)5206-8159

印　刷　広研印刷株式会社

ISBN978-4-415-23857-9
落丁·乱丁などの不良本はお取り替えします
定価はカバーに表示してあります

実技試験ってどんな試験?!

それは、同じ筆記試験でも問題の出題形式が違うからなんですよ。
出題形式が違う？……のですか。
そうです。過去の問題を実際に見ると、わかりやすいかもしれませんね。
〈金財〉
〈FP協会〉
事例形式問題
5題出題
多肢選択式問題
20題出題
なるほど、設例があったり、具体的な帳票や資料を使ったりした問題が出題されるのですね。
学科試験でFP技能士3級としての基本的な知識をもっているかどうかが問われ、さらにその知識が応用できるかどうかを見るのが実技試験なのです。

何となく、学科試験に比べて、難しそうに見えるのですが。
そう思う人も多いようですね。でも、問題の難易度は学科試験とほぼ同じレベルで、決して難しいということはありません。ただ、帳票や資料を使った出題形式なので、学科試験と見た目が違って、あせってしまうのかもしれませんね。
学科試験とレベルが同じなら安心です。出題形式にさえ慣れれば、試験本番でも落ち着いて問題が解けそうですね。
そうですね、とにかく問題形式に慣れることが大切です。
その点、このテキストには別冊で実技試験形式の問題が10題、計30問収録されているので、勉強がますますはかどりますよ。
別冊
'24→'25
FP技能士3級
最速合格ブック
実技試験
徹底攻略！
矢印の方向に引くと取り外せます。
成美堂出版
実技試験徹底攻略！ 目次
こんなにたくさん問題が載っているのですね。さっそくやってみます！

ところで、先ほどの過去の試験問題ですが、金財とFP 協会で問題が違うようでしたが……
そうなんです。FP 試験の実施機関に金財とFP 協会の2つがあるのは知っていますよね。学科試験はどちらも同じなのですが、実技試験は異なります。
<金財>
・個人資産相談業務
・保険顧客資産相談業務
< FP 協会>
・資産設計提案業務
金財の試験科目には「個人資産相談業務」と「保険顧客資産相談業務」の2科目がありますが、FP 協会は「資産設計提案業務」の1科目です。
どの科目を選択するのがいいんでしょうか。
金財は2科目があるので、今、自分が携わっている仕事と関連するものがあれば、もちろんその科目を選択するのがいいでしょう。例えば、保険関連の仕事をしているのであれば「保険顧客資産相談業務」というように。
自分の得意分野が選べるのですね。

そうですね。FP 協会は試験科目が１科目なので出題の範囲が幅広くなりますが、基本的なパターンの問題が多いようです。
過去の試験問題は金財、FP 協会のそれぞれの HP にアップされているので、参考までに見ておくといいですよ。
FP 技能士３級の試験は、学科試験と実技試験のどちらも基準点を超えないと、合格できないんですよね。
そうなんですよ。どちらもバランスよく得点しないと合格できません。
よ～し。別冊の実技問題もがんばって解くぞ～！！
試験までもうひとふんばり！二人とも合格できるように、がんばってくださいね！
はい、がんばります！！

さあ、模擬問題に挑戦!!

「実技試験徹底攻略！」では、**選りすぐりの実技試験模擬問題を10題、計30問**用意しました。さまざまな分野から、バランスよく出題していますので、すべての問題を解いてみてください。最初は解けない問題もあると思いますが、気にせず繰り返し挑戦しましょう。何がわからなかったのか、なぜ間違えたのか、そこ

出題カテゴリーを掲載

該当する模擬問題の実施機関と出題カテゴリーがひと目でわかります。
※金＝金財、F＝FP協会

実践に基づいた問題

金財、FP協会の３級の実技試験の出題形式に合わせて、三答択一式の問題を用意しています。

問題

問題 | 金 個　人

学習日 ／

8 相続の基礎知識

【第8問】設例を読んで、問１～問3について解答しなさい。

Aさん(70歳)には子はおらず、妻Bさん(68歳)との２人暮らしである。Aさんは、相続対策として遺言の準備を検討している。

Aさんの親族関係図は以下のとおり。

〈Aさんの親族関係図〉

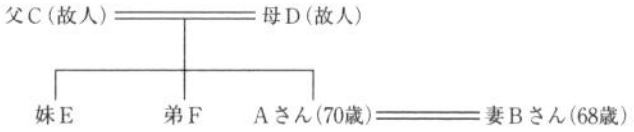

〈Aさんの主な所有財産(相続税評価額)〉

1．現預金　5,000万円
2．自宅敷地(300m^2)　8,000万円(注)
3．自宅建物　1,000万円

(注)「小規模宅地等についての相続税の課税価格の計算の特例」適用前の金額

〈相続税の速算表〉

法定相続分に応ずる取得金額		税　率	控除額
	1,000万円以下	10%	－
1,000万円超	3,000万円以下	15%	50万円
3,000万円超	5,000万円以下	20%	200万円
5,000万円超	10,000万円以下	30%	700万円
10,000万円超	20,000万円以下	40%	1,700万円
20,000万円超	30,000万円以下	45%	2,700万円
30,000万円超	60,000万円以下	50%	4,200万円
60,000万円超		55%	7,200万円

36

実技試験　3級模擬問題

問1 □□□

Aさんの相続が現時点で開始した場合に関する説明の記述のうち、最も適切なものはどれか。

1．Aさんの相続人は、妻Bさん、妹Eさん、弟Fさんの３人で、法定相続分は妻Bさんが３分の２、妹Eさんと弟Fさんがそれぞれ６分の１である。
2．妻Bさんにすべての財産を相続させるという遺言を作成した場合でも、妹Eさん、弟Fさんには遺留分が認められ、遺留分侵害額請求権を行使することができる。
3．Aさんの相続開始後、妻Bさんは遺産分割協議で、配偶者居住権(長期)を取得することができる。

問2 □□□

Aさんの相続が現時点で開始した場合の「小規模宅地等についての相続税の課税価格の計算の特例」について説明した次の記述のうち、最も不適切なものはどれか。

1．妻Bさんが自宅敷地を相続し、特定居住用宅地等の評価減の適用を受ける場合、相続税の申告期限まで所有し続ける必要がある。
2．特定居住用宅地等の評価減の適用が受けられる対象面積は330m^2までである。
3．Aさんの自宅敷地を特定居住用宅地等の評価減を適用して評価すると、1,600万円となる。

問3 □□□

仮に、Aさんの相続が現時点で開始し、Aさんの相続に係る課税遺産総額(基礎控除額控除後)が2,800万円であった場合の相続税の総額は、次のうちどれか。

1．300万円
2．335万円
3．370万円

37

出題形式に慣れる！

「設例を読んで問題を解く」という出題形式になっています。この形式にしっかり慣れておきましょう。

解いた問題に☑！

チェックボックスは、３つ用意しています。最低でも３回は問題を解いてみましょう。

に気付くことが大切なのです。

「実技試験徹底攻略！」は、下図のような問題と解答・解説という構成になっています。これで実力アップは間違いなし！１題３問を約12分で解くのが目安です。

それではさっそく、Let's Challenge!!

わかりやすい解説

それぞれの問題について、解答のポイントとなる点を丁寧に解説しました。理解できるまで、しっかり読んでください。

解答・解説

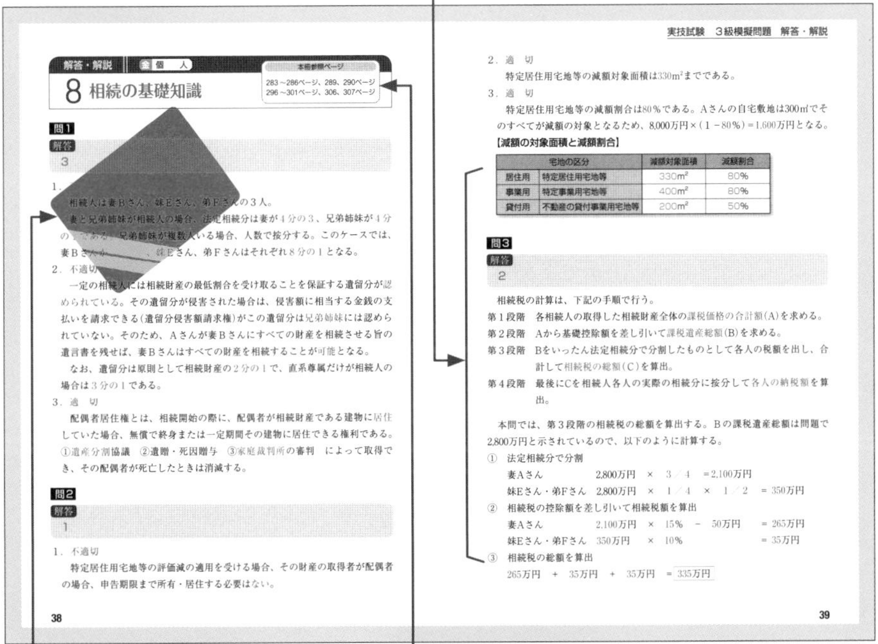

解答・解説　金 個人

8 相続の基礎知識

本冊参照ページ
283～286ページ、289、290ページ
296～301ページ、306、307ページ

問1

解答

3

1.

相続人は妻Bさん、妹Eさん、弟Fさんの３人。

妻と兄弟姉妹が相続人の場合、法定相続分は妻が４分の３、兄弟姉妹が４分の　である　兄弟姉妹が複数人いる場合、人数で按分する。このケースでは、妻Bさんが　　、妹Eさん、弟Fさんはそれぞれ８分の１となる。

2．不適切

一定の相続人には相続財産の最低割合を受け取ることを保証する遺留分が認められている。その遺留分が侵害された場合は、侵害額に相当する金銭の支払いを請求できる(遺留分侵害額請求権)がこの遺留分は兄弟姉妹には認められていない。そのため、Aさんが妻Bさんにすべての財産を相続させる旨の遺言書を残せば、妻Bさんはすべての財産を相続することが可能となる。

なお、遺留分は原則として相続財産の２分の１で、直系尊属だけが相続人の場合は３分の１である。

3．適　切

配偶者居住権とは、相続開始の際に、配偶者が相続財産である建物に居住していた場合、無償で終身または一定期間その建物に居住できる権利である。①遺産分割協議　②遺贈・死因贈与　③家庭裁判所の審判　によって取得でき、その配偶者が死亡したときは消滅する。

問2

解答

1

1．不適切

特定居住用宅地等の評価減の適用を受ける場合、その財産の取得者が配偶者の場合、申告期限まで所有・居住する必要はない。

38

実技試験　３級模擬問題　解答・解説

2．適　切

特定居住用宅地等の減額対象面積は330m²までである。

3．適　切

特定居住用宅地等の減額割合は80％である。Aさんの自宅敷地は300㎡でそのすべてが減額の対象となるため、8,000万円×（１－80％）＝1,600万円となる。

【減額の対象面積と減額割合】

宅地の区分		減額対象面積	減額割合
居住用	特定居住用宅地等	330m²	80%
事業用	特定事業用宅地等	400m²	80%
貸付用	不動産の貸付事業用宅地等	200m²	50%

問3

解答

2

相続税の計算は、下記の手順で行う。

第１段階　各相続人の取得した相続財産全体の課税価格の合計額(A)を求める。

第２段階　Aから基礎控除額を差し引いて課税遺産総額(B)を求める。

第３段階　Bをいったん法定相続分で分割したものとして各人の税額を出し、合計して相続税の総額(C)を算出。

第４段階　最後にCを相続人各人の実際の相続分に按分して各人の納税額を算出。

本問では、第３段階の相続税の総額を算出する。Bの課税遺産総額は問題で2,800万円と示されているので、以下のように計算する。

① 法定相続分で分割

妻Aさん　2,800万円　×　３／４　＝2,100万円

妹Eさん・弟Fさん　2,800万円　×　１／４　×　１／２　＝　350万円

② 相続税の控除額を差し引いて相続税額を算出

妻Aさん　2,100万円　×　15％　－　50万円　＝　265万円

妹Eさん・弟Fさん　350万円　×　10％　＝　35万円

③ 相続税の総額を算出

265万円　＋　35万円　＋　35万円　＝　335万円

39

特大赤シート対応

本冊と同じように、特大赤シート対応になっています。解答や重要箇所をかくしながら勉強が進められます。

便利な参照ページ

問題を解いてみて、間違えたり、わからなかったりしたときは、参照ページを見て、すぐに本冊に戻ってください。疑問に思ったことは、早めに解決しておきましょう。

問題　金　個人　学習日 ／

1 公的年金

【第1問】設例を読んで、下記の問１～問３について解答しなさい。

民間会社のＹ社に勤めるＡさんは、定年後、現在は再雇用制度を利用して勤めている。Ｙ社の再雇用制度は最長65歳までとなっているが、65歳まで勤めるか、あと１年ほど勤めて退職するか迷っている。また、老齢年金についてもよくわからないこともあり、FPのＷさんに相談することにした。

〈家族構成〉

※年齢は2024年7月1日現在

氏　名	続　柄	生年月日	年　齢	備　考
A	本人	1961年3月20日	63歳	会社員
B	妻	1966年3月10日	58歳	専業主婦
C	長男	1992年6月　8日	32歳	自営業

〈Ａさんと妻Ｂの公的年金加入歴(※今後の見込みを含む)〉

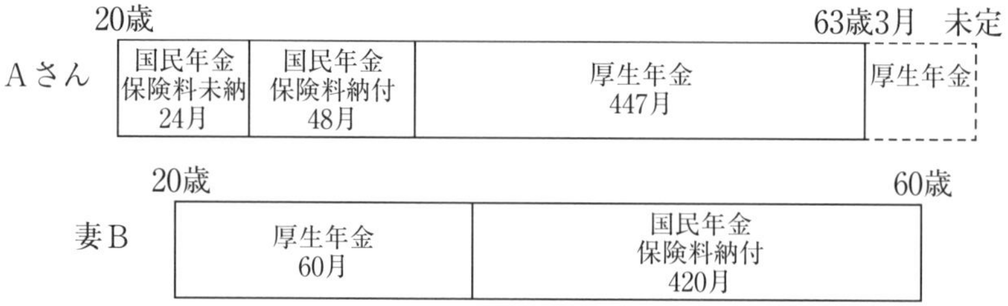

問１

Ａさんと妻Ｂさんに支給される、老齢給付に関する次の文章および概略図の空欄（ア）～（エ）に入る語句または数値の組合せとして、最も適切なものはどれか。

Ａさんは、老齢年金の受給資格期間を満たし、(　ア　)以上の厚生年金保険の被保険者期間があるので、64歳から特別支給の老齢厚生年金の報酬比例部分が支給される。また、Ａさんの厚生年金保険の被保険者期間は(　イ　)以上あるので、一定の要件に該当する場合、65歳からの老齢厚生年金には妻Ｂさんが65歳になるまでの間、2024年度額で年額(　ウ　)の配偶者に係る(　エ　)が加算される。

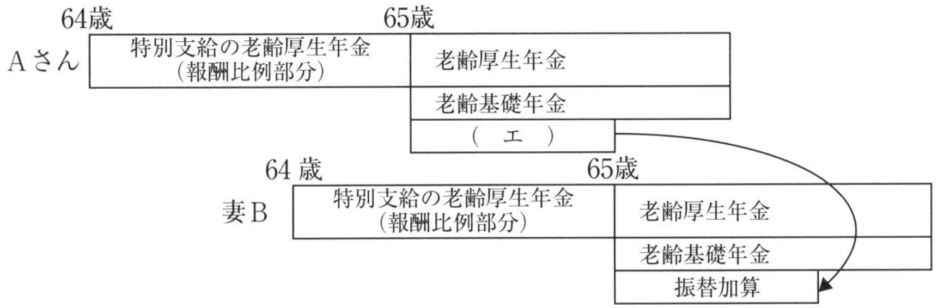

1．（ア）1年　（イ）25年　（ウ）408,100円　（エ）経過的加算
2．（ア）1年　（イ）20年　（ウ）234,800円　（エ）加給年金額
3．（ア）1カ月　（イ）20年　（ウ）408,100円　（エ）加給年金額

問2

Aさんが、1～2年勤めて退職するか、あるいは65歳まで勤め続けるかを決める際のアドバイスとして、最も不適切なものはどれか。

1．Aさんが退職し、厚生年金保険の被保険者でなくなった場合、妻Bさんは60歳になるまで国民年金の第3号被保険者から第1号被保険者になる。
2．Aさんは退職をした場合、一定の要件に該当すれば雇用保険の基本手当を受給できるが、Aさんが64歳以降に基本手当を受給すると、特別支給の老齢厚生年金の2分の1の額が支給停止される。
3．Aさんが64歳以後も勤め続けて厚生年金保険の被保険者であるときは、特別支給の老齢厚生年金は、給与（月給と賞与）の額に応じて年金額の全部もしくは一部が支給停止される場合がある。

問3

Aさん一家の国民年金に関する次の記述のうち、最も不適切なものはどれか。

1．Aさんが63歳6カ月で退職した場合、老齢基礎年金の年金額の増額を希望するときは、65歳になるまで国民年金に任意加入することができる。
2．子Cさんが払う毎月の国民年金保険料は、翌月の末日までに納めることとされているが、将来の一定期間の保険料をまとめて前払い（前納）することができる。
3．子Cさんは、国民年金の定額保険料に上乗せして月額200円の付加保険料を納めると、将来、老齢基礎年金に加えて付加年金を受給することができる。

1 公的年金

本冊参照ページ
50ページ～
65ページ

問1

解答

2

特別支給の老齢厚生年金の受給要件は、厚生年金保険の被保険者期間が１年以上あること、老齢年金の受給資格期間の10年を満たしていること、支給開始年齢に達していることである。Ａさん夫妻は、ともにこの要件を満たしているので、特別支給の老齢厚生年金が支給される。

加給年金額の加算要件は、厚生年金保険の被保険者期間が20年以上あること、一定の要件に該当する65歳未満の配偶者または18歳到達年度の末日までの子があることである。Ａさん夫妻の場合、配偶者については要件を満たしているので、65歳からの老齢厚生年金に加給年金が加算される。加給年金額は次のとおりで、配偶者に係る加給年金額には受給権者の生年月日に応じた特別加算がある。

配偶者加給年金額＝408,100円（234,800円＋生年月日に応じた特別加算173,300円）

【参考：振替加算と加給年金の関係】

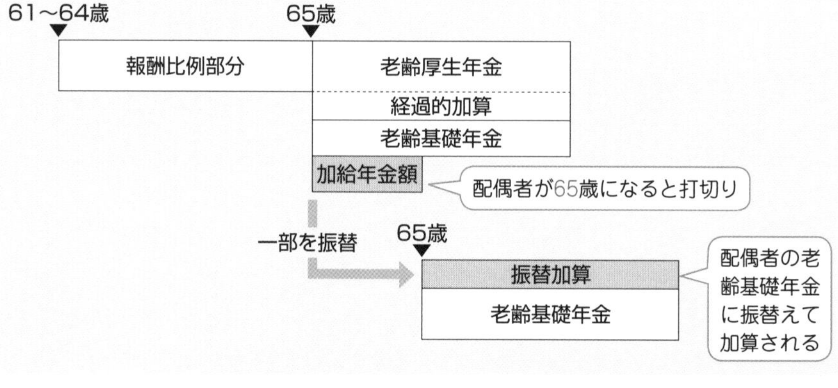

問2

解答

2

1．適　切

なお、国民年金の第3号被保険者から第1号被保険者への種別変更の手続きは、住所地の市区町村役場等で行う。

2．不適切

特別支給の老齢厚生年金の受給権者が雇用保険の基本手当を受給した場合、年金額や基本手当の額にかかわらず、基本手当を受給している間、特別支給の老齢厚生年金は全額支給停止される。なお、65歳以後の老齢厚生年金は、雇用保険の給付を受けても支給停止されることはない。

3．適　切

設問のような仕組みを在職老齢年金という。なお、給与の額によっては支給停止額が発生せず、全額支給される場合もある。

問3

解答

3

1．適　切

国民年金の強制被保険者でない一定の人は、老齢年金の受給資格期間が足らない場合、あるいは老齢基礎年金の年金額を満額に近づけたい場合に、国民年金に任意加入することができる。任意加入の主な対象者は、日本在住の60歳以上65歳未満の人、海外在住の20歳以上65歳未満の日本国籍の人など。

2．適　切

保険料を前納すると、前納期間に応じて保険料が割引きされる。

3．不適切

付加保険料は月額400円、付加年金の額は年額「200円×付加保険料納付済月数」である。

問題 F 資産設計

学習日 ／

2 CF表の計算・経済指標・投資指標

【第2問】下記の問１～問３について解答しなさい。

問1

下記は、伊藤さんの家庭のキャッシュフロー表である。このキャッシュフロー表の空欄(ア)にあてはまる数値として正しいものはどれか。なお、計算にあたっては、キャッシュフロー表中に記載の数値を使用し、計算結果は万円未満を四捨五入することとする。

経過年数			現在	1年	2年	3年
西暦			2024	2025	2026	2027
家族の年齢	本人		33	34	35	36
	配偶者		30	31	32	33
	第1子		2	3	4	5
ライフイベント		変動率			住宅購入	
収入	給与収入(夫)	1%	450	455	459	464
	給与収入(妻)	－	-	-	-	100
収入合計		－	450	455	459	□□□
支出	基本生活費	1%	300	303	306	309
	家賃	－	96	96	-	-
	住宅ローン	－			132	132
	教育費	－			51	52
	保険料	－	30	30	30	30
	一時的支出	－			900	
	その他の支出	－	20	20	20	20
支出合計		－	446	449	1439	□□□
年間収支		－	4	6	－980	□□□
金融資産等残高		1%	980	996	□□□	(ア)

(単位：万円)

※年齢は各年12月31日現在のものとし、2024年を基準年とする。

※記載されている数値は正しいものとする

※問題作成の都合上、一部空欄となっている

1．47万円
2．39万円
3．17万円

問2

下記は経済用語についてまとめた記述である。下記の記述のうち最も不適切なものはどれか。記号で選びなさい。

（　　ア　　）は、企業間で取引される商品の価格変動を表しており、（　イ　）が毎月公表している。
（　　イ　　）が発表している（　　ウ　　）は銀行などの金融部門から経済全体に供給されている通貨の総量のことである。

1．空欄（　ア　）に入る用語は、「景気動向指数」である。
2．空欄（　イ　）に入る語句は、「日本銀行」である。
3．空欄（　ウ　）に入る語句は、「マネーストック」である。

問3

下記X社の資料に基づく株式の評価尺度に関する次の記述のうち、誤っているものはどれか。

＜X社資料＞

株価	1,000円
発行済株式総数	2百万株
当期純利益	100百万円
自己資本	2,500百万円

1．X社の1株あたりの純利益は「100百万円÷2百万株＝50円」となり、株価収益率（PER）は「1,000円÷50円＝20（倍）」である。
2．X社の1株あたりの純資産は「2,500百万円÷2百万株＝1,250円」となり、株価純資産倍率（PBR）は「1,000円÷1,250円=0.8（倍）」である。
3．X社の自己資本利益率（ROE）は「2,500百万円÷100百万円=25（％）」である。

解答・解説 ‖ F 資産設計

2 CF表の計算・経済指標・投資指標

本冊参照ページ
27、28ページ
134、135ページ
156、157ページ

問1

解答

1

金融資産残高の計算式は、以下のとおり。

前年の金融資産残高×（1＋変動率）±当年の年間収支

●2026年の金融資産残高

996万円×（1＋0.01）－980万円＝25.96万円　→　26万円（万円未満四捨五入）

●2027年の年間収支

収入合計564万円（給与収入（夫）464万円＋給与収入（妻）100万円）－

支出合計543万円（基本生活費309万円＋住宅ローン132万円＋教育費52万円＋保険料30万円＋その他支出20万円）＝21万円

●2027年の金融資産残高

26万円×（1＋0.01）＋21万円＝47.26万円　→　47万円（万円未満四捨五入）

経過年数			現在	1年	2年	3年
西暦			2024	2025	2026	2027
家族の年齢	本人		33	34	35	36
	配偶者		30	31	32	33
	第1子		2	3	4	5
ライフイベント		変動率			住宅購入	
収入	給与収入（夫）	1%	450	455	459	464
	給与収入（妻）	－	-	-	-	100
収入合計		－	450	455	459	〔564〕
支出	基本生活費	1%	300	303	306	309
	家賃	－	96	96	-	-
	住宅ローン	－			132	132
	教育費	－			51	52
	保険料	－	30	30	30	30
	一時的支出	－			900	
	その他の支出	－	20	20	20	20
支出合計		－	446	449	1439	〔543〕
年間収支		－	4	6	−980	〔21〕
金融資産等残高		1%	980	996	〔26〕	〔47〕

（単位：万円）

問2

解答

1

企業間で取引される商品の価格変動を表しているのは、「企業物価指数」である。日本銀行が毎月公表しており、国際商品市況や外国為替相場の影響を受けやすい。マネーストックも日本銀行から発表される。

ちなみに、景気動向指数とは、内閣府が発表する景気の動向を把握する指標で、生産、消費、雇用などの経済指標を使って算出される。

問3

解答

3

1．正しい

株価収益率（PER）の計算式は、

$$\text{株価収益率(PER)} = \frac{\text{株　価}}{\text{1株あたり純利益}}$$

となるので、問題文は正しい。

2．正しい

株価純資産倍率（PBR）の計算式は、

$$\text{株価純資産倍率(PBR)} = \frac{\text{株　価}}{\text{1株あたり純資産}}$$

となるので、問題文は正しい。

3．誤　り

自己資本利益率（ROE）の計算式は、

$$\text{自己資本利益率(ROE)} = \frac{\text{当期純利益}}{\text{自己資本}} \times 100$$

となる。よって、X社の場合は、

100百万円÷2,500百万円×100＝４（%）

となるので、問題文は誤り。

問題　F 資産設計　学習日 ／

3 ライフプランニングの考え方

【第3問】下記の問１～問３について解答しなさい。

問1

FPの森さんは鈴木家の資産分析を行うために、バランスシートを作成した。下表の空欄（ア）にあてはまる金額として正しいものはどれか。なお、鈴木家の保有資産と負債の状況は以下の資料のとおり。

〈鈴木家の保有資産（時価）〉

金融資産	
普通預金	300万円
定期預金	500万円
バランス型投資信託	200万円
株式	150万円
生命保険（解約返礼金相当額）	70万円
不動産（自宅土地・建物）	1,500万円

〈鈴木家の負債残高〉

住宅ローン：2,000万円　（団体信用生命保険付き）

〈鈴木家のキャッシュフロー表〉　（単位：万円）

[資産]	×××	[負債]	×××
		負債合計	×××
		[純資産]	（　ア　）
資産合計	×××	負債・純資産合計	×××

1．570万円
2．650万円
3．720万円

問2 ☐☐☐

隆さんと洋江さんは、今後15年間で毎年30万円ずつ積立貯蓄をして長男の教育資金を準備したいと考えている。積立期間中は年2％で複利運用できるものとして15年後の元利合計として正しいものはどれか。なお、下記〈資料〉の３つの係数の中から最も適切な係数を選択して計算しなさい。解答は万円未満を切り捨てること。また、税金や手数料など記載にない事項は一切考慮しないこととする。

〈資料〉（係数早見表　2％　15年）

年金現価係数	年金終価係数	終価係数
12.849	17.293	1.346

※ 記載されている数値は正しいものとする

1．385万円
2．518万円
3．403万円

問3 ☐☐☐

ファイナンシャル・プランナー（以下「FP」）の行為に関する次の記述のうち、最も不適切なものはどれか。

1．生命保険募集人に登録していないFPが、顧客が加入している生命保険の保険証券の見方の解説や具体的な必要保障額を算出し、ライフプランの提案を行った。
2．社会保険労務士資格を有していないFPが顧客の「ねんきん定期便」の見方を解説し、顧客の将来の公的年金受給見込み額を含めたリタイアメントプランニングの提案を行った。
3．投資助言・代理業の登録をしていないFPが投資判断の前提となる基礎資料を提示し、投資銘柄の助言を行った。

3 ライフプランニングの考え方

本冊参照ページ
25ページ
28、29ページ

問1

解答

3

バランスシートは現時点での資産と負債のバランスを確認する表で、資産合計から負債合計を引いたものが純資産となる。資産の金額はすべて時価(生命保険は解約返礼金相当額)を記入する。

鈴木家のバランスシートは以下のとおり。

[資産]		[負債]	
普通預金	300万円	住宅ローン	2,000万円
定期預金	500万円		
バランス型投資信託	200万円		
株式	150万円	負債合計	2,000万円
生命保険(解約返礼金相当額)	70万円	[純資産]	
不動産(自宅土地・建物)	1,500万円		720万円
資産合計	2,720万円	負債・純資産合計	2,720万円

問2

解答

2

毎年一定額を積み立てて複利運用した場合、将来いくらになるのかを求める場合は「年金終価係数」を使う。

30万円　×　17.293 ＝518.79　⇒　518万円

年金現価係数	一定期間にわたり複利運用しながら一定金額を受け取るためには、現在いくらの元本があればよいかを求める
年金終価係数	毎年一定額を積み立てながら複利運用して、将来いくらになるのかを求める
終価係数	現在の金額を複利運用し、将来いくらになるのかを求める

問3

解答

3

1．適　切

生命保険募集人に登録していないFPでも、保険証券の見方を解説したり、必要保障額を算出したりすることはできる。ただし、保険の募集をすることはできない。

2．適　切

社会保険労務士を有していないFPが、ねんきん定期便や年金受給見込み額などの解説をすることは問題ない。ただし、年金受給の手続きの代行をすることはできない。

3．不適切

投資判断の前提となる基礎資料を提示することは問題ないが、投資銘柄の助言を行うことは金融商品取引法上問題となることがある。

問題 金 保険顧客

4 保険証券の見方

学習日 ／

【第4問】設例を読んで、下記の問1～問3について解答しなさい。

Aさん(30歳)は、FPのBさんに保険の見直しを相談することにした。Aさんが加入している生命保険の契約内容等は、以下のとおりである。

〈資料〉

[契約①]

定期保険特約付終身保険

内　容	保障内容	払込期間	保険期間
終身保険	300万円	65歳	終身
定期保険特約	2,000万円	10年	10年

[契約②]

養老保険

満期保険金額	300万円(2024年中に満期を迎える)
正味払込保険料総額	228万円(保険期間満了時)

問1

Aさんは、新しい保険に加入するために現在の保険を見直すことにした。BさんのAさんに対するアドバイスとして、次のうち最も不適切なものはどれか。

1.「払済保険にすると良いでしょう。払済保険にすると、以後の保険料の支払いはなくなり、保険期間は短くなりますが、保障額は変更前の契約と変わりません」

2.「保険金額の減額をすると良いでしょう。保障を減額した分、保険料が安くなります」

3．「更新型の定期保険特約は更新時に保険料が高くなるため、定期保険特約だけを解約し、終身保険だけにすると良いでしょう」

問2

Aさんは2024年中に養老保険の満期保険金を受け取る（積立配当金はないものとする）。Aさんの2024年分の所得税の計算において、Aさんの一時所得の金額は、次のうちどれか。

1．11万円
2．22万円
3．36万円

問3

BさんがAさんに、税金について説明した以下の文章の空欄①～③に入る語句の組み合わせとして、次のうち最も適切なものはどれか。

・死亡保険金は、保険契約者と被保険者が同一人で、保険金受取人が相続人の場合は（　①　）税の課税対象となります。 ・死亡保険金の受取人が法定相続人の場合は、相続税額の計算において、「（　②　）万円×法定相続人の数」が非課税になります。 ・満期保険金は、保険契約者と受取人が同一人の場合、（　③　）所得として所得税・住民税の課税対象となります。

1．①所得　②300　③雑
2．①相続　②500　③一時
3．①相続　②300　③一時

4 保険証券の見方

本冊参照ページ
91ページ～ 98ページ
109、110ページ
200ページ

問1

解答

1

払済保険とは、保険料の払込みを止めて、保険期間を変えず、その時点での解約返戻金をもとに、一時払いの養老保険もしくは、同じ種類の保険に変更する方法をいう。保険期間は変更前の契約と変わらないが、保障額は小さくなる。また、特約はなくなる。

問2

解答

2

Ａさんの養老保険の満期金にかかる一時所得の金額は、次のとおりである。

一時所得の金額

＝満期保険金＋積立配当金－払込保険料総額－特別控除50万円

＝300万円－228万円－50万円

＝**22万円**

一時所得の金額の２分の１が総所得金額に含められ、総合課税となる。

問3

解答

2

死亡保険金を受け取ったときにかかる税金、満期保険金を受け取ったときにかかる税金について、次表にまとめたので確認しておくこと。

【死亡保険金を受け取ったときにかかる税金】

契約者	被保険者	受取人	税の種類
A	A	相続人	相続税（法定相続人の数に応じた非課税金額がある）
A	A	相続人以外	相続税（遺贈）（相続税の課税対象だが、非課税金額の適用はない）
A	B	A	所得税・住民税　（一時所得）
A	B	C	贈与税

【満期保険金（解約返戻金）を受け取ったときにかかる税金】

契約者	被保険者	受取人	税の種類
A	−	A	所得税・住民税　（一時所得）
A	−	B	贈与税

【生命保険の非課税金額】

相続人が受け取った生命保険金は、法定相続人の数に応じて一定額の非課税金額がある。

> 非課税限度額＝500万円×法定相続人の数

【定期保険特約付終身保険（更新型）の仕組み】

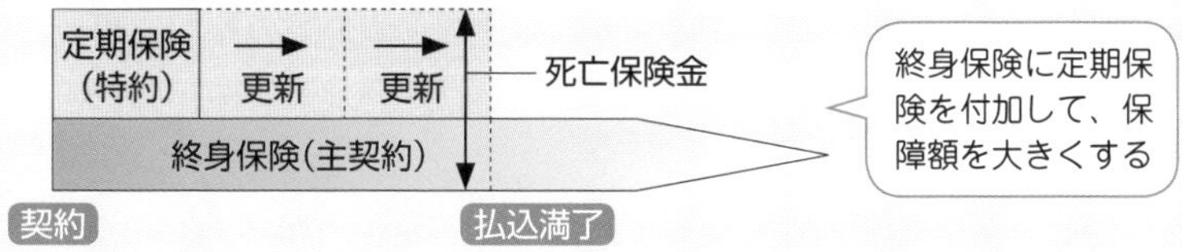

【養老保険の仕組み】

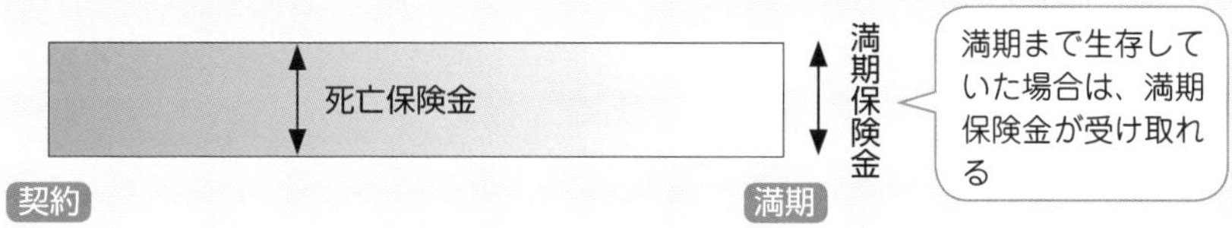

問題 | 金 個人

5 株式投資の基礎

学習日 ／

【第5問】設例を読んで、問1～問3について解答しなさい。

会社員のAさん(35歳)はX社株式(東京証券取引市場プライム市場上場)に投資したいと考えており、ファイナンシャル・プランナーのBさんに相談することにした。

〈X社に関する資料〉

総資産	4,425億円
自己資本(純資産)	240億円
当期純利益	120億円
年間配当金総額	45億円
発行済株式数	1.5億株
株価	2,400円

※決算期：2024年3月29日(金)(配当の権利が確定する決算期末)

問1 ☑☑☑

Bさんが説明したX社の株式の投資指標に関する次の説明のうち、最も適切なものはどれか。

1．企業の純資産価値に着目して、株価が割安か割高かを判断する指標としてPBRがある。X社の資料から算出できるPBRは0.8倍である。
2．PERとは株価が1株あたりの純資産の何倍まで買われているかをみる指標で、一般的に同業他社の数値と比較して数値が低い場合は割高で数値が高いと割安と判断される。
3．X社の資料から算出できるROEは50%である。一般的にROEが高いほど投資価値が高いといえる。

問2 □□□

Bさんが A さんに行った X 社の配当についての次の説明のうち、最も不適切なものはどれか。

1．資料の条件で X 社の株を買った場合の配当利回りは1.9%である。
2．X 社の期末配当を受け取るためには、配当の権利確定日である2024年3月29日(金)に株主名簿に記載されていることが必要であり、そのためには2営業日前の2024年3月27日(水)までに購入する必要がある。
3．配当性向とは、利益のうちどのくらいを配当に振り向けたかをみる尺度で、X 社の資料から算出すると37.5%である。

問3 □□□

株式の配当金や売却益に対する税金についての次の説明のうち、最も不適切なものはどれか。

1．上場株式等の配当金は申告不要を選択することができ、配当が支払われる際に源泉徴収され、納税を完了することができる。
2．2024年以降のNISAでの年間投資上限額は、成長投資枠が240万円、つみたて投資枠が120万円で非課税保有限度額は1,800万円である。
3．A さんが2024年に X 社の株式を購入する場合、NISAの成長投資枠を利用することができ、非課税期間は最長20年間である。

解答・解説 金 個　人

5 株式投資の基礎

本冊参照ページ
156、157ページ
175ページ～178ページ

問1

解答

3

1．不適切

PBRは、企業の純資産からみて株価が割安か割高かを判断する指標で、「株価÷1株あたり純資産」で算出できる。

X社の場合の1株あたりの純資産は「自己資本（純資産）÷発行済株式数」で計算でき、X社の場合、240億円÷1.5億円＝160円である。

よって、X社のPBRは、2,400円÷160円＝15倍である。

2．不適切

PERは、株価が1株あたりの利益の何倍になっているかをみる指標で、一般的に同業他社や過去の数値と比較して、低いと割安、高いと割高と判断される。

3．適　切

ROEは、自己資本を使ってどのくらい利益をあげたかをみる指標で、一般的に高いほど収益性が高く、投資価値が高いとされる。「当期純利益÷自己資本×100」で算出できる。

よって、X社のROEは、120億円÷240億円×100＝50％である。

問2

解答

1

1．不適切

配当利回りは、投資金額に対する年間の受け取り配当金の割合で、「1株あたり年間配当金÷株価×100」で算出できる。

X社の場合、1株あたりの年間配当金は、45億円÷1.5億円＝30円

よって、配当利回り＝30円÷2,400円×100＝1.25％である。

2．適　切

配当金を受け取るためには、配当金権利確定日に株主名簿に載っている必要があるが、株主名簿に載るまでには2営業日かかるため、配当金権利確定日の2営業日前までには購入する必要がある。設例の場合、2024年3月27日(水)までに購入する必要がある。

3．適　切

配当性向は、「1株あたり配当金÷1株あたり純利益×100」で算出できる。

X社の場合、1株あたりの配当金は30円、1株あたりの純利益は、120億円÷1.5億円＝80円、

よって、配当性向は30円÷80円×100＝37.5％である。

問3

解答

3

1．適　切

配当所得は、その他の所得と合算して税率を適用する総合課税が原則であるが、配当が支払われる際に一定の所得税等が源泉徴収され、申告不要とすることができる。一定の上場株式等の配当の源泉徴収税率は、所得税15.315％＋住民税5％＝20.315％（復興特別所得税含む）である。

2．適　切

2024年以降のNISAでは、成長投資枠240万円とつみたて投資枠120万円は併用が可能である。また、非課税保有限度額1,800万円(うち、成長投資枠1,200万円まで)は翌年以降、枠の再利用が可能である。

3．不適切

NISAの成長投資枠では、上場株式(整理・監理銘柄を除く)にも投資することができ、年間の投資上限額は240万円で非課税となる期間は無期限である。

問題 金 個人

学習日 ／

6 給与所得者の所得税

【第6問】設例を読んで、問１～問３について解答しなさい。

上場企業に勤めるＡさん(48歳)は、妻Ｂおよび長男Ｃ、長女Ｄと4人暮らしである。Ａさんの企業には企業型確定拠出年金があり、加入者個人が給与から拠出するマッチング拠出制度も導入されている。

〈Ａさんの家族に関する資料〉

Ａさん(48歳)：会社員

妻Ｂさん(45歳)：パート

長男Ｃさん(17歳)高校2年生

長女Ｄさん(14歳)中学2年生

〈Ａさんの2024年分の収入等に関する資料〉

給与収入　　750万円/年

妻のパート収入　100万円/年

生命保険の解約返戻金　80万円(これまでの支払い保険料の総額は150万円)

Ａさんのマッチング拠出の加入者掛金　13,000円/月

※Ａさんの妻と子どもは同居し生計を一にしている。

※Ａさんとその家族は障害者および特別障害者には該当しない

※年齢はすべて2024年12月31日時点とする。

※上記以外の条件は考慮しない

問１

Ａさんの2024年分の所得税における総所得金額は次のうちどれか。

1．185万円

2．565万円

3．495万円

〈給与所得控除額〉

総収入		給与所得控除
180万円以下		収入金額×40%－10万円 (55万円に満たない場合は55万円)
180万円超	360万円以下	収入金額×30%＋8万円
360万円超	660万円以下	収入金額×20%＋44万円
660万円超	850万円以下	収入金額×10%＋110万円
850万円超		195万円(上限)

問2

Ａさんの2024年分の所得税における所得控除について述べた次の文章の、空欄①～③に入る語句の組み合わせとして正しいものはどれか。

Ａさんが適用することができる基礎控除の金額は(　①　)である。
Ａさんは配偶者控除として(　②　)を控除することができる。
Ａさんが適用することができる扶養控除の金額は(　③　)である。

1．①38万円　②48万円　③38万円
2．①48万円　②38万円　③63万円
3．①48万円　②38万円　③38万円

問3

Ａさんが加入している企業型確定拠出年金のマッチング拠出について述べた次の記述のうち最も適切なものはどれか。

1．マッチング拠出で拠出した加入者掛金は、その全額を所得控除として、給与所得から控除することができる。
2．給与所得の所得税を計算する際、マッチング拠出の加入者掛金は生命保険料控除となる。
3．マッチング拠出の加入者掛金を所得控除として適用する際には、確定申告が必要である。

解答・解説 ‖ 金 個人

6 給与所得者の所得税

本冊参照ページ
75ページ
196、197ページ
207ページ～214ページ

問1

解答

2

給与所得は「給与収入－給与所得控除額」で求められる。Aさんの場合の給与所得控除額は、給与所得控除額の表から660万円超850万円以下の欄を参照し、「収入金額×10%＋110万円」で計算する。

Aさんの給与所得控除　750万円×10%＋110万円＝185万円
Aさんの給与所得　750万円－185万円＝565万円

Aさんには給与所得以外に合算される所得はないため、Aさんの総所得金額は **565万円** となる。

なお、生命保険の解約返戻金が80万円あるが、払込保険料総額が150万円であるため、生命保険を解約したことによる一時所得は－70万円となる。一時所得のマイナスは損益通算をすることができないため、給与所得との通算は行わない。

問2

解答

3

① 合計所得金額が2,400万円以下である個人の基礎控除は48万円である。

〈基礎控除額〉

納税者本人の合計所得金額		控除額
2,400万円以下		48万円
2,400万円超	2,450万円以下	32万円
2,450万円超	2,500万円以下	16万円
2,500万円超		0円

② Aさんの妻の2024年のパート収入100万円を給与所得控除額の表にあてはめて計算するとAさんの妻の給与所得は100万円－55万円＝45万円となる。納税者本人の合計所得金額が1,000万円以下で、納税者と生計を一にする合計所得金額が48万円以下の配偶者がいる場合、配偶者控除が適用できる。控除額は以下のとおり。

〈配偶者控除額〉

納税者本人の合計所得金額		控除額
900万円以下		38万円
900万円超	950万円以下	26万円
950万円超	1,000万円以下	13万円

③ 扶養控除の金額は、扶養親族の年齢が16歳以上19歳未満と23歳以上70歳未満の場合38万円で、19歳以上23歳未満が63万円である。Aさんの長男は17歳で38万円の扶養控除が受けられるが、長女Dは14歳のため扶養控除の適用はない。よってAさんが受けられる扶養控除の合計額は38万円である。

問3

解答

1

1．適　切

マッチング拠出の掛金はその全額が所得控除となる。なお、マッチング拠出の掛金の上限額は、事業主掛金の範囲内で事業主掛金と合計して法令の上限額以内である。

2．不適切

マッチング拠出の掛金は小規模企業共済等掛金控除として所得控除となる。

3．不適切

マッチング拠出の掛金を所得控除として適用する場合、事業主の年末調整で受けられるため確定申告の必要はない。

問題　金　個　人

学習日

7 不動産売買の注意点

【第7問】設例を読んで、下記の問１～問３について解答しなさい。

　Aさんは、Bさんが所有する下記の土地を購入して、自宅を建てることを計画している。そこでFPのCさんに相談することにした。

　土地の概要は以下のとおりであり、Aさん、Bさん、Cさんともに宅地建物取引業者ではない。また、下記記載以外の条件は考慮しないものとする。

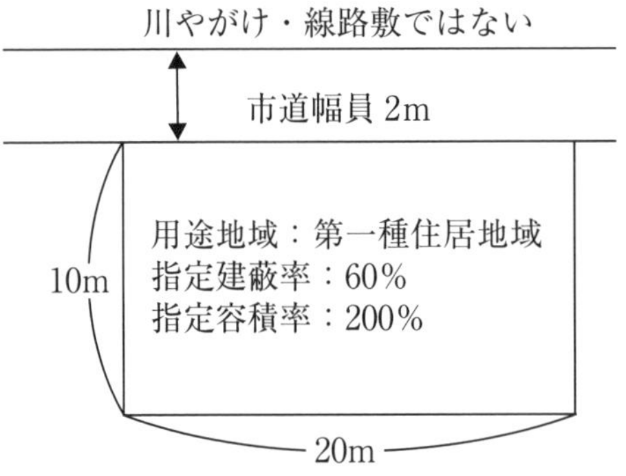

（1）市道は建築基準法第42条２項道路である。

（2）市道の道路中心線は中央にある。

（3）市道は特定行政庁の指定する区域内にはない。

問1

　Aさんが、当該土地に自宅を建築する場合、建築物の建築面積の最高限度として正しいものは、次のうちどれか。

1．10m×20m×200%＝400m^2

2．10m×20m×60%＝120m^2

3．　9m×20m×60%＝108m^2

問2 □□□

土地の売買契約の留意点について、FPのCさんが説明した次の内容のうち、適切なものには○、間違っているものには×をつけなさい。

1．売買契約締結後にAさんが契約の解除を申し出た場合、自らが契約の履行に着手した後であっても、Bさんが着手していなければ、手付金を放棄して実際に支払うことで契約を解除することができる。
2．Aさんが、土地の引き渡しを受けた日が4月20日であった場合でも、当該土地の固定資産税は、1月1日時点の所有者であるBさんが、その年分を全額納付する義務を負う。
3．売買契約書に「売主Bは当該土地に対する契約不適合責任を一切負わない。」と特約することはできない。

問3 □□□

FPのCさんが、土地の価格についてAさんに説明した内容の①～③に入る語句等の組み合わせのうち、最も適切なものはどれか。

> （　①　）は、毎年1月1日時点の標準地についての正常な価格を、国土交通省が3月下旬頃に発表する。一方、（　②　）は、不動産取得税・登録免許税を算出する際の課税標準となる価格であり、その価格水準はおおむね（　①　）の（　③　）程度となるように設定されている。

1．①公示価格　②固定資産税評価額　③7割
2．①基準地価格　②路線価　③8割
3．①公示価格　②固定資産税評価額　③8割

7 不動産売買の注意点

本冊参照ページ
230ページ～
245ページ

問1

解答

3

建築物の建築面積の最高限度＝建蔽率を求める問題である。

計算の対象となる敷地の前面道路は、建築基準法第42条２項の道路に該当する。そのため、敷地面積に、セットバックする部分は含まない。

問題では、市道の幅員は２ｍなので、道路中心線から２ｍセットバックすると敷地の奥行きは９ｍとなり、当該敷地の面積は９ｍ×20m＝180m^{2}となる。

指定建蔽率は60％であることから、最高限度は、180m^2×60％＝**108m^2**である。

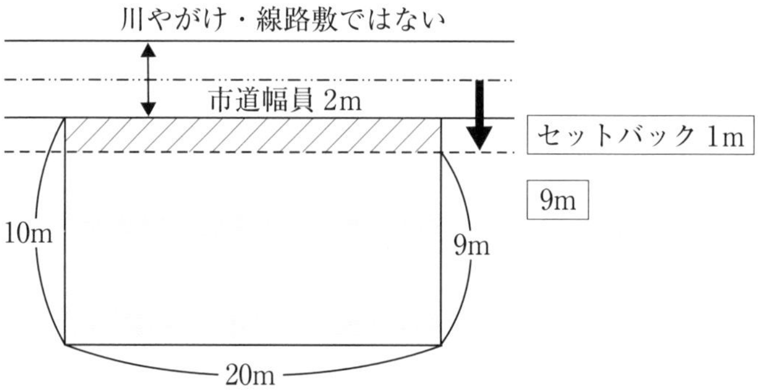

なお、敷地の道路をはさんで反対側が、川やがけ・線路敷などの場合は、反対側敷地の道路境界線から当該敷地側に、４ｍセットバックすることになる。

問2

解答

1. ○
2. ○
3. ×

1．適　切

相手方が契約の履行に着手する前であれば、手付金を放棄して実際に支払うことで解除することができる。

2．適　切

固定資産税の納税義務者は、不動産の1月1日時点の所有者である。ただし不動産売買の慣例では、固定資産税の年額を、引渡日をもって日割り精算することが多い。

3．不適切

売主が契約不適合責任を一切負わないと特約することも有効である。

問3

解答

1

土地の価格には、公的な機関が発表する4つの代表的な価格がある。

ア．	公示価格	100%
イ．	基準地価格	100%
ウ．	相続税評価額(路線価)	80%
エ．	固定資産税評価額	70%

問題 金 個人

学習日 ／

8 相続の基礎知識

【第8問】設例を読んで、問1〜問3について解答しなさい。

Aさん(70歳)には子はおらず、妻Bさん(68歳)との2人暮らしである。Aさんは、相続対策として遺言の準備を検討している。

Aさんの親族関係図は以下のとおり。

〈Aさんの親族関係図〉

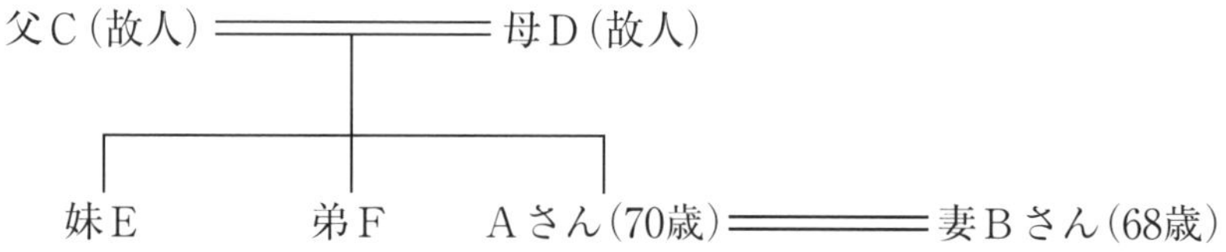

〈Aさんの主な所有財産(相続税評価額)〉

1．現預金　5,000万円

2．自宅敷地(300m^2)　8,000万円(注)

3．自宅建物　1,000万円

(注)「小規模宅地等についての相続税の課税価格の計算の特例」適用前の金額

〈相続税の速算表〉

法定相続分に応ずる取得金額		税 率	控除額
	1,000万円以下	10%	—
1,000万円超	3,000万円以下	15%	50万円
3,000万円超	5,000万円以下	20%	200万円
5,000万円超	10,000万円以下	30%	700万円
10,000万円超	20,000万円以下	40%	1,700万円
20,000万円超	30,000万円以下	45%	2,700万円
30,000万円超	60,000万円以下	50%	4,200万円
60,000万円超		55%	7,200万円

問１

Ａさんの相続が現時点で開始した場合に関する説明の記述のうち、最も適切なものはどれか。

１．Ａさんの相続人は、妻Ｂさん、妹Ｅさん、弟Ｆさんの３人で、法定相続分は妻Ｂさんが３分の２、妹Ｅさんと弟Ｆさんがそれぞれ６分の１である。
２．妻Ｂさんにすべての財産を相続させるという遺言を作成した場合でも、妹Ｅさん、弟Ｆさんには遺留分が認められ、遺留分侵害額請求権を行使することができる。
３．Ａさんの相続開始後、妻Ｂさんは遺産分割協議で、配偶者居住権（長期）を取得することができる。

問２

Ａさんの相続が現時点で開始した場合の「小規模宅地等についての相続税の課税価格の計算の特例」について説明した次の記述のうち、最も不適切なものはどれか。

１．妻Ｂさんが自宅敷地を相続し、特定居住用宅地等の評価減の適用を受ける場合、相続税の申告期限まで所有し続ける必要がある。
２．特定居住用宅地等の評価減の適用が受けられる対象面積は330m^{2}までである。
３．Ａさんの自宅敷地を特定居住用宅地等の評価減を適用して評価すると、1,600万円となる。

問３

仮に、Ａさんの相続が現時点で開始し、Ａさんの相続に係る課税遺産総額（基礎控除額控除後）が2,800万円であった場合の相続税の総額は、次のうちどれか。

１．300万円
２．335万円
３．370万円

解答・解説　金 個人

8 相続の基礎知識

本冊参照ページ
283～286ページ、289、290ページ
296～301ページ、306、307ページ

問1

解答

３

１．不適切

相続人は妻Ｂさん、妹Ｅさん、弟Ｆさんの３人。

妻と兄弟姉妹が相続人の場合、法定相続分は妻が４分の３、兄弟姉妹が４分の１である。兄弟姉妹が複数人いる場合、人数で按分する。このケースでは、妻Ｂさんが４分の３、妹Ｅさん、弟Ｆさんはそれぞれ８分の１となる。

２．不適切

一定の相続人には相続財産の最低割合を受け取ることを保証する遺留分が認められている。その遺留分が侵害された場合は、侵害額に相当する金銭の支払いを請求できる（遺留分侵害額請求権）がこの遺留分は兄弟姉妹には認められていない。そのため、Ａさんが妻Ｂさんにすべての財産を相続させる旨の遺言書を残せば、妻Ｂさんはすべての財産を相続することが可能となる。

なお、遺留分は原則として相続財産の２分の１で、直系尊属だけが相続人の場合は３分の１である。

３．適　切

配偶者居住権とは、相続開始の際に、配偶者が相続財産である建物に居住していた場合、無償で終身または一定期間その建物に居住できる権利である。①遺産分割協議　②遺贈・死因贈与　③家庭裁判所の審判　によって取得でき、その配偶者が死亡したときは消滅する。

問2

解答

１

１．不適切

特定居住用宅地等の評価減の適用を受ける場合、その財産の取得者が配偶者の場合、申告期限まで所有・居住する必要はない。

2．適　切

特定居住用宅地等の減額対象面積は330m^2までである。

3．適　切

特定居住用宅地等の減額割合は80％である。Ａさんの自宅敷地は300㎡でそのすべてが減額の対象となるため、8,000万円×（１－80％）＝1,600万円となる。

【減額の対象面積と減額割合】

宅地の区分		減額対象面積	減額割合
居住用	特定居住用宅地等	330m^2	80%
事業用	特定事業用宅地等	400m^2	80%
貸付用	不動産の貸付事業用宅地等	200m^2	50%

問3

解答

2

相続税の計算は、下記の手順で行う。

第１段階　各相続人の取得した相続財産全体の課税価格の合計額(Ａ)を求める。

第２段階　Ａから基礎控除額を差し引いて課税遺産総額(Ｂ)を求める。

第３段階　Ｂをいったん法定相続分で分割したものとして各人の税額を出し、合計して相続税の総額（Ｃ）を算出。

第４段階　最後にＣを相続人各人の実際の相続分に按分して各人の納税額を算出。

本問では、第３段階の相続税の総額を算出する。Ｂの課税遺産総額は問題で2,800万円と示されているので、以下のように計算する。

① 法定相続分で分割

妻Ａさん　2,800万円　×　３／４　＝2,100万円

妹Ｅさん・弟Ｆさん　2,800万円　×　１／４　×　１／２　＝　350万円

② 相続税の控除額を差し引いて相続税額を算出

妻Ａさん　2,100万円　×　15％　－　50万円　＝　265万円

妹Ｅさん・弟Ｆさん　350万円　×　10％　＝　35万円

③ 相続税の総額を算出

265万円　＋　35万円　＋　35万円　＝ 335万円

問題 金 保険顧客

学習日 ／

9 生命保険の見直し

【第9問】次の設例に基づいて、下記の問1～問3に答えなさい。

自動車メーカーに勤めるAさん(45歳)は、妻Bさん(43歳)、長男Cさん(15歳)、次男Dさん(12歳)と4人家族である。Aさんは現在加入している生命保険について、見直しを検討している。Aさんの相談内容と資料は以下のとおり。

〈相談内容〉
・自分が死亡した場合の遺族の必要保障額を試算してほしい。
・現在加入している生命保険の内容と見直しについてアドバイスしてほしい。

〈Aさんの現在加入している保険の契約内容〉
保険の種類　定期特約付終身保険　　契約年月日　2015年5月1日
契約者：Aさん　　被保険者：Aさん　　死亡保険金受取人：妻Bさん

主契約および付加されている特約の内容	保険金額	払込期間	保険期間
終身保険	200万円	65歳	終身
定期保険特約	2,500万円	10年	10年
特定疾病保障定期保険特約	300万円	10年	10年
傷害特約	500万円	10年	10年
災害割増特約	500万円	10年	10年
疾病入院特約(本人・妻型)	1日目から日額 10,000円	10年	10年
災害入院特約(本人・妻型)	1日目から日額 10,000円	10年	10年
成人病入院特約	1日目から日額 10,000円	10年	10年
先進医療特約	1,000万円	10年	10年
リビングニーズ特約	−	−	−

※上記以外の条件は考慮せず、各問に従うこと。
※入院特約の妻型の日額は本人の入院日額の6割とする。
※Aさんはこれまでいずれの保険金・給付金も受け取っていないものとする。

問1 □□□

Aさんが加入している生命保険の内容について説明した、次の文章のうち、最も適切なものはどれか。

1．Aさんが現時点で不慮の事故で亡くなった場合、妻Bさんが受け取る死亡保険金は4,000万円である。
2．妻Bさんが現時点で、手術を伴わない病気により継続して8日間入院した場合、妻Bさんが受け取ることができる給付金の額は8万円である。
3．Aさんが現時点で、先進医療特約の支払対象となる先進医療を受けた場合、実際に負担した医療費の額にかかわらず1,000万円が支払われることとなる。

問2 □□□

Aさんが現時点で死亡した場合の必要保障額として、次のうち最も適切なものはどれか。下記の〈条件〉を利用し、計算すること。

〈条件〉

① 現在の日常生活費は月額30万円であり、Aさんの死亡後から次男Dさんが22歳になるまでの10年間の生活費は、現在の日常生活費の70%とし、次男Dさん独立後の妻Bさんの生活費は現在の日常生活費の50%とする。
② 次男Dさん独立時の妻Bさんの年齢における平均余命は、37年とする。
③ Aさん死亡時の住宅ローン（団体信用生命保険加入）の残高は、2,000万円とする。
④ Aさんの葬儀費用等は300万円とする。
⑤ 子ども2人の教育資金と結婚資金援助の総額は1,500万円とする。
⑥ 妻Bさんが受け取る公的年金等の総額は6,300万円とする。
⑦ Aさんの死亡退職金と保有金融資産の合計額は800万円とする。
⑧ 現在加入している設例の生命保険の死亡保険金は考慮しない。

1．3,360万円
2．5,124万円
3．3,880万円

問3 □□□

Aさんががんに罹った場合に受け取れる保険金・給付金について述べた次の文章の、空欄①～③に入る語句の組み合わせとして最も適切なものはどれか。

現時点でAさんが、がんに罹ったと医師により診断された場合、一時金で（　①　）が支払われるが、受け取った保険金は（　②　）となる。その後継続して20日間入院した場合は、合計（　③　）の入院給付金が支払われる。

1．①1,300万円　②一時所得　③40万円
2．①300万円　②非課税　③40万円
3．①300万円　③雑所得　③20万円

解答・解説 ‖ 金 保険顧客

9 生命保険の見直し

本冊参照ページ
81ページ
96ページ～111ページ

問1

解答

1

1．適　切

Aさんが不慮の事故で亡くなって妻Bさんに支払われる保険金は以下のとおり。

終身保険	200万円
定期保険特約	2,500万円
特定疾病保障定期保険特約	300万円
傷害特約	500万円
災害割増特約	500万円
合　計	4,000万円

2．不適切

妻Bさんが疾病で入院した場合、疾病入院特約から入院給付金が支払われるが、入院給付金の妻型は本人の給付金の6割となるため、日額6,000円となり、8日間の場合は48,000円が支払われる。

3．不適切

先進医療特約は1,000万円を上限として実際に負担した金額が支払われるため、Aさんが負担した医療費により受け取れる金額は異なる。

特定疾病保障保険	がん、急性心筋梗塞、脳卒中によって、所定の状態と診断された場合、生前に保険金が支払われる。特定疾病保険金が支払われることなく死亡あるいは高度障害になった場合、原因に関係なく死亡あるいは高度障害保険金が支払われる
傷害特約	不慮の事故で180日以内に死亡した場合、または所定の感染症で死亡した場合、災害死亡保険金が支払われる。同様に所定の障害になった場合、障害の程度に応じて障害給付金が支払われる
災害割増特約	不慮の事故で180日以内に死亡あるいは高度障害になった場合、または所定の感染症で死亡あるいは高度障害になった場合、災害死亡あるいは高度障害保険金が支払われる
先進医療特約	厚生労働大臣が認可する先進医療による治療を受けた場合に、かかった技術料が支払われる

問2

解答

3

必要死亡保障額は「遺族に必要な支出合計額」から「遺族の収入合計額」を差し引いて求められる。

●遺族に必要な支出合計額

遺族の基本生活費

次男Ｄさん(22歳)まで	30万円×70%×12カ月×10年＝2,520万円
次男Ｄさん独立以降	30万円×50%×12カ月×37年＝6,660万円
子どもの教育資金・結婚資金援助	1,500万円
葬儀費用	300万円
合　計	10,980万円

※住宅ローンについては団体信用生命保険より完済されるため、遺族は支払う義務はなくなる。

●遺族の収入合計額

遺族年金等の合計額	6,300万円
金融資産合計	800万円
合　計	7,100万円

●死亡必要保障額　＝　10,980万円－7,100万円＝3,880万円

問3

解答

2

Ａさんが、がんと診断された場合、特定疾病保障定期保険特約から300万円が支払われる。この保険金は生前に被保険者本人が受け取る場合、非課税となる。

Ａさんが、がんで入院した場合、疾病入院特約と成人病入院特約の両方から入院給付金が支払われるため、日額20,000円が20日間支払われることになり、40万円となる。

問題 F 資産設計

学習日 ／

10 損害保険

【第10問】下記の問1～問3について解答しなさい。

問1 □□□

下山正樹さん（会社員）が契約している自動車保険の主な内容は下記〈資料〉のとおりである。次の記述のうち、自動車保険の支払い対象とならないものはどれか。なおいずれも保険期間中に発生したものであり、運転者は下山正樹さんとする。また、〈資料〉に記載のない事項については、一切考慮しないこととする。

〈資料〉

保険種類	自動車保険
保険期間	1年
保険契約者	下山正樹
記名被保険者	下山正樹
対人賠償	無制限
対物賠償	無制限（免責金額なし）
人身傷害	1名につき5,000万円
搭乗者傷害	5日以上入通院保険金20万円

1．自動車を運転中に、誤って横断歩道の歩行者に接触し、ケガを負わせてしまった。
2．自動車を運転中に、交差点で他の自動車と衝突し下山さんがケガを負った。
3．自動車を自宅車庫に入れるとき、誤って車庫の壁に衝突し壁を壊してしまった。

問2 □□□

個人賠償責任保険の補償の対象となるものとして、最も不適切なものはどれか。

1. 飼い犬が突然他人にかみついてケガを負わせてしまった。
2. 会社の業務で、書類を取引先に届けるため自転車で走行中に、誤って歩行者と接触し、ケガをさせてしまった。
3. デパートで買い物中に、陳列されている商品を誤って落とし、壊してしまった。

問3 □□□

火災保険と地震保険に関する次の記述のうち、正しいものはどれか。

1. 火災保険では、地震、噴火またはこれらを原因とする津波による損害も補償の対象となるので、火災保険を契約していれば地震による被害への備えになる。
2. 地震保険では、居住用の建物とそれに収容されている家財を保険の対象としているが、1個または1組の価額が30万円を超える宝石や骨とう品等は補償の対象から除かれる。
3. 地震保険は保険の対象である建物や家財が全損の状態になった場合のみ補償の対象となる。

10 損害保険

本冊参照ページ
119～126ページ

問1

解答

3

1．適　切

対人賠償の無制限により、支払い対象となる。

2．適　切

人身傷害補償の支払い対象となる。

3．不適切

このケースは自損事故の損害になり、現在加入している自動車保険で補償される特約はない。このような損害を補償するには、車両保険に加入する必要がある。なお対物賠償は、自動車事故で他人に物損などの損害を与えた場合に保険金が支払われるものであり、今回のように、自分の事故で自分が損害を負っただけの場合、対物賠償の支払い対象にはならない。

問2

解答

2

1．適　切

個人賠償責任保険の対象になる。

2．不適切

会社の業務上発生した損害については、原則として個人賠償責任保険の対象とはならない。

3．適　切

個人賠償責任保険の対象になる。

問3

解答

2

1．不適切

火災保険では、自然災害による火災・落雷・風災・雹災(ひょうさい)・雪災・破裂・爆発などは補償対象になるが、損害が地震・噴火またはこれらによる津波などに起因する場合は対象とはならない。

2．適　切

地震保険では、居住用の建物とそれに収容されている家財は補償対象となるが、１個または１組の価格が30万円を超えるものは対象とはならない。なお火災保険では、契約時に申告すれば、保険証券に記載されて補償対象となる明記物件とすることができる。

3．不適切

地震保険では、保険対象が「全損」「大半損」「小半損」「一部損」のいずれかの状態であるとされたときに保険金が支払われる。

【2017年以降の地震保険の損害区分】

損害区分	保険金支払い割合
全損	100%
大半損	60%
小半損	30%
一部損	5%

＜6つの係数表＞

係数を使う問題は、実技試験でよく出題されます。数字を覚える必要はありませんが、押さえておきましょう。

①終価係数表

	年利1%	年利2%	年利3%	年利4%	年利5%
1年	1.0100	1.0200	1.0300	1.0400	1.0500
2年	1.0201	1.0404	1.0609	1.0816	1.1025
3年	1.0303	1.0612	1.0927	1.1249	1.1576
4年	1.0406	1.0824	1.1255	1.1699	1.2155
5年	1.0510	1.1041	1.1593	1.2167	1.2763

②現価係数表

	年利1%	年利2%	年利3%	年利4%	年利5%
1年	0.9901	0.9804	0.9709	0.9615	0.9524
2年	0.9803	0.9612	0.9426	0.9246	0.9070
3年	0.9706	0.9423	0.9151	0.8890	0.8638
4年	0.9610	0.9238	0.8885	0.8548	0.8227
5年	0.9515	0.9057	0.8626	0.8219	0.7835

③年金終価係数表

	年利1%	年利2%	年利3%	年利4%	年利5%
1年	1.000	1.000	1.000	1.000	1.000
2年	2.010	2.020	2.030	2.040	2.050
3年	3.030	3.060	3.091	3.122	3.153
4年	4.060	4.122	4.184	4.246	4.310
5年	5.101	5.204	5.309	5.416	5.526

④減債基金係数表

	年利1%	年利2%	年利3%	年利4%	年利5%
1年	1.00000	1.00000	1.00000	1.00000	1.00000
2年	0.49751	0.49505	0.49261	0.49020	0.48780
3年	0.33002	0.32675	0.32353	0.32035	0.31721
4年	0.24628	0.24262	0.23903	0.23549	0.23201
5年	0.19604	0.19216	0.18835	0.18463	0.18097

⑤資本回収係数表

	年利1%	年利2%	年利3%	年利4%	年利5%
1年	1.0100	1.0200	1.0300	1.0400	1.0500
2年	0.5075	0.5150	0.5226	0.5302	0.5378
3年	0.3400	0.3468	0.3535	0.3603	0.3672
4年	0.2563	0.2626	0.2690	0.2755	0.2820
5年	0.2060	0.2122	0.2184	0.2246	0.2310

⑥年金現価係数表

	年利1%	年利2%	年利3%	年利4%	年利5%
1年	0.9901	0.9804	0.9709	0.9615	0.9524
2年	1.9704	1.9416	1.9135	1.8861	1.8594
3年	2.9410	2.8839	2.8286	2.7751	2.7232
4年	3.9020	3.8077	3.7171	3.6299	3.5460
5年	4.8534	4.7135	4.5797	4.4518	4.3295